空战

生死瞬间的云端曼舞

AIR WARS

「战典丛书」编写组◎编著

哈尔滨出版社
HARBIN PUBLISHING HOUSE

图书在版编目（CIP）数据

空战：生死瞬间的云端曼舞 /《战典丛书》编写组
编著. — 哈尔滨：哈尔滨出版社，2017.4（2021.3重印）
（战典丛书：典藏版）
ISBN 978-7-5484-3118-3

Ⅰ. ①空… Ⅱ. ①战… Ⅲ. ①空战 – 战争史 – 世界 –
通俗读物 Ⅳ. ①E19-49

中国版本图书馆CIP数据核字（2017）第024954号

书　　名：空战——生死瞬间的云端曼舞
KONGZHAN——SHENGSI SHUNJIAN DE YUNDUAN MANWU

作　　者：《战典丛书》编写组　编著
责任编辑：陈春林　韩伟锋
责任审校：李　战
全案策划：品众文化
全案设计：琥珀视觉

出版发行：哈尔滨出版社（Harbin Publishing House）
社　　址：哈尔滨市香坊区泰山路82-9号　　邮编：150090
经　　销：全国新华书店
印　　刷：铭泰达印刷有限公司
网　　址：www.hrbcbs.com　　www.mifengniao.com
E – mail：hrbcbs@yeah.net
编辑版权热线：（0451）87900271　87900272
销售热线：（0451）87900202　87900203

开　　本：787mm×1092mm　1/16　印张：22　字数：300千字
版　　次：2017年4月第1版
印　　次：2021年3月第2次印刷
书　　号：ISBN 978-7-5484-3118-3
定　　价：49.80元

凡购本社图书发现印装错误，请与本社印制部联系调换。
服务热线：（0451）87900278

空战——云端漫步的思考

空战的哲学与战略思维

从 1903 年莱特兄弟制造出人类历史上第一架飞机开始，人类挑战天空的梦想就开始一步一步得以实现。伴随着第一次世界大战的爆发，飞行技术在战争中得到了突飞猛进的发展，人类已经不满足于在地面上完成交火和对于敌方的重要杀伤，他们开始向往夺取更高的据点，从而居高临下掌握战争的主动权。于是，飞机的飞行高度和飞行速度不断发生变化，飞机的战斗性能也在逐日提升，伴随着战斗机的更新换代，一种新的战争形式开始出现在世界上，这就是空战。

空战，顾名思义就是在天空中的战争，最早的空战模式是简单粗暴的，即一方的飞机在空中将敌方的飞机击落，然后占据领空夺取空中的主导权，从而从空中向地面武装实施各种方式的攻击。当然，那时的飞机也会承担着运送物资、运送战斗人员转移战场等任务，但从根本上来说，原始的空战是飞机与飞机、飞机与地面之间的战争，所考虑的也不会太多。但是随着现代化战争的深入和发展，空战已经成为战争中非常重要的一部分，在某些时候，它的重要性甚至会超过陆战、海战、特种战、信息战等，成为战争的主体部分，这种在 20 世纪才逐渐形成的战争形式，已经在战争中占据了不可动摇的一席之地。

有的军事观察员甚至直言不讳地指出：在局部战争中，空战其实就代表了全部的战争。现代战争不再总是攻城略地，大多数局部战争只是停留在高尖端武器的对话中，空战已经成为体现国家军事实力最直观的方式。而拥有制空权对于参战的各方来说，也变得越来越重要，拥有制空权，就意味着可以拥有多重战略的构想，就可以从多个角度对敌人实施毁灭性的打击，甚至陆战和海战有的时候也正是围绕着空战进行组织和调控的。

在 2003 年爆发的伊拉克战争中，在开战之初，美军就制订了针对伊拉克地面军事设施的"斩首行动"计划，美国的战斗机在这次行动中大展身手，对伊拉克国内地面军事设施进行了毁灭性的打击。数百枚导弹落在伊拉克的土地上，包括巴格达、巴士拉、纳杰夫、摩苏尔、基尔库克、乌姆盖斯尔等十余座城市和港口都受到了毁灭性的打击，使得伊拉克的防空设施和雷达设施均处于瘫痪状态，此后美英战斗机和特种兵在伊拉克几乎可以随意出入，完全掌握了战争的主导权。

战争是残酷的，谁拥有了主导权就势必会赢得最后的决战，制空权决定着指挥官的眼睛能看到多远的距离，赢得制空权其实就是蒙上了对方指挥官的眼睛。

是战略空战还是空中格斗

空战基本上分为两种：空对空，就是飞机与飞机之间的较量；空对地，就是飞机与地面设施之间的较量，广义上说还包括飞机与海面设施之间的较量。而在很多人的眼里，空战似乎就是意味着在空中的战斗，也就是飞机与飞机之间的较量，这确实也是空战中一种非常常规的战斗模式。为了夺取制空权，双方的飞机在空中的缠斗应该是最经常发生的，所以，很多人将战斗机在空中的交火称之为"空中格斗"。虽然它不像地面的白刃交战那样血肉横飞，但这并不代表它不是残忍的、血腥的，它有着白刃格斗所有的特征。

同样属于"不是你死，就是我活"的缠斗，但是驾驶飞机注定要比手握刺刀更具有技术上的难度，此时考验的不仅仅是驾驶员的战斗力与精神力，还有技术和思维，而且空战比之白刃战的变化更为复杂，空中的你来我往场场都是在电光火石之间决定生死一线。所以，各个国家在不断开发新式的战斗机上往往都是不惜血本，因为硬件设施的完善往往可能会弥补驾驶员在战术思维上的不足，一旦在硬件设施上领先，就会取得空战中的绝对优势。不可否认的是，在现代战争中，科技的能量在一定程度上可以左右战争的天平，可以决定战争胜利的归属，可以主导战争的风向。

但是当我们翻开史书的时候又不免惊骇，残忍的"空中格斗"在空战教科书中其实越来越不多见，最经典的空战案例不再是飞机与飞机之间的比拼，而是战略与战略之间的博弈。还是正如那句战争的名言一样，"战争最终还是人的战争"，发达国家可以拥有科技含量更高、更为先进的战斗机，但是这并不是就意味着它可以赢得战争，赢得最后的胜利。世界上最优秀的战争指挥家都会避开那些直接的缠斗，最高明的战争指挥家都知道，最强大的武器永远是战术而并非枪械或是机器。那些高喊着"咱们拉开架势正面真刀真枪地再打一次"的迂腐将领，就像《亮剑》中面对李云龙怎么看也不服气的常乃超一样，丝毫没有找到解决战斗的最好办法。在战场上对手等你还在拔刀的时候把你捅了没有人会怪罪他，而倒霉的你就此成为了历史的笑柄。

所以，像电影中那样几十架战斗机在云端无比华丽地交火，到了现实中成为了凤毛麟角的特例，尤其是到了现代战争之后，战术的高精度要求更是在逐次升级，空战不再是正面的交火，而成为决定战争主导权的指挥家博弈。仰望天空的指挥家在构思的永远都是如何赢得整场战争，不是打赢一两场战斗，或者干掉几个敌人。

在构思怎样去进行一场空战之前，指挥家们往往都是在推敲"我为什么进行这场空战"和"赢得这场空战能够给我带来什么"，空战不再是"格斗"而是一种战略上的需要，在伊拉克战场上，如果美英军队就"拉开架势"与伊拉克军队火并，那胜利的天平向哪方倾斜，还真的是说不明白的。

是推动文明还是摧毁文明

从第一次世界大战开始，飞机逐渐成为了一种新的战争载体。1914年9月8日，俄国飞行员涅斯捷罗夫驾驶飞机与一架奥地利侦察机在高空中相遇。涅斯捷罗夫一边驾驶飞机，一边掏出手枪向奥地利飞行员打了两枪。一枪打在了奥地利侦察机的机身上，但是，这一枪并没有影响到飞机的飞行。这时候涅斯捷罗夫还想射击，但是一来手枪突然卡了壳，二来因为在空中，驾驶的同时射击非常困难。于是，涅斯捷罗夫干脆驾机朝着奥地利侦察机冲了过去，机轮撞到了奥地利侦察机的螺旋桨，奥地利侦察机受到重创，朝着地面坠了下去。

没过多长时间，一名法国飞行员在自己的飞机上安装了一挺火力很强的霍奇斯基机枪。他将机枪固定在了座舱前的机身上，这样，机枪就能够沿着飞行方向射击。就是用这挺机枪，他击落了两架德国军机。这位法国人的飞机后来遭到了德军防空火力的攻击，德国人从迫降的飞机上拆下了他的机枪装置，从而进行了仿制。其实在飞机上安装武器并不是那么容易的事情，最大的问题是怎样让射出的子弹避开旋转的螺旋桨叶片。三名德国工程师为飞机制造了一种机枪射速协调装置，它依靠螺旋桨来控制机枪的射击：当桨叶与枪管错开时，机枪就可以射击；而当桨叶片挡住枪管时，机枪就停止射击。

1915年6月，这种武器被安装在了福克飞机公司生产的单翼机上，这种飞机每小时可飞130千米、最高可飞3 000米。正是这种装有机枪射速协调装置的"福克"飞机，后来在空战中建立了卓著的战功。从此以后，飞机开始真正进入了空战时代。

在残酷的第一次世界大战中，航空技术取得了突飞猛进的发展，尤其是飞机制造产业，因为战争的不断深入，所有的参战国家在发现了飞机这一全新的攻击性武器的优势后，都不断地在飞机制造上竞相改进，力求取得制空权，从而掌握战争的主动。随着参战国军费的不断上涨，投入到武器更新中的军费造就了激烈的军备竞赛。征服天空一直是人类的梦想，而战争的指挥者更是心知肚明，如果占据天空那就意味着可以了解敌人的一切，可以随心所欲地攻击敌方的任何目标，甚至可以突破敌方所有的火力点，直达敌方的指挥所，从而直接摧毁敌方的指挥系统，以最快、最便捷的方式结束战争。

可以说，投身于战争的好战分子并不知道，他们有意无意之间，在开拓着新的战争模式，也在推动着现代文明的进步和发展。战争在破坏着世界的平衡，同时也在推动着人类文明的进步，或许这就是战争的矛盾，那么战争是在推动文明还是在摧毁文明呢？

战争一方面推动了文明的进步，飞机和空战开始出现在现代战争中，人类又有了新的作战方式，新的高精尖武器也在不断得到提升。而另一方面，世界因为战争的存在变得满目疮痍，在欲望的驱使下，加上这些层出不穷的新的战争模式，使得战争得以不断升级，我们生存的世界所遭受的破坏也越来越严重。所以说，战争的参与者发明了高精尖武器，为我们的文明发展作出贡献；另一方面，正是因为战争的参与者发明了高精尖武器，人类的文明同时也遭受了重大的破坏。

空战的战术与人性进化

空战虽然是飞机之间的对抗，但是飞机终归还是人在驾驶的，所以战争最后还是人的对抗。而人的对抗，除了驾驶的机械本身在不断升级，驾驶者的技能也需要进行不断升级。空战作为战争的一种模式，也是生于战争、存于战争，不能脱离于战争的。所以战争所需要的因素，在空战中一样不能缺少，战争是兵行诡道从而夺取胜利的，所以空战也无法避免战术的对抗，战术会成为左右战争命运的最高手段，在空战中，战术同样有着重要的作用，而反过来，空战的成败也会影响到战争的最终归宿。

首先，空战看起来似乎只是飞机之间的高空搏斗，但其实也存在诸多的战术变化，身经百战的一流飞行员，也必定有其独特的空战战术。战斗机因为性能优越，加上驾驶员的技术高超，可以做出多种高难的动作，驾驶员可以根据这些高难度变化的动作，从而制定相关战术，通过对战斗机的飞行和对战斗机自身武器的操纵，完成战术布置以对敌机进行最有效的打击。生死之间的战斗必然是系于一线之间，而相比于其他战场的指挥员，在空战中，每一架飞机的飞行员自己几乎就可以是一场战斗的指挥官。所以空战不仅要求飞行员的纪律性，同时飞行员也要有自身的创造力和行动力，在关键时刻敢于靠自己的技能和智慧提升战术要求。而在很多情况下，当己方队伍面对诸多不利的时候，要求飞行员有的时候不得不依靠个人独立地去完成战斗。

兵学大师若米尼曾经说过："全部战争艺术就在于擅长待机而动。进攻的目的应符合所赋予的目的。"到了现代社会，人们终于开始考虑人在战争中所处的不同地位，所带来的不同的影响，"人权"开始被反战人士在战争中提了出来，于是，

序言

空战不再是对于战争中有生力量的打击，现代战争中的空战的战术布置必须面对新的选择。于是，战争中的人与人之间的碰撞，逐渐远离了白刃相交的决战，空战更多的战略考虑开始掺杂入更多人性的成分，这或许也该被称为是战争的一种改良。

在飞机出击之前，指挥家必须根据当时当地的形势，对战争进行分析，设定能够完成战略意义的空战袭击。同样是进行攻击，导弹可以摧毁对方的控制系统，却不能直接去轰炸对方的指挥人员了，因为国际社会普遍认为，直接通过攻击对方的人身来实现战争的胜利，是一种缺乏"人道主义"的行为。当然，凡是旁观者都会明白，指挥者之所以选择轰炸指挥系统而并非是针对人进行轰炸，那是因为现代战争的特殊模式所限，现代战争已经不必要进行白刃相交的死战就足以完成控制战争主导权的计划。

殊死一搏还是等量交换

作家罗伯特·R.莱昂哈特在他的书《信息时代的战争法则》中写道："战争是人类灵魂的赘疣，人性中具有讽刺意味、自相矛盾，甚至是混乱的一面，这带给军事艺术一种极度混乱的局面：矛盾得惊人的说法、转瞬即逝的见解和不断变化的真理交织在了一起。我们的任务每天都被重新定义，有时我们能注意到，更多的时候我们注意不到。但是在现实状况下，更多的军官迫切向他的士兵们传递着进攻的重要性，在更为久远的年代，冷兵器时的军人甚至要求自己的部下要以自身生命去交换敌人的生命。"

第二次世界大战中，日本军人的"玉碎"作战方式曾经让欧美军人感到惊骇乃至恐慌，他们从未接触过如此恐怖且迷恋战争的军人，他们愿以各种方式去完成自己与战争的联姻，战争让他们疯狂，也让他们冷酷，他们也把战争推向了极致。可是在现实世界中，对于战争的疯狂并未换来战争的胜利，对于进攻的偏执也不能帮助指挥者得到全部的未来。孙子说："兵以诈立，以利动，以分和为变者也。"一个执著于进攻的指挥家最终更有可能把自己的部下带入万劫不复的境地，而只有能屈能伸的指挥者才能体会战争的变化无端和出其不意，而这才是战争的真谛。

身处空中的飞行员比之陆战、海战的军人，可供他们选择的路径并不是很多，除了与对手作战，转身逃离很可能就意味着机毁人亡。所以狭路相逢的时候，只有勇者才能胜利，否则就无法生还；所以空战的参与者必须具备当机立断和超出常人的作战思维，而在空中交火时，必须作出最出色的判断，一旦思维在空战过程中出现偏差和问题，很可能就会影响到整个战局的发展和最终结果。飞行员在此时所承担的压力是无法估量的，但是他们无从选择，他们必须在敌方机群进入射程范围内之前，完成庞大而又精密的战略构思，从而作出最恰当的判断和决定。

所以，当进攻面对一种选择时，以防守的形式出现往往是真正高水准空战指挥员的选择。同样是在罗伯特·R.莱昂哈特的书中有这样的句子"指挥官只是把防御作为一种权宜之计，他们必须寻找一切机会去夺取主动权。因此，在所有防御作战中，都必须具备进攻精神。"这是真正现代战争的作战思维，尤其是在空战中面对高精尖武器和电光火石的碰撞，此时的防御是具备战略性的，是真正面对狭路相逢作出的大局观判断。

　　其实战争的结果是最为重要的，过程往往会因为结果而被忽略，"成王败寇"是自古以来所有战争模式必然的清规戒律。"殊死一搏"是战斗的眼光，是从细小的部位出发；而"等量互换"虽然同样是一种死战的方式，但却是从战略意义出发。一个飞行员的眼光，最终会决定战争的走向和命运，或许这就是空战与陆战、海战最大的不同之处。当一个飞行员不得不驾驶着自己的战斗机冲向敌机之际，双方的头脑中所呈现的是"殊死一搏"还是"等量互换"，谁先意识到这两种概念的不同，谁就会由自身影响到战争的结果。

空中大决战的启示

　　在第二次世界大战的末期，德国人率先在飞机上安装了喷气式发动机，从此开始，喷气式战斗机出现在了战争中。第二次世界大战结束之后，是长期的"冷战"时期，苏联与美国两个超级大国之间的博弈成为当时世界局势的主旋律，虽然在那段时间中，再也没有出现世界大战这样的激烈战事和世界性灾难，但是这并没有阻止军备竞赛不断升级，尤其是以美苏两国的武器现代化升级最为迅猛。在短短的数十年时间里，战斗机的性能不断改进，曾经红极一时的喷气式战斗机迅速落伍，接着超音速战斗机、垂直起降战斗机、隐身战斗机等不断更新换代，虽然此后的空战相对而言都属于小规模的作战，但足以从这些战斗中看到当时世界战斗机技术革新的最新成果。

　　军事方面的学者们几乎是众口一词，21世纪已经进入了信息时代，21世纪的战争也就是信息时代的战争。在信息时代，战争的全新形式不再是夺取某方面的压倒性胜利，或者是造成你死我活的必然局面，在这个时候"指挥与控制战"成为未来战争的重要特点之一。空战是争取"指挥与控制战"胜利的一点，但却是非常重要的一点，拥有制空权是能够夺取"指挥与控制战"主动的关键，而部队通过空战可以最快、最直接地攻击对方的信息系统，从而创造一种足以了解对方情况的战场氛围，如果己方可以很快了解到对方的情况，而对方却无法做到，那就等于握住了胜利的钥匙。

　　正如在战斗中，对于指挥者来说，能够获得对方的准确情报是一件非常让人欣喜的事情，拥有制空权就意味着可以掌握对方的情报，同时向对方的军事设备随时从高空发起便捷的进攻。正是因为信息时代的到来，"指挥与控制战"越来越重要，空战在战争中的地位逐渐提升。因此，在现代战争中，越来越多的指挥者将空战视之为"空中的决战"，一旦丧失掉空战的胜利，就意味着战争的失利。福煦在自己的著作《战争原则》中说过："目前的战争尽管已显露出各种新的特点，却又一次表明，一些基本的战术原则依然未变……"获取敌方信息从千百年以来，直到现代战争中，一直在影响着战争的发展和最终进程。

看起来，是因为飞机的发明才使得空战这种新的战争模式出现在了历史中，但同时这也是历史发展的必然，现代战争不断地寻找着突破困局的方式，从陆战到海战，从海战到空战，从空战到利用更为广阔的宇宙，这几乎是不可阻碍的历史的脚步。《现代战争》中说："我们仍在不懈地研究一种不再存在，而且我们也决不会再打的战争。"或许，人性问题再次被和平主义者摆上战争分子的办公桌也正契合了指挥者以最小的战争投入，获得最大利益的最初想法，而空战在未来战争中所扮演的角色，也将会越来越重要。

序言

目录 contents

contents 目录

目录 contents

战典回响

沙场点兵

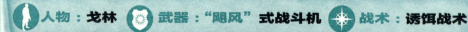 人物：戈林　武器："飓风"式战斗机　战术：诱饵战术

⑤ 第五章

不列颠空战——战鹰留住胜利的希望

战典回响

contents 目录

目录 contents

战典回响

沙场点兵

人物：**诺维科夫**　武器："**P-39红色飞蛇**"　战术：**库班梯次配置法**

⑧ 第八章

东线空中大决战——库尔斯克大会战中的空中战役

contents 目录

目录 contents

人物 **北非之鹰**
——马尔塞尤 武器：**BF-109** 战术：**游猎式攻击**

⑪ 第十一章

克里特岛空降战役——纳粹空降兵的掘墓之战

contents 目录

目录 contents

contents 目录

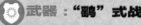

目录 contents

生死瞬间的云端曼舞
THE CLASSIC WARS

空战

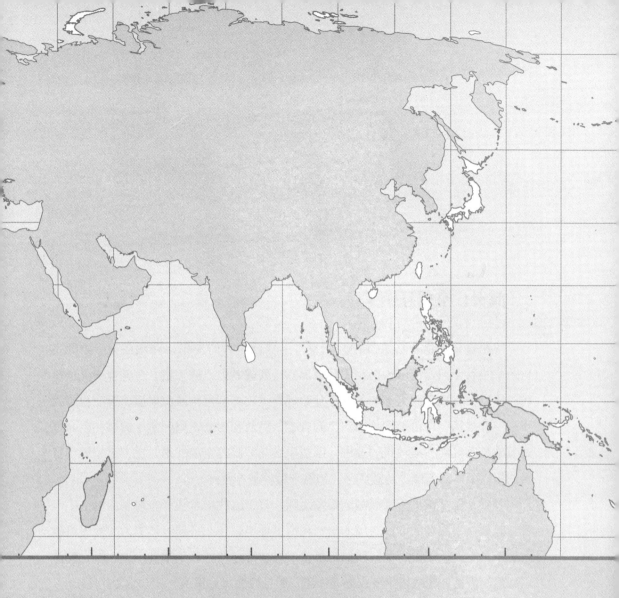

第一章

一战天空
——空战走上历史的前台

▲当霍奇斯基机枪被固定在飞机的座舱前的机身上时，谁也不会想到，正是这个看似有意或无意的行为，完成了世界战争史上的一次创举，从而为这个世界带来了一种新的战争模式。

第一次世界大战是空战的处子秀，在这个相对原始的舞台上，战机开始了在天空中的曼舞，给后人留下了在早期空战中的一段段经典战斗和一曲曲英雄的传奇，昭示了空战在后世突飞猛进的发展。

前奏：空战开始了

飞机在第一次世界大战中开始发挥着自己巨大的作用，翱翔在天空中的飞行员们也希望自己能像中世纪的骑士那样，驾驶着自己的飞机，在天空中纵横驰骋。于是，飞机在勇士们的努力下开始成为进攻的利器，从此以后，天空也成为了战斗的战场。飞行员们付出自己的青春、勇敢和智慧，用汗水、鲜血和生命提升着空战的发展和战斗机的改进，创造了眼花缭乱的空战战术，也为后来的飞行员们树立了简洁高速、勇猛顽强、精益求精的战斗精神。

其实在第一次世界大战刚刚爆发之际，对于这些用木头和布料制成的空中怪物，长期主宰战场的欧洲各国的陆军和海军提不起什么兴趣，加上当时的飞机确实也不是专为军用设计的，所以用起来不是非常方便。对于军人来说，没有配备着武器的装备，在战场上不仅毫无作用，而且还会成为累赘。

1914年8月5日，俄国飞行员涅斯捷罗夫突然想到了一个特别的办法，他在自己的机身后部装了一把刀子，在随后的飞行过程中，他用这把刀子劈开了一艘飞艇的蒙皮。他发现了飞机可以用于战争中的办法，后来他还准备在飞机尾部装一条带着重锤的钢索，这样当他驾驶的飞机从敌机上面飞过时，就能够用钢索缠住敌机的螺旋桨。

涅斯捷罗夫的这些"发明创造"启发了另一位俄国飞行员卡扎科夫上尉，卡扎科夫上尉在自己的飞机上悬挂了一条带"抓钩"的钢索，把一个雷管连在了抓钩上。这样当他驾驶着飞机从敌机上方飞过时，抓钩就能将敌机钩住，并靠钩住敌机时的撞击引爆雷管，从而将敌机消灭掉。

从这时开始，世界各国的飞行员都开始为升级自己的战斗机而绞尽脑汁，在这段时间里，各种新奇的武器开始被搬上飞机。就在1915年2月的一天，四

★第一次世界大战中的飞机

架德国战斗机正在空中巡逻，一架法国战斗机突然迎面冲来。德国飞行员轻蔑地望了一眼这架扑过来的飞机，想等它飞到自己侧面时再进行射击。万万没有想到的是，这架法国飞机突然从螺旋桨里射出一条黄色的火焰，德国飞行员们还没有明白发生了什么事情，一架德机已经被击中，拖着浓烟烈火向地面坠落下去。

见到这样的场景，其余三架德机上的飞行员都吓得目瞪口呆，一时不知道如何是好。就在这时，法国飞机已经直冲向了另一架德国飞机，又是一条火焰从螺旋桨中冒出，这架德国飞机立刻就在空中爆炸了。剩下的两架德国飞机见势不妙，掉转头就逃之夭夭了。

这样的空中遭遇战在随后的日子里发生了多次，不少德国战斗机都在这种新式的法国战斗机面前吃了亏。以至于后来德国飞行员只要一看到这种新式的飞机，立刻就会落荒而逃。

为此德国派出了许多情报人员深入到法国想尽办法去刺探有关这种新式飞机的一切秘密。可是，因为法国对制造这种新式飞机的技术严格保密，使得德国情报人员没有得到任何的消息。无可奈何的德国人只知道这是一种被命名为"莫拉纳-桑尼埃"的战斗机，它的机枪是安装在飞机头部的。这种机枪发射子弹的速度

★一战中的空战场景图（想象图）

是每分钟600发，但是当时的飞机大多都是装着双叶螺旋桨的，而螺旋桨的转速是每分钟1 200转，问题就是机枪子弹是怎样穿过旋转的螺旋桨的呢？德国人始终都无法找到这个问题的答案。

1915年4月28日，法国飞行员罗兰加洛斯驾驶着一架新式战斗机与德军发生空战，在战斗中他被德军的地面炮火击中，飞机不得不被迫降落在德国境内。当罗兰加洛斯准备烧毁飞机的时候，他被火速冲上来的德国兵抓住了。

法国报纸曾对罗兰加洛斯和他的飞机进行过大肆宣传，所以德国人对这名俘虏和他的飞机的价值非常了解。能够得到罗兰加洛斯和他的飞机让德国人大喜过望，他们马上把罗兰加洛斯的飞机机身的前部送往了飞机设计师福克那里。

在得到罗兰加洛斯飞机机身的前部之后，福克及手下的工程师们很快就

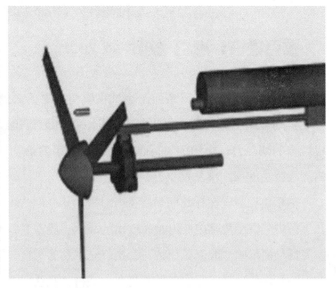

★飞机设计师安东尼·福克和他设计的射击同步协调器

投入研究，不久他们就制造出了断续器。他将这种断续器配备到了帕拉贝吕姆式机枪上，并且将它们安置在M.5型拉进式双翼机上试验，最终获得了成功。从而，一种称为EⅠ型的改进型单翼机就此被生产了出来。这种断续器的结构本身其实并不复杂：他们先在机械联动装置的末端安装了一个凸轮，该凸轮在桨叶转到枪口之前时会受到螺旋桨的撞击，从而让机枪停止击发，等到桨叶通过枪口之后，凸轮就能回到原来的位置，这样机枪就得以继续射击。

但是EI型飞机在1915年刚刚投入使用之初，也有其自身的弊病，当时在飞机上安装的是80马力的汽缸旋转式发动机，所以飞机的动力并不是很充足。随后设计师和制造商针对EI型机进行了改进，该机到1915年9月服役时终于开始使用100马力的发动机。很快德国人又进一步改进了新式飞机，到EⅢ型机时机身上安装的则是两挺施潘道式机枪。1915年11月，又制造出了EIV型机，这种型号的飞机上装有一台160马力的汽缸旋转式发动机。空战史上赫赫有名的德国飞行员奥斯瓦尔德·伯尔克上尉，正是驾驶着这种飞机于1916年1月5日首次击落了一架敌机。

福克的E系列歼击机出现在历史上之后，驾驶着这种飞机的奥斯瓦尔德·伯尔克上尉和他的伙伴马克斯·殷麦曼就此开启了人类历史上真正的空战时代。第一次世界大战的天空开始成为德国人纵横捭阖的舞台，无情的"福克的鞭笞"抽打在毫无准备的协约国身上，天空在那个已经久远的年代曾完全为日耳曼人展开胸怀。

福克鞭笞：福克飞机控制天空

德国的空中力量在E系列福克式飞机问世之后得到了巨大的加强。驾驶着这种飞机的德国飞行员既能很快瞄准目标，又能进行迅速的俯冲攻击。面对这种飞机恐怖的战斗力，协约国飞行员几乎毫无还手的余地，在仅仅半年的时间里，协约国飞行员的伤亡率急剧上升。

伯尔克和殷麦曼在此期间成了当时战功显赫的"尖子飞行员"。伯尔克创造了在飞行中采取小角度俯冲近距离攻击的战术；殷麦曼则创造了至今仍然被世界上很多飞行员使用的"殷麦曼翻转"，也就是半筋斗翻转。就他们二人对世界空战作出的影响和贡献，战史专家克里斯托弗·钱特曾经这样评价："空战史上的真正作战是从伯尔克和他伟大的竞争者马克斯·殷麦曼中尉开始的。"

伯尔克作为久经战事的功勋飞行员，早就因为在空战中立下的赫赫战功和卓越的驾驶技术而在当时享有盛誉，福克飞机的出现让这位英雄如虎添翼。他专心致志地研究着这种飞机，思考着如何利用它在空中格斗中能够创造出更加新奇的

★驾驶战机激战中的殷麦曼（想象图）

战术。他一直都非常清楚在空战中"谁获得高度，谁就掌握着主动权"这个道理。所以在历次空战中，他总是率先升高到1 500米，以云层或阳光来掩藏自己的飞机，然后再瞅准战机，以快速而又准确的进攻方式取得胜利。大部分协约国的飞机是无法飞到1 500米的高度的，所以协约国飞行员只要稍不注意，伯尔克就可以采用远距离小角度俯冲，从高处接近低处的敌机，在近距离使用连续而又短促的点射进行射击，直到对方与自己的距离只剩下几米远的时候，他再次升到高处，慢慢等待下一次进攻的机会。

★福克Dr-1三翼机

★福克式战斗机

然而这种战术在空战中并非万无一失，有几次，伯尔克发现，在他进行俯冲进攻时，在不远处有另外一架敌机正在悄悄地接近他，这让他惊出了一身冷汗。这样的情况实在是太危险了，他必须想办法解决这种战术中的弊病。

★福克-渥夫 FW-190战斗机（模型）

于是，殷麦曼就在这时出现在了他的脑海里，他找来了这位飞行英雄，他们两个人就此组成了飞行史上的第一对双机。殷麦曼被人们称为"里尔之鹰"，早在1914年9月德军攻入法国北部、进逼巴黎时，殷麦曼就曾独自完成了一次惊人的任务：他驾驶着自己的飞机低空掠过巴黎上空，将炸弹投了下去，使城区居民陷入混乱，防空系统受到了严重的干扰，然后他又撒下大量传单，逼迫巴黎当局向德军投降。殷麦曼的战术素养非常高，并创造出了许多独一无二的空战战术。

伯尔克和殷麦曼这对搭档在经过一段时间的磨合之后，逐渐形成了默契的配合。他们确定了一套在空战中用于联络的暗号，为彼此提供视界盲区的掩护，并借此对尾随身后的敌机进行监视。

殷麦曼在和伯尔克一起组成双机编队后的飞行中，他进一步完善了由自己独创的"殷麦曼翻转"。

殷麦曼在最初的时候跟伯尔克一样，经常使用抢占高度、俯冲攻击的战术。但是当这种战术开始被广泛使用，很多国家的飞行员就开始研究并创造出对应的战术，法国飞行员拉弗伯雷就创造了一种类似于跃升倒转的动作，就是在遭到德机从后上方攻击的时候，首先将飞机急速升高，待飞机失速进入螺旋状态，就在旋转半圈后向原航向俯冲，从而使自己反而转到敌机的尾后，反过来对敌机进行攻击。

★殷麦曼和伯尔克进行飞行训练

★ "殷麦曼翻转"示意图

　　拉弗伯雷的战术使得伯尔克的战术根本不能达到理想的效果，因此殷麦曼开始考虑创造新的战术动作来应付敌机的变招。他开始寻找怎样在被动的情况下"变被动为主动"的战术，在训练和作战中反复试验自己的想法。殷麦曼依然秉承着占有高度就是获得空战主动权的观点，据此他在1915年秋天终于创造出了使飞机在急速升高的同时，改变飞机航向并做出半滚动作的战术。这个战术动作既可以摆脱敌机，又可以获得高度优势，从而夺回失去的优势，对敌机展开再次的攻击。

　　1915年秋的一天，天空非常晴朗，殷麦曼选择在这一天当众表演了这种由他最新创造出的战术动作。飞机在急速飞行的过程中，机头突然拉起从而向上跃升，近乎垂直地升高到顶点，忽然一个滚动从而飞向相反的方向。在此后一直到1916年6月，他使用这种战术一共击落了15架敌机，成为了德国空军最功勋卓著的飞行员之一。

　　但是在这个世界上，并没有一种战术是完全没有缺陷的。1916年6月18日，躲在高空的殷麦曼盯上了一架英国双翼战斗机，随后他驾驶战机闪电般地俯冲下去。然而，这一次他的战术盲点完全暴露，另一架英国战斗机早已经藏身云中，他尾随在殷麦曼的身后，趁其不备一个点射就将他的飞机击落了。

★殷麦曼遭到协约国战机夹击（想象图）

殷麦曼坠机身亡后，作为敌对方的英国皇家飞行队专门做了花圈和挽联，由队长、王牌飞行员葛利楚驾机飞到德军战线上空用降落伞投下，衷心表达了对这位杰出飞行员的敬意和缅怀。

殷德曼牺牲后没有多久，伯尔克也遭遇了厄运。1916年10月28日，伯尔克在跟一架英国飞机缠斗时，与本方飞行员伯梅的飞机不幸相撞，他的飞机蒙皮从支撑上翼的木结构上剥落，这位被称为"空战之父"的英雄飞行员就此命丧黄泉。

初出茅庐："红色男爵"对决英国王牌

"红色男爵"是德国"超一流"飞行员曼弗雷德·冯·里希特霍芬上尉的称号，他在一战中给英国人在天空留下了惨痛的回忆。而这其中最为惨痛的就是他们的王牌飞行员霍克被击落。

1916年9月，里希特霍芬在成为飞行员之后首次击落敌机，从此就开始了他征战天空的传奇生涯。而在里希特霍芬的空战履历中，最为人称道的当数他击落英国的王牌飞行员霍克的战斗，这是一场真正意义上的王牌之间的厮杀。

1916年11月23日，里希特霍芬正驾驶着他的战斗机在3 000米的高空进行巡逻，突然发现有3架飞机出现在眼前。这个由3架战斗机组成的飞行编队，驾驶者是英国王牌飞行员拉诺·霍克和另两名飞行员。在里希特霍芬发现英国飞机的同时，霍克也发现了面前的这架德国飞机。他随即下达命令，3架飞机同时冲上了高空。处于下方的里希特霍芬无法展开攻击，所以只能先避开锋芒等待战机。

在云端作好准备后，霍克的飞机急速俯冲下来，同时向里希特霍芬的飞机展开猛烈的攻势，里希特霍芬急忙向左转弯改变方向，但是霍克尾随在后，紧咬着不放。

两架飞机在空中兜起了圈子，两位飞行员都在思考着怎样进入对方后面，从而占据有利的攻击位置取得胜利。两架战斗机都开足了马力，但是在绕了40圈之后也没有能够找到对方的破绽。里希特霍芬在此时忽然意识到，对方并非一个泛泛之辈，在技战术方面如果无法找到突破，那么就必须在飞机性能上寻求胜利的关键。里希特霍芬心里明白，霍克所驾驶的英国飞机在机动性和速度上非常好，而他驾驶的德国飞机则拥有出色的爬高性能。

此时的两架飞机仍然在兜圈子，高度也在不停地下降，从3 000米一直下降到了1 800米。就在这个时候，忽然吹来了一股疾风，

★ "红色男爵"空战想象图

★ "红色男爵" 空战图

他们因此被吹向了德国的方向。霍克知道自己已深入对方纵深过于远了，此时最好的选择应该是退出战斗。但是他并不想就此放弃，纠缠了这么久他深信自己能够击落这架德国飞机。他们的圈子已经变得越来越小，里希特霍芬有几次还清楚地看到了霍克在座舱里的动作。

飞机的高度仍然在不断下降，圈子仍然在缩小，霍克知道决战的时机就在眼前，他忽然做了一连串的高空动作。但是当他完成动作，快速往回飞时，里希特霍芬忽然攀高后俯冲过来，并且率先开火。

此时飞机与地面的距离已经不到90米了。霍克终于发现自己的战术并没有起到预想的效果，所以急忙掉头向己方战线方向飞去，但紧随在身后的里希特霍芬仍然不懈地在瞄准他射击。霍克只能不停地左右摆动，做出各种曲线飞行动作，使敌人无法瞄准自己。但是里希特霍芬在两架飞机相距30米时又射出了一串子弹，其中一发恰好击中霍克的头部，使他当场毙命，霍克的飞机在跳动了一下之后就坠毁了。

血的4月：战鹰在这里陨落

1917年4月，英国皇家飞行队为配合联军实现法军总司令尼维尔所制订的进攻计划，与德国空军在法国北部阿拉斯上空进行了争夺制空权的殊死搏杀。德国空军在当时久负盛名，皇家飞行队正是出于忌惮决定在地面战役发起前5天就先进行空中的攻击，企图将德机驱赶出该地区，以方便协约国的侦察机和炮兵校射机能够自由活动。

在战役开始之后没有多久，就遇到了糟糕的天气，当时阴云密布，伴随着狂风的是倾盆大雨。飞机在天空飞行过程中，不得不接受暴戾天气的考验，因此爆发了第一次世界大战中最惨烈的一次空战。

而因为与英国王牌飞行员拉诺·霍克空战的胜利，使当时年纪轻轻的里希特霍芬名声大噪，迅速成为德军中的王牌飞行员。在击落拉诺·霍克的战斗机之后不久，里希特霍芬荣获了普鲁士最高荣誉——"功勋奖章"。

1917年1月，他升任德国第11狩猎中队中队长，已经成为继伯尔克和殷麦曼之后，德国最为出色的飞行员之一。这一年的4月，发生在法国北部的阿拉斯空战上演了，这是一次真正意义上的惨烈空战，英军与德军为了争取在这一地区的制空权，展开了前所未有的激烈战斗。里希特霍芬率领他所在的第11狩猎中队参加了此次战斗，并迅速成为阿拉斯空战中德军的王牌力量。

4月4日，联军侦察机和轰炸机在战斗机的掩护下，对德军战役纵深目标实施侦察和突击。随后，联军的战斗机开始根据侦察所得到的情报，对德军进行攻击。在遭受了先期的轰炸之后，德军随即派遣空中部队投入战斗，于是，从4月上旬开始，德军飞机与联军飞机不停地在阿拉斯上空缠斗，但很快，拥有出色驾驶技术并且在空战中具有绝对优势的德国空军给联军飞机带来了灾难性的进攻。尤其是参战的英国皇家空军，这支被称为联军中空战实力最强的军队在阿拉斯遭受了前所未有的重创。在战役刚刚开始的5天时间里，英国飞机发生了56起飞行事故，75架飞机在战斗中被敌方击落，有105名飞行员在战斗中伤亡。

★德军战机编队

在这些发生在阿拉斯上空的战斗中，里希特霍芬的第11狩猎中队战功显赫，他们总共击落联军飞机89架，其中仅里希特霍芬一人就击落了21架。在里希特霍芬纵横欧陆天空的岁月里，他是每一个敌方飞行员都害怕见到的噩梦，正是在阿拉斯的战斗中，里希特霍芬将他击落飞机的数量提高到了52架，使其前辈、德国"空战之父"伯尔克所创造的击落40架飞机的纪录悄然作古。

但不管里希特霍芬怎样骁勇，最终还是步上了和他的前辈们一样的命运。1918年4月21日，同样的4月，曾经以一己之力击落协约国80架飞机的王牌飞行员里希特霍芬在与加拿大飞行员布朗缠斗时，遭到协约国地面炮火的攻击，在上午10时35分，与他驾驶的Dr-1型战斗机一起坠毁了。

噩耗传到德国，举国哀痛。德国人后来建造了一个专门纪念这位王牌飞行员的纪念馆，在第一次世界大战之后德国重建军队时，当时第一个喷气式战斗机联队——第71联队就以里希特霍芬的名字来命名。

天空在战争中不再寂寞

1903年第一架飞机被人类制造出来，但是这个现代最重要的科技成果并没有像历史上其他重要发明一样，很快被应用于军事领域。除去少数先驱者一直在这个方向上坚持不懈地进行各种探索之外，大多数国家的军队对于这种在空中飞行的"大铁匣"毫无所动，他们谁也不愿意将战争的命运维系在一个飘浮在空中的机器身上。

1911年，在意大利与利比里亚的战争中，飞机第一次被作为军用装备投入使用。这一年的10月23日，上尉卡洛·皮亚扎驾驶着飞机完成了人类历史上第一次侦察飞行。11月1日，朱利奥·朱多蒂少尉携带着4枚两千克的炸弹起飞，并最终成功轰炸了敌军阵地，这就是人类历史上的第一次空袭作战。但是，意大利军方的尝试被认为是赌博式的，根本没有引起其他国家的足够重视。正如当时法国高级军事学院院长、第一次世界大战协约国军队总司令福煦元帅所说："当然，飞机是一种有趣的玩具，但是就军事领域而言，它没有任何价值。"而他说出这番话的时候，正是飞机大规模投入军事领域的前夜。

在痴迷于歼灭敌人的陆战和海战时代，人们显然对于使用飞机还不怎么感兴趣，但是随着第一次世界大战的一声枪响，一切都发生了改变……

第一次世界大战刚刚开始的时候，因为军方的偏见，战斗机并没有得到发展和应用，在各国部队的装备里，飞机只是作为一种辅助军事用途的、简陋的非作战性道具。它们一般只会被用于完成一些有限的任务，比如近距侦察等，大多数时间它们都会被指挥者遗忘，从而束之高阁。

但是随着空中侦察变得日渐频繁，使得负责侦察的飞机与敌方遭遇的次数越来越多。没有猎人看见猎物就在眼前却能够做到毫不动心，飞行员们不能满足于只是跟敌人在空中挥挥拳头，互相谩骂一番，于是他们开始尝试将各种攻击性武器搬上飞机。这一阶段，在飞机上所安装的武器真是五花八门，有钩子、标枪、步枪、机枪等，几乎全是凭着飞行员自己的兴趣出发。当然，这样的作战效果是极其有限的，因为飞行员必须一边开飞机，一边攻击，非常不方便。但是日益严峻的形势却迫切需要一种可以在空中作战的新式飞机出现，于是，战斗机在此时出现已经成为了历史发展的一种必然。

随着飞机的不断改进和发展，攻击力更为强大的机枪取代了那些早期被放到飞机上的攻击武器。但当时的飞机大多带有螺旋桨，螺旋桨的桨叶成为机枪射击的最大障碍，要让机枪能够顺利射击，主要有两种解决方法：一是把机枪安装在机翼的上方，从而避开螺旋桨的桨叶，比如法国纽波特公司研制的纽波特11"婴儿"双翼战斗机，这种飞机就是把一挺纵向固定布置的机枪安装在了上翼面上；另一种则是采用推进式螺旋桨，比如英国制造的维克斯F.B.5战斗机。但是这两种方法都有其自身难以解决的弊病，比如飞行员在驾驶纽波特11"婴儿"双翼战斗机时，总是不能很好地瞄准射击，而维克斯F.B.5战斗机的问题则是因为安装了推进式螺旋桨从而严重影响了飞机性能。所以，这些在空中能够作战的战斗机，其实还无法被称之为真正的战斗机。

真正得到世界公认的第一种战斗机，是法国制造的莫拉纳-桑尼埃L型战斗机。法国飞行员罗兰加洛斯通过实战经验发明了"偏转片系统"，从而可以将固定同轴机枪安装在机身上，这种方法可以方便飞行员的瞄准和操纵，这也就成就了世界空战史上真正意义的第一架战斗机。罗兰加洛斯利用这种装置在1915年4月1日击落了一架德国武装侦察机。但伴随着罗兰加洛斯在4月28日迫降被德国人俘虏，德国人在研究了其所驾驶的莫拉纳-桑尼埃L型战斗机后发现，"偏转片系统"其实有着相当明显的缺点。于是荷兰人安东尼·福克改进了罗兰加洛斯的装置，发明了"机枪射击协调器"，从而大大改善了飞机的攻击性和安全性。在福克战斗机上安装的"机枪射击协调器"造成了后来著名的"福克灾难"降临到协约国。

从此以后，战斗机开始被视为一种决定战争命运的重要武器，成为各国空军部队必备的装备。拥有制空权成为在战争中极为重要的因素，在不断提高驾驶员驾驶技术的同时，各种新型战斗机在战争的刺激下层出不穷。到1918年第一次世界大战结束的时候，战斗机和1914年开战之初的辅助军用设备相比，在气动设计、结构、发动机、飞机性能等方面都有了飞速提升，已经是完全不同的两个航空时代。

然而，在诞生之初的战斗机，更多只是担任防御性的武器。拥有优秀的战斗机，只相当于保证了自己的制空权，而很难控制甚至夺取对方的制空权，所以更多的空战更如同是攻守双方的拉锯战，徒劳付出惨重的代价，却并无太多真正的战略意图的反映。

随着战斗机性能的不断提升，拓展它们的战斗用途成为必然的方向。随着第一次世界大战的战事日益紧张，各国军方已经不能满足于将战斗机仅仅用于执行战术任务、捍卫本方制空权的作用上。在更为全面的战略思想下，军方迫切需要战斗机能够在捍卫了制空权后，对敌纵深目标实施更大打击、削弱敌方具有战争潜力的空中兵器，从而将己方的阵地从敌方的上空延伸下去。然而，当时战斗机所执行任务的极限也就是空战、空中侦察、必要时的低空扫射等几项，其中对敌方地面设施方面杀伤力最大的低空扫射，对飞行员来说却是最为危险的，很多优秀的飞行员都是因为低空扫射，从而被敌方的防空设施击落的。

在军方的需求下，各国航空研究人员开始探索飞机的新用途，正是在这样的形势之下，另一个全新的军用机种——轰炸机诞生了。1915年，在俄罗斯波罗的海铁路工厂，轰炸机的鼻祖"伊利亚·穆罗梅茨"V诞生了。以今天的眼光来看，这架"伊利亚·穆罗梅茨"V非常简陋，因为它的发动机功率只有150马力，最大时速也仅有121千米，载弹量522千克，但就当时而言，这架轰炸机的出现，已经足够让军方感到满足。"伊利亚·穆罗梅茨"V在投入使用之后，开始被用于对同盟国后方目标展开轰炸。随后，航空大国们纷纷开始开始研究这种新的飞机。很快，意大利的卡普罗尼轰炸机，英国的汉德利·佩奇轰炸机，德国人的A.E.G哥达、弗里德里希沙芬等大型轰炸机相继出现在第一次世界大战的天空之中。到第一次世界大战结束的时候，轰炸机的性能已经得到了显著的提高，已经发展为一个庞大而又成熟的机种。

★沙场点兵★

人物：红色男爵

曼弗雷德·冯·里希特霍芬，1892 年 5 月 2 日出生在德国布列斯劳（现在是波兰境内的沃洛克劳市），父亲是普鲁士贵族阿尔贝里希·冯·里希特霍芬少校，母亲库宁古德，"里希特霍芬"这个姓氏早先是由神圣罗马皇帝列奥波德一世赐给他们家族的，其中有"公正廉明"的意思。阿尔贝里希少校有三个儿子，曼弗雷德是长子。

曼弗雷德11岁进入霍尔施泰特的少年军校接受军事训练，后来被推荐到皇家陆军学院进行深造。在校期间，曼弗雷德成为一名出色的运动员，同时他的文化成绩也非常优异，甚至曾考得奖学金。另外，他在军校期间还显示出卓越的马术天赋，这也为他日后得以进入骑兵部队创造了一个契机。1911 年 4 月，曼弗雷德毕业后被分配在标志为血红色的精锐部队第 1 枪骑兵团（即"亚力山大三世"团）。一年后他晋升为少尉。

之后骑兵部队的作用逐渐减弱，堑壕战、阵地战逐渐成为地面战斗的主流。1914年第一次世界大战全面爆发之后，曼弗雷德开始转向航空领域发展。1915年 他进入航空战斗群，但是因为训练仓促促使他长时间无法承担独立飞行的任务，只能担当侦察兵。但曼弗雷德是天生的骑士，他向往在天空中获得翱翔和绞杀猎物的机会。在他的一再申请下，1915年10月10日，曼弗雷德的朋友乔格·祖默尔中尉对他进行了24个小时的飞行训练，然后他就开始了自己第一次的单飞，但24小时的训练显然不足以帮助曼弗雷德完善他的飞行技能，他的驾驶技术仍然有待改进。但即便是在担当侦察兵的过程中，曼弗雷德·里希特霍芬也曾经和一架法国飞机交火，并将其击落，但因为敌机坠落在协约国境内，所以并没有人承认曼弗雷德的此次战果。

1916年2月21日，第一次世界大战中著名的凡尔登战役打响，因为协约国空军在数量上占据绝对优势，德国为了确保制空权，充分利用尖子飞行员组成了机动灵活的狩猎小队，在空中对协约国空军进行打击。随后，曼弗雷德加入了"空战之父"奥斯瓦尔德·伯尔克领导的第二狩猎小队，在这段时间里，曼弗雷德得到了诸多天才飞行员的指导，飞行技术开始大幅度提升。1916年9月17日，在他首次升空时，就击落了一架英国飞机，在随后的阿拉斯战役中，他大发神威，成为让敌军闻风丧胆的空战名将。

1917年6月，曼弗雷德开始驾驶红色机身的福克Dr-1三翼机，因为驾驶这种福克飞机的传奇空战生涯，法语区的人们称他为"le Baron Rouge"，意思为"红色男爵"，成为德军中名声显赫的空战英雄。

1918 年 4 月 21 日，曼弗雷德在索姆河上空阵亡，年仅 25 岁。

武器：福克战斗机

在第一次世界大战时，飞机设计师安东尼·福克和他的伙伴们发明了使用凸轮的射击同步协调器。这种装置可以通过螺旋桨的转动来控制机枪的射击：在机枪枪口指向桨叶间隙的时候发射子弹，而当枪口对准桨叶的时候则停止射击。从1915年秋到1916年初，这种射击同步协调器被安装在了德国的很多福克式飞机上，从而在战斗中发挥了很大作用，很多协约国飞机都被这种飞机击败。

正是利用这种飞机出色的战斗性能，德国人一度完全控制了空战的主导权，历史上将这一时期称之为"福克灾难"。这些福克飞机的编号都是"福克E"，但是型号却分出许多种。它们的样子都是中单翼，有张线加强，但是机翼展弦比不大，机动性较好，机头上部安装有机枪，便于瞄准射击。

战术：编队作战

在空战记录中，现在所能查到的最早的空战战术就是"编队作战"，说到编队作战，就不能不提到德国的"空战之父"奥斯瓦尔德·伯尔克。虽然他最终命丧疆场，但是以他所创立的专业化歼击机部队却影响着整个空战史。

1917年，为了对付拥有绝对数量优势的协约国空军，德国开始组建狩猎中队，大规模的机群对机群的空战时代就此到来。无奈之下，协约国也相继组建了自己的飞行中队。和德国一样，法国也把自己国家最优秀的飞行员集中起来，组建成飞行中队之后进行出击。而英国则是将那些优秀飞行员分散到各个中队里去，这样就可以让新来的飞行员向老飞行员学习驾驶技术。

随着空军的兵力不断扩大，德国将人数增加组建成了狩猎联队，取代了狩猎中队。最早的编队战术是由伯尔克与殷麦曼所发明的双机战术，两位天才飞行员为编队空战的战术带来教科书般的配合和进攻体系。而随着空军人员的增加，双机编队也发展到3机、5机、6机甚至12机的大编队。1916年的夏末，德国开始以6机为基础创造出一种大规模的战斗机编队——"大圆圈编队"，这种编队方式既有很强的防御能力，也具备一定的反击能力。

随后，法国人拉弗伯雷改进了德国的"大圆圈编队"战术，能让编队的飞机不但保持在一个水平面上飞行，而且还可以完成绕圆圈盘旋爬高的高难度战术动作。这样就能够利用防御队形进行盘旋从而取得高度优势，再寻找战机对敌机进行攻击，这就是著名的"拉弗伯雷大圆圈"。英国人和日本人在第二次世界大战期间都曾经使用过这种战术，美国飞机在朝鲜战争中也曾经使用这种方法摆脱攻击。

从此以后，空战中的编队作战变得越来越普遍。编队空战的战术大大促进了歼击机的发展和空战战术的演变，从而为日后发展大机群空战理论打下了牢固的基础。

生死瞬间的云端曼舞
THE CLASSIC WARS

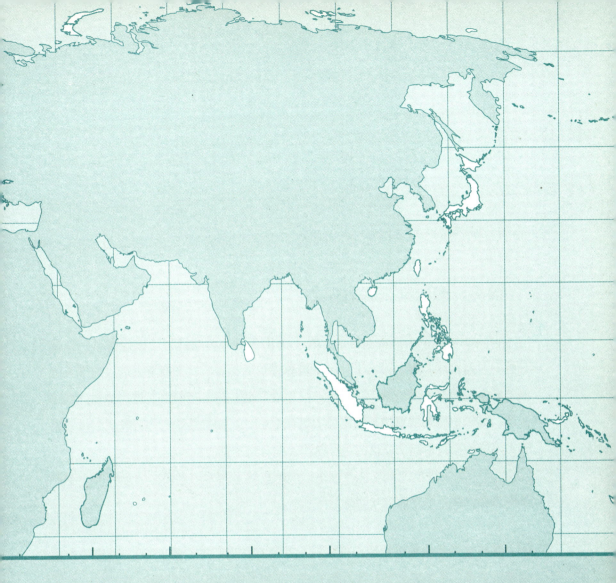

第二章

诺门坎空战
——日寇永远的痛

▲诺门坎战役又被称为"诺门坎事件"，或者是"哈拉哈河战役"，是第二次世界大战期间苏联和日本发生的一场战争。二战初期暂时的得势，使日本军国主义分子的野心日益膨胀，他们迫切想要完成在亚洲大陆上的统治，但面对机械化的苏联军队，"诺门坎战役"成为日本军国主义分子的一次重大挫折，不可一世的日寇在与苏联军队的首次接触中被打得一败涂地。从此日本军队不得不放弃"北进"战略，即便苏联遭到纳粹德国的进攻时也没敢对苏联进行夹击。

前奏：明治维新后的野心

日本自进行了明治维新以后，在一连串的对外侵略战争中接连得手，这使其野心日益膨胀，终于做起了其挑战世界霸权的美梦。日俄战争之后，日本人逐渐消除了来自北方的威胁。"九一八"事变之后，日本帝国主义进一步侵占我国东北，苏联的国防线直接与日本势力区域接触，这使得苏联人的神经变得极为紧张，这样的局势自然使苏日两国难以避免地发生摩擦。

1935年，日本关东军驻海拉尔的部队以及兴安骑兵部队就边境问题不断向苏联方面挑衅，边界冲突开始频繁起来。

1937年2月，日军登上干岔子岛和大别基切夫岛，将其视做自己的势力范围，苏联虽然多次提出抗议，但是日方并没有作出回应。到了5月，苏联认为抗议无济于事，于是派出少量兵力在干岔子岛和大别基切夫岛登陆。

日本关东军听说后，立刻调集来了一个师团的兵力，苏联随即也调集了炮舰、炮艇。两军就此形成了对峙的局面。日本参谋本部认为，对于这样一个偏远的小岛，没必要倾注太多兵力，所以采取了不扩大的作战方针。日本参谋本部的这一方针招致了关东军方面的不满。6月30日，日本关东军竟然擅自向苏联舰艇开火，并且击沉了其中一艘炮艇，日苏冲突于是就此加剧。

★驻扎在兴安的日本骑兵部队

1938年7月1日，在西伯利亚与"东满"、朝鲜北部接壤的张鼓峰，日苏两国先后发生了多起军事冲突，也就是历史上有名的"张鼓峰事件"。

张鼓峰位于苏、中边界附近，是一座标高150米的大丘陵，除去"满汉"铁路从旁边经过之

★张鼓峰事件中的日本关东军

外，其实在战略上并没有太大价值。"九一八"事变之后，日苏两国军队都在这里设立了国境守备队，围绕着因为历史遗留问题而无法明确的国境线，日苏的少量军队在这里开始对峙，两国军队在从张鼓峰到沙草峰一带一直维持着轮流占领的局面。

7月11日，约40名苏联士兵在张鼓峰山顶构筑阵地，日本陆军总部得到这个情报之后，却一时无法作出有效的回应，因为当时的日本陆军正集中中国派遣军的全部兵力进行武汉会战，胶着的战事让日军无力抽调兵力参与张鼓峰事件。所以，日本陆军总部对于在张鼓峰同苏联交战多数并不支持。在经过御前会议的多次商议之后，日本天皇终于下令当地的日军马上撤出战斗。但这样的命令对于早已作好进攻准备的关东军士兵来说，是难以心悦诚服的，他们太渴望在真正的世界大国面前展现军人的风范与锐利了，所以迟迟不想离开张鼓峰。29日，当他们不得不服从上司的命令，作出真正的撤退时，在张鼓峰地区又发生了第二次冲突，这一次，真正的战争终于不可避免。

临危受命：闻到战争的硝烟

从1938年到1939年初，在诺门坎的战斗中，苏、日双方几乎是各有胜负。此时的斯大林有些坐不住了，他知道日本人的意图，他们是在试探苏联人的耐心和战斗力，他意识到自己必须当机立断，挫败日本人的野心，从而稳固苏联的远东防线。1939年5月21日，斯大林在克里姆林宫召见了朱可夫。

伏罗希洛夫元帅告诉朱可夫，此次之所以调他来莫斯科，是要他前往蒙古了

★诺门坎战役中的朱可夫

解在蒙古的第57特别军的战地情况，因为自从战事开始以来，苏蒙联军在战争中所取得的成果一直都让苏联统帅部感到非常不满意。当时的苏联军队在兵力和火力方面都占据着绝对优势，虽然在与日本军队的交火中也取得了胜利，但是付出的代价却非常惨重，在飞机、坦克、人员上均损失巨大。

苏联统帅部希望朱可夫能够尽快前往前线，了解前线的状况，找出解决问题的关键。朱可夫接受了命令之后立刻出发，于1939年6月5日上午到达了第57特别军的指挥部。一到达指挥部，朱可夫就发现了大问题：第57特别军的指挥部居然和前线相距了120公里，更为关键的是，作为军长的费克连科中将从战事开始之后，居然没有到前沿阵地去过一次。对于朱可夫的质问，中将辩解称是因为在前线找不到可以构筑指挥部的木料。

朱可夫没有耐心再去听费克连科中将苍白的辩解，愤怒地打断了他的话，他说道："在距离战斗地点120公里以外的地方指挥部队，你不会觉得有困难吗？"

离开指挥部的朱可夫驱车前往前线，在前沿阵地上，他闻到了尚未散尽的火药味，对于战场朱可夫终于有了自己的认识。他将这些真实情况报告给了莫斯科的苏联统帅部，并请求加强驻蒙古一线的军事力量，他要求增派三个以上的步兵师、一个坦克旅、足够的炮兵部队及航空兵部队到前线来。在朱可夫看来，要在诺门坎重创日军，夺得制空权是非常重要的，一旦拥有了天空，日军的威胁就会降到最低。

空地一体：朱可夫带来新理念

莫斯科在6月8日收到了朱可夫递交的前线调查报告，随即命令朱可夫接替费克连科兼任第57特别军军长职务，并答应会尽量满足朱可夫将军所提出的要求。

6月中旬，西伯利亚军事铁路的运输量开始增加，大批的军用物资运抵前线。朱可夫将军所需的第一批优秀飞行员先行来到前线，共计21名，都是苏联最出色的飞行员，同来的还有苏联最新研制的"伊尔16"战机。6月下旬，苏联空军随即与此前不可一世的日本空军展开了一场争夺制空权的战斗，但双方都只是试探性地交火，最终打成了平手。

而朱可夫将军在接管了第57特别军之后，就命令苏军火速控制哈拉哈河东岸的所有高地，并在那里修筑永久性工事。同时，朱可夫调动了几乎所有的汽车（甚至包括火炮的牵引车），采用人歇车不歇的方法将各种补给物资日夜不停地抢运上去。距离诺门坎前线最近的火车站是博尔基亚火车站，但是诺门坎前线与博尔基亚火车站之间的距离超过了650公里，而且还只有一条土路，交通并不是

★苏联伊尔16战斗机

很方便，汽车来往一趟就需要五天时间，但是朱可夫作出的抢运决定使运输物资的来往周期缩短，使得苏军拥有了充足的物资储备。

另一方面，苏联空军则神出鬼没地对日军的地面设施进行轰炸，6月中旬，苏联空军的飞机对日军区域的温泉一带和甘珠尔庙进行了轰炸，使日军伤亡惨重。日军第23师团是当时与苏军正面作战的主要部队，该师团以好战和擅长进攻而著名，师团长小松原曾长时间担任日本驻苏联大使馆的武官，可以说是日本陆军中为数不多的"苏联通"之一。遭受苏联空军打击的小松原随即向关东军总部发去电报，在认真研究过电报之后，关东军总部在20日发出电令，让第23师团全部、由第1坦克团和第7师团一部组成的安冈支队及第二飞行集团，火速向诺门坎集结。此时的关东军已经不惜与苏军进行正面对抗，其气焰可以说是非常嚣张。

在得到前线报告发现大量日军集结的情况后，朱可夫即刻下令坦克部队主动迎上去进行攻击，以干扰日军的行动，达到滞缓敌军的目的，为本方的集结和应对争取出更多的时间。第11坦克旅在接到朱可夫的命令之后，迅速向日军的步兵集结地发动进攻，在多次的袭扰中，甚至有一次逼近了日军第23师团司令部所在地将军庙一带，幸好日军的一队速射炮恰巧赶到，急忙把炮口架了起来，向着冲过来的坦克瞄准之后开炮，苏军的坦克在日军的反坦克装备面前无法前进，就只能知难而退了。事后史学家们才发现，假如不是日军的这一支反坦克部队及时赶到，这场战斗恐怕就会提前结束了。

★诺门坎上空的苏联战斗机

★诺门坎战役中的苏军坦克

　　朱可夫将军卓越的指挥能力在此得到了展现，苏军的坦克部队在他的指挥下经常会趁着日军毫无防备的时候进行攻击，等到日军把反坦克武器调来，苏联坦克早已经消失得无影无踪。苏联军队的袭扰总是神出鬼没，让日本士兵防不胜防，日本士兵每天都担心苏联坦克会忽然出现，过得提心吊胆。真正的战斗还没有开打，朱可夫就已经走在了敌人的前面。

　　虽然在地面上日军陷入被动，但是日本空军却在天空中为日本军人挽回了颜面。虽然此前的战事陷于胶着，但是日本关东军的战斗机却在苏联军队的上空如入无人之境，这一度让苏联的地面部队非常头疼。而正是凭借制空权，日本军队虽然没有像苏联那样强大的补给能力，但还是解决了自己的后勤问题。朱可夫在地面进攻取得突破的同时，也开始着手加强对制空权的把握。

　　1939年6月22日，苏日双方进行了一场试探性的小规模空战。在这一次战斗中，日方飞机与苏联飞机在天空中打了个平分秋色，虽然如此，依然让日寇第二飞行集团感到了开战以来从未有过的压力。日军指挥官这才意识到，就在开战以来的这段时间里，苏联飞机已经进行了更新换代，而日方的飞机再也无法在苏联军队的上空予取予求了，这也就意味着日方的空中优势已经不再像开战之初那么明显，而这也为朱可夫随后展开的总攻铺平了道路。

趁夜偷袭：气焰嚣张的关东军

但是日本方面并不甘心就此失去掌握已久的空中霸权，为了解除来自苏联方面的空中威胁，日军第二飞行集团的司令部拟订计划，准备空袭蒙古塔木斯克机场。

★停靠大量日军飞机的日军飞机场

★日本九七式战斗机

★日本九五式战斗机

6月27日清晨4点，57架九七式重型轰炸机和80架中岛式陆攻机从海拉尔机场和甘珠尔庙机场一架接一架地起飞了，它们在空中完成编队后，就向着蒙古境内的塔木斯克机场飞去。早上6点左右，日军机群按照预定的时间抵达了塔木斯克机场的上空。这个时候的苏军正在出晨操，注视着远方天空的只有防空哨兵的被困意纠缠的眼睛。可以说，这时的塔木斯克机场是一天中警戒最为薄弱的时刻，从这里就可以看出，关东军对攻击时刻的选择实在是费了不少心思。

空袭警报声响彻大地，当人们从晨光中反应过来的时候，日军轰炸机已经开始了它们的俯冲投弹，爆炸声和弥漫的硝烟吞没了清晨的宁静，停机

★诺门坎战役中的日军高射炮

★被苏军击落的日机残骸

坪上的飞机被火焰包裹着，机场的弹药库轰然爆炸，被击中的油库升起滚滚的黑烟。苏军的防空炮火随即向俯冲下来的敌机进行反击，4架值班的"伊尔16"战机也强行起飞冲进日军的轰炸机群与之缠斗在一起，6架日方的战斗机随即被击落，但日军的轰炸机还是完成了既定的任务，将所带的炸弹都投放到了苏军的机场上，整个机场面临瘫痪，地面上随处可见被炸毁的飞机残骸，油库里冒起的滚滚黑烟很久也不曾散去。

最后攻击：空地一体完美得胜

根据日军在此次空战之后公布的战果，日军共击落了苏军飞机99架，击毁了地面的苏军飞机25架，炸毁了苏军的机库、营房和油库。不过，根据当时负责带队的关东军第2飞行集团第7飞行旅团指挥官机宝藏寺少将后来回忆："由于地面的炮火异常猛烈，加上苏军战斗机的袭扰，轰炸被迫采用了高空水平投弹方式，无法精确命中目标，至少有一半的炸弹投到了空地上，关东军宣传的战果明显被夸大了。"

★诺门坎战役中的日军

★向苏军投降的日军

但不管怎样，日军通过这一次的轰炸，确实让苏军的机场一度处于瘫痪。但是日本空军方面的损失也颇为严重，因为遭受到苏军的顽强抵抗，关东军第2飞行集团数架王牌飞机在激战中坠毁。但是日本关东军认为通过这一次轰炸，已经足够摧毁苏军的防空体系，夺取苏军的制空权，所以在结束空袭之后不久，就电令第23师团尽快发动地面攻势，以防止苏军经过调整之后重新具备作战能力。

7月1日，日军集结了3.6万人的兵力、182辆坦克、112门火炮、180架飞机和400辆汽车，在第23师团小林少佐的率领下向哈拉哈河发动进攻，中午时他们率先攻占了河东岸的谢尔陶拉盖高地。面对来势汹汹的日军，朱可夫将军使用了"空地一体"的多方位战术，他组织了150辆坦克、154辆装甲车、90门大炮和全部飞机及其他部队，分三路进行反攻。

双方在巴音查岗高地展开了激战。巴音查岗高地位于哈拉哈河附近，四周都是空旷的开阔地，非常便于飞机和战场作战，可以说是能够发挥"空地一体"战术最大能量的地方，日军完全裸露在了苏军炮火的面前。

7月3日上午7时，日军和苏军的战斗机群飞上天空，进行了惨烈的射击和轰炸。让日本空军士兵百思不得其解的是，一个星期前刚刚遭受日本关东军第2飞行集团重创的苏联空军，竟然在短短的时间内就恢复了战斗力。

由此可见，日本关东军对于轰炸苏军机场的报告，是有着很大水分的，虽然苏联空军机场受到重创，但显然苏联空军的主力并未受到真正的"毁灭性打击"。

在空中激战的同时，朱可夫指挥下的苏蒙军队的火炮也组成密集火力，向着日军进行猛烈攻击。因为苏军的炮火过于密集和强大，使得日军根本无法展开反击，手足无措的日军士兵只能匆忙地在沙地上挖掘个人掩体。上午9时，苏军的坦克开始发动攻击，同时，高射炮配合空军对日军飞机进行攻击。日军地面部队被压制之后，根本无法向空中提供足够的援助。而日方的制空权一旦丧失，苏军的飞机则可以配合坦克向龟缩在沙丘掩体中的日军士兵进行攻击。在这场激烈而又经典的战斗中，关东军损失了3 000名士兵，40名军官战死，尤其是日方的空军部队遭受重创，而苏军则一战确定了自己的优势，并在此后牢牢掌握着制空权，最终漂亮地赢得了诺门坎战役的胜利。

战典回响

诺门坎——改变了日军的全球战略

与第二次世界大战中的其他战役相比，诺门坎是一场"陌生的、秘而不宣的战争"，1939年出版的《纽约时报》曾总结说，苏军和日军是"在人们注意不到的世界角落里发泄着愤怒"。但是正如由它所带来的"蝴蝶效应"一样，它对第二次世界大战的局势发展，却有着非常深远而且重要的影响。

在诺门坎战役开始之前，日本东京当局仍然在为"北进"和"南进"而争论不休。"北进"计划主要是以陆军向苏联西伯利亚发动攻势，目标是进攻贝加尔湖一带，威胁苏联在远东的统治；"南进"计划则是以海军为主，夺取东南亚资源，同时尽快完成中国战场的战事。因为在诺门坎战役中遭遇惨败，日本方面认识到苏联红军对他们来说还是个相当强大的对手，因此，正是诺门坎战役在一定程度上最终迫使日本决定彻底执行"南进"计划，而最终也导致了日本在两年后偷袭珍珠港，向美国宣战引发太平洋战争以及最后的战败投降。

朱可夫因为在诺门坎战役中的出色指挥，获得了"苏联英雄"的称号。随后，苏联政府从理查德·佐尔格的情报得知日本已经决定执行"南进"计划，并且不会对西伯利亚发动再一次的攻势。所以在苏德战争爆发时，斯大林才敢将苏军调往欧洲，而随后朱可夫指挥着西伯利亚军队在莫斯科保卫战中取得成功，最终击败了德军。

从政治意义上来说，诺门坎战役不仅沉重打击了日本军国主义在第二次世界大战初期的嚣张气焰，还迫使日本将侵袭苏联的战略计划改为侵袭东南亚各国，既避免了日后苏联面对德、日两线作战的不利局面，也促使美国最终参战。在莫斯科保卫战中，苏、德双方都几乎用出了自己的所有兵力，关键时刻，苏联抽调在远东边境的二十个亚洲师开赴欧洲战场，从而给了德军致命一击。而诺门坎战役期间，正是中国抗战最为艰苦的时期，诺门坎战役使得日军向关内增兵的计划一时无法实现，也间接支援了中国的抗日战争。

在诺门坎战役结束之后，向来骄狂的日军非常惧怕苏军，再也不敢打进攻苏联本土的主意，专心向南继续经营远东战场，最终与英美开战。美国加入第二次世界大战之后，使力量对比发生了变化，使得日本最终在亚洲、太平洋战场遭遇失败。

从军事角度上来说，苏联通过诺门坎战役检验了陆、空军新装备的战斗力，增加了远东边境的亚洲军队的实战能力，给予"大清洗"后新提拔的年轻军官实战锻炼的机会，提升了士气。尤其是发现了朱可夫这样一位杰出的将领，为即将到来的苏德战争作好了准备。苏军在诺门坎战役中所使用的大量战术，在之后到来的苏德战争中都得到了广泛应用，最终击败了德国法西斯。

★ 沙场点兵 ★

人物：朱可夫

格奥尔吉·康斯坦丁诺维奇·朱可夫，于1896年12月2日出生于卡卢加州斯特列尔科夫卡村一个贫苦家庭，年轻时曾经在莫斯科做学徒，于1915年应召进入沙俄军队骑兵团。因为在第一次世界大战中作战勇敢而两次获得圣乔治十字勋章，被提升为军士。"十月革命"后朱可夫加入了布尔什维克，在之后的一场遭遇战中以100人对抗敌军2 000人，并且坚守阵地7个小时，从而得到斯大林的赏识。

失可夫于1918到1920年参加了苏俄国内战争，于1923年升任团长，1930年升任旅长。作为新装甲战争理论的忠实支持者，他以讲究详细的作战计划和严格的纪律要求而享有盛誉。1937到1939年斯大林对军队进行了大清洗，朱可夫幸免于难，并且继续得到提升。

1939年5月，他奉命指挥诺门坎战役，并最终取得胜利，使得日本放弃了"北进"战略，避免了苏联在苏德战争中出现腹背受敌的局面，朱可夫因为在这次战役中的出色指挥被授予"苏联英雄"称号。1940年，朱可夫被授予大将军衔，随后被任命为苏军总参谋长，在之后卫国战争中指挥苏军抗击纳粹德国的侵略，为第二次世界大战的胜利作出了贡献。

武器："伊尔16"战斗机

苏联第一种悬臂式下单翼，可收放起落架的战斗机。飞行员座椅与操控系统被设计为一个整体，它们可以独立于飞机其他部分进行组装，然后通过6个螺栓与机身整合到一起。

本机型1938年秋天由伊尔比提斯开始设计，1939年开始装备苏军。"伊尔16"原型机没有武装，不过机身内预留了安装两挺勃朗宁7.9毫米机枪的空间（利用协调器穿过螺旋桨射击），主翼下也可加装两个机枪荚舱，后期生产型还有能换装20毫米航炮的荚舱。

"伊尔16"的带圆滑翼尖的下单翼设计利于低空操纵，虽然无法与潜在对手"BF-109"或者"LaGG-3"较量，但该机仍然不失为一种动作灵活的战斗机。

在诺门坎战役中，"伊尔16"战斗机大放异彩，其性能大大优于当时日军装备的"九七"式战斗机，为苏军在此次战役中的胜利立下了汗马功劳。

战术：空地一体

"空地一体化"联合作战，不只是在战术上的改变，还是从作战思想到作战理论与实践的全方位变革，也是朱可夫将军新装甲战争理论的提升。在作战的指导思想上，要彻底摒弃过去的单纯国土防御思想，必须保证军队能够做到攻防兼备；彻底摒弃"大陆军"思想，打通军队各兵种间的壁垒，强调各军种联合作战，互补长短，做到"空地一体"

在作战理论上，则要由机械化条件下的"速度—火力"，变为信息化条件下的"结构—效能"，要用系统的眼光来发现、分析和解决问题，打破固有军事理论的束缚，在实战中贯彻空地一体化的作战思维。

在实际战斗中，立足现有装备，要发挥出各兵种战斗力的最大效力，同时根据战事的不同，调配各兵种之间的合作，使攻击力能够互补，从而将空地一体化作战的能量发挥到极致。

生死瞬间的云端曼舞
THE CLASSIC WARS

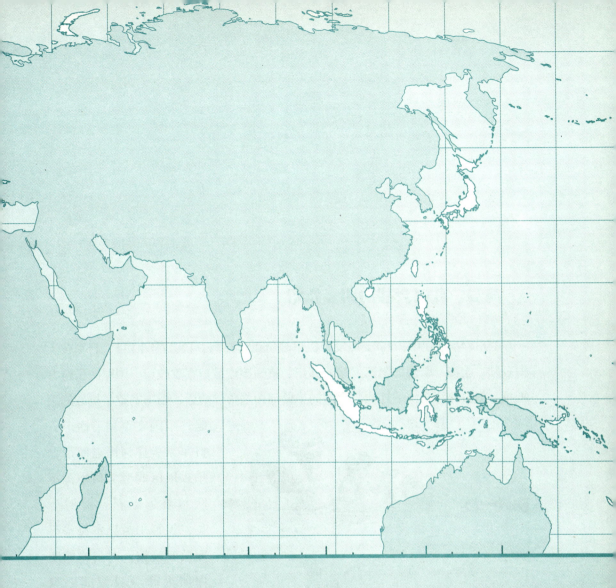

第三章

武汉大空战
——战时首都上空的雄鹰

▲ 1937 年 12 月 13 日，国民政府的首都南京陷落，国民政府不得不搬迁到战时的陪都重庆。虽然重庆被定为了战时的陪都，但是政府机关大部和军事统帅部都设在了湖北武汉。换言之，虽然国民政府搬迁到了重庆，但其实武汉才是当时真正的政治、军事、经济的重心。意在尽快结束中国战场战事的日军继续南下，目标直指武汉，而国民政府军事委员会则积极制订保卫武汉的作战计划，于是，在南京战役之后，中日两国军队将在武汉不可避免地再次进行一场激烈的战斗。

前奏：武汉会战的阴云笼罩

1937年7月卢沟桥事变爆发，抗日战争正式打响。1937年11月，日军在上海登陆，上海一带随即陷落，接着苏州、杭州接连被日军攻破，中国军队虽奋力抵抗，但最终还是连战连败，中国的半壁河山陷落。随后，中国调整了抗战的策略，中国守军被迫撤退。日军乘势挥师挺进南京，华东地区的形势对中国军队越来越不利。此时，英、美等国对日本侵华采取绥靖政策，对日本的所作所为睁一只眼闭一只眼。最后，还是苏联首先向中国伸出了援助之手。

早在1934年10月，蒋介石就曾经考虑到抗战一旦全面爆发，中国将很难通过海上获取外部的援助，所以派清华大学教授蒋廷黻私下去苏联，跟苏联外交副人民委员斯托莫里雅科夫举行了一次密谈，希望能够改善中苏关

★卢沟桥

★卢沟桥事变的爆发标志着抗日战争的全面打响

系，从苏联那里得到军事援助。蒋介石随后又曾多次派人跟苏联方面接洽，苏联则考虑到远东局势的发展对自身的影响，采取援华抗日策略就能够让中方拖住日军在远东的脚步，从而避免欧洲战场的德国与远东战场的日本同时对苏联构成威胁。

★援华的苏联志愿航空队

1937年4月，苏联驻华大使波戈莫洛夫通知中国政府，苏联已经决定向中国出售飞机和坦克，并且会提供5 000万美元的贷款。但此时的中国政府还没有受到来自日本方面的全面进攻，所以并没有给予回音。

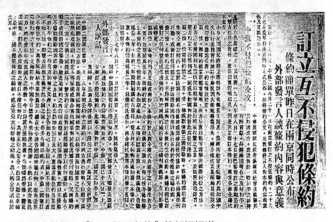

★关于中苏签订《互不侵犯条约》的新闻报道

　　直到七七事变爆发以后，蒋介石才意识到形势万分严峻，于是急忙在1937年8月20日致电驻苏大使蒋廷黻："沈德燮处长想已到莫（斯科），请兄介绍其与苏政府洽商飞机交涉，现最急需用者为驱逐机200架与重轰炸机100架。"

　　1937年8月21日，中、苏两国正式签订了《中苏互不侵犯条约》。在签订结束之后，苏联开始如约向中国提供经济贷款和军事援助，并且派遣军事专家和志愿航空队参加到中国的抗日战争中来。

　　1937年10月，从苏联的阿拉木图经兰州到汉口的航线正式通航。10月下旬，第一批苏联志愿航空队先后到达中国。

　　第一批到达中国的苏联士兵共有空、地勤人员254名，分别组成了以基达林斯基领导的轰炸机大队和库尔丘莫夫为首的战斗机大队。但是在经过凉州时，库尔丘莫夫不幸因飞机失事而殉职，随即由普罗科菲耶夫接替库尔丘莫夫指挥战斗

★中国空军装备的战斗机

机大队作战。苏联志愿航空队的兵力此后不断得到扩充，到最高峰时，战斗机、轰炸机各达到了4个大队。

苏联志愿航空队的成员采取轮换制，先后到中国来参与到抗日战争中的苏联官兵共有两千多人，如著名空军将领日加列夫、雷恰戈夫、阿尼西莫夫、波雷宁、特霍尔、赫留金、布拉戈维申斯基等都曾经到中国来参加过与日军的作战。

对中国空军来说，苏联的援助可以说是雪中送炭。经过激烈的淞沪会战，中国空军的飞机几乎在与日本空军的激战中全部拼光，此时的空军急需补充。中国空军原本已经向欧美国家订购了363架飞机，但是到1938年4月仅收到了85架，其中还有13架是尚未装好的。眼看着日军大批来犯，而中国军队这边却面临着军用物资匮乏的现状，就是在这样的关键时刻，苏联的飞机被运进了中国。到1938年2月为止，苏联共出售给中国232架飞机，折合2 254万美元。其中战斗机156架，轻轰炸机62架，重轰炸机6架，教练机8架。得到苏联援助的中国空军则迅速提升了自身实力，到1938年2月的时候，中国空军共拥有作战飞机390架，其中有230架驱逐机，160架轰炸机。

惨烈厮杀："二一八"遭遇战

包括第3、第4、第5航空大队及来华支援作战的苏联航空志愿队在内的航空部队主要担负着武汉会战期间空中作战任务，他们的主要装备包括"伊尔15"、"伊尔16"战斗机和"喀秋莎"轰炸机。其中，"伊尔15"系双翼式战斗机，配备有4挺航空机枪，突出的特点是机动性能好，转弯半径较小，爬升性能良好，与当时日军主力的"九七"式战斗机相比不遑多让。而"伊尔16"这种战斗机则号称是轰炸机的天敌，这种飞机一般是单翼式，配有两挺机枪，特点是飞行的时候非常轻灵，速度非常快，在捕捉机身笨重的轰炸机时特别适用。除此之外，航空部队还配备了"TB"、"DB"两种型号的运输机。

1938年2月18日，日军飞机与中苏航空部队在空中狭路相逢，展开了一场近距离的搏杀，这应该算是"武汉会战"中双方空军的初次交手。

这一天武汉地区的天空晴朗，万里无云，长江上空的空气清冷，江面上风平浪静，也没有多少船舶。武汉市地处华中地区，和当时的抗日战争前线还有几百公里的距离，但是当地的老百姓并没有心思过这一年的春节，因为日军的飞机不时会飞抵武汉的上空进行侦察或者骚扰，导致空袭警报经常响起。武汉的人们都知道，虽然前线的枪声似乎还很遥远，但是战争其实已经日益临近了。

日军就在这一天开始了对武汉的大规模空袭。中午12时许，日军方面26架战斗机和12架轰炸机在安徽和江西的交界处会合，随后它们摆成长蛇阵，呼啸着直向武汉扑了过来，空袭警报再次响彻天空。

★参加"二一八"空战的空军将士

★日军轰炸机编队

　　此次日军用以空袭武汉的轰炸机和战斗机，都是部队刚刚装备不久的新型飞机，其中的"九六"式战斗机更是刚刚于1936年才投入正式生产。"九六"式战斗机机身长7.71米，翼展11米，可以乘坐1名飞行员，最高时速409公里，最大航程1 311公里，飞机上配备有两挺7.7毫米的机枪，并且随机可以携带两枚小型炸弹。

　　设在汉口机场的中国空军第4大队指挥所不久就得到了敌机空袭武汉的消息，大队长李桂丹火速命令第4大队所属的第21、第22和第23三个中队即刻全部起飞，前往目标所示的区域迎击日本飞机。

　　李桂丹是一名经验丰富的飞行员，也是中国航空部队里的优秀飞行员，他曾经多次与日军在天空中进行殊死搏杀。李桂丹驾驶着飞机升上天空，他的同乡、好友，第4大队前任大队长高志航就在不久之前刚刚惨死在日军的轰炸之下，所以此次出征对于李桂丹来说，真是国恨家仇，系于一身。

　　第4大队组建于1936年10月15日，原本驻扎在河南周家口机场，到1937年8月14日在原大队长高志航的率领下开赴华东抗日前线。在出发的当日，第4大队就与日军飞机在杭州上空首次交战，第4大队的初次出战战果累累，6架日军飞机被击落。此后的第4大队越发神勇，先后有几十架日军飞机被击落。但是就在11月21日，高志航大队长正在准备率领转场至周家口机场的第4大队起飞迎战日军飞机时，一群日军攻击机突然出现在机场上空，高志航大队长不幸牺牲，但就是在他壮烈牺牲之际，他的双手依然还紧紧地握着飞机的操纵杆。

　　李桂丹就是在高志航牺牲之后，继任第4大队大队长职务的，他将第4大队更名为"志航大队"，就是要立志为死去的同乡、战友报仇雪恨。

第21中队的10架"I-16"驱逐机率先于12时45分从汉口机场起飞，李桂丹率领第22中队的11架"I-15"驱逐机紧接着也出动了。第23中队8架"I-15"驱逐机几乎在同一时间也从湖北孝感机场起飞。

★"二一八"空战中的苏联空军志愿队

然而日军飞机的速度实在太快，第4大队刚刚在汉口上空集合完毕，尚未编好队，大批日军飞机已经逼近武汉上空。李桂丹大队长迅速作出指示，命令所有战机立刻投入战斗。第22、第23中队担任主攻的任务，第21中队则负责掩护，眨眼之间，一场激烈的空战就在武汉上空开始了。

★武汉保卫战中立下显赫战功的中国空军

第21中队的董明德、杨孤帆、柳哲生、刘宗武组成了四机编队，他们首先咬住了一架日本"九六"式战斗机，随即发挥相互掩护、协同作战的优势，对着这架"九六"式战斗机一阵穷追猛打，最终成功将其击

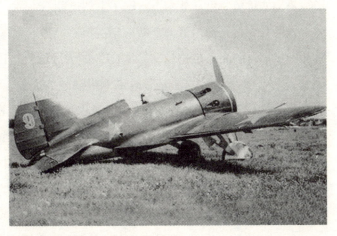

★苏联空军志愿队的伊尔16战斗机

★被击落的日军飞机残骸

落。柳哲生在协同战友击落这架敌机之后，随即又发现多架日军飞机正在跟踪中国空军的飞机编队，此时的情况已经非常危险，他没有半分犹豫，一个急转弯掉转了飞机的机头，将油门加到最大，咬住其中的一架日军飞机就是一阵猛烈的扫射，最终将这架敌机打得在空中爆炸。董明德、杨孤帆、刘宗武此时也各有斩获，他们每个人又分别击落了一架日军飞机。

当第21中队与日军飞机遭遇，展开激战的同时，第22中队的"I-15"机群也与12架日军飞机在空中相遇。其中的6架日军飞机从后面咬住了第22中队前面的6架飞机，另外6架日军飞机则将后面的5架飞机紧紧咬住。日军飞机在这时候不仅占据了数量上的优势，也在战术上占据了主动位置。

大队长李桂丹面对如此严峻的情况沉着冷静，指挥第22中队的飞机与日军飞机在空中展开周旋。他们依靠"I-15"的火力优势与日军飞机在空中展开格斗。经过一两个回合之后，逐渐形成了单机混战的态势。中队长刘志汉首先打破僵局，将一架日军飞机击落。其他飞行员也英勇作战，相继将4架日军飞机击落。就在第22中队与日军飞机缠斗之际，多架日军飞机悄悄向第22中队靠近，准备发起突然袭击。就在这时，从孝感机场起飞的第23中队的8架"I-15"驱逐机编队发现了这一情况，中队长吕基淳火速率领着本方的飞机向日军飞机猛扑了过去，经过一番激烈战斗，第23中队也将两架日军飞机成功击落。

双方几十架飞机在武汉上空拼死博杀，这场大规模空战是机群与机群之间的战斗。

在经过了一阵昏天黑地的厮杀之后，日军来袭的飞机有12架被击落，散坠于滠口、青山、黄陂、东湖、仓子埠、黄花涝、戴家山等处。其余飞机最终逃离武汉上空。中国空军虽然有7架飞机的损失，但最终赢得了这场空战的胜利，正如当时的报道所形容的那样："全武汉市民对此惊人成绩，欢欣鼓舞，兴奋若狂。"

但令人惋惜的是，中国空军第四大队大队长李桂丹在此次战斗中勇猛杀敌时不幸遇难，为国捐躯。李桂丹驾驶技术出众，为人冷静沉着，作战能力强，精通战术，是中国空军的王牌飞行员之一。他的牺牲，对于中国空军可以说是不小的损失。

以逸待劳：大战"四二九"

日本空军因为在"二一八"空战中遭遇重大挫折，使得日军的嚣张气焰在一定程度上有所收敛。但是日军对失败的结果并不甘心，他们开始处心积虑地寻找再次空战的机会，以报"二一八"空战的失利之仇。

4月29日这天是日本的"天长节"，也就是日本天皇裕仁的生日。天皇自然

★扑向武汉的日军轰炸机编队

也就是日本国的象征，日本空军为了给天皇的生日送上一份厚礼，决定在这一天对武汉实施空袭。

日本军方为精心组织好此次的轰炸，派出了一架侦察机提前几天就飞到武汉的上空进行战场侦察。然而，中国空军早已获悉日军的这一意图，当这架日本双座侦察机在4月20日飞抵湖北孝感上空进行侦察时，中国军方的防空炮火随即对其展开猛烈攻击，最终将其击落。中国军方从死去的日军飞行员身上搜到了一个笔记本，笔记本上记录了在"天长节"这天轰炸武汉的作战计划。至此，虽然空战还没有真正开始，但是中国方面已经洞悉了敌军的作战意图，并且迅速进行了兵力调整部署。

不可一世的日本军方并没有因为侦察机被击落而改变既定的攻击计划，4月29日下午2时30分，日本海军第2航空队按照预定计划出动了39架重轰炸机，它们在12架战斗机的掩护下，沿着长江一线飞向了武汉上空。不一会儿，黑压压的敌机已经密布在武汉上空，地面上的防空炮火随即对空中的敌机进行猛烈回击。

中国空军此时已经完成了空中战斗编组，正摩拳擦掌等待起飞。在顺利升空之后，中国空军的飞机马上就占据了有利高度，等待着日军飞机进入已经布好的口袋里。中国空军编队在14时40分左右率先发现了由6架日军飞机组成的前锋分队，中国空军随即瞄准敌机猛烈开火，就此拉开了战斗的序幕。

随后，武汉上空的多个区域几乎在同时展开了激烈的空战。9架驱逐机组成的一支中国空军编队在武昌东部上空面对超过自身数量近两倍的敌机机群，毫无畏惧，义无反顾地冲了过去。敌机的原有阵形瞬间就被冲得七零八落，双方就此陷于近距离的乱战之中，因为过于混乱，敌机原有的数量优势就此不复存在。

中国空军与日军飞机的激战大概持续了半个多小时，先后有4架日军飞机被

★中国空军第四大队大队长李桂丹　★战斗中的李桂丹

击落，其中一名中国空军的飞行员，眼见自己的战机遭到日军炮火的重创，随即抱着同归于尽的决心向日军飞机冲了过去，日军飞行员见到此情此景，也不禁胆寒，在见到大势已去之后，日军飞机随即逃离战场。此战中国空军本来处于劣势，但依靠着视死如归的决心和勇猛的战斗精神，最终击败了占尽优势的日本空军，赢得了空战的胜利。在此战中，勇士陈怀民等数人以身殉国，在空战之后赢得了国人的尊敬。

几乎就在同时，另一路企图实施偷袭的日军轰炸机编队在其战斗机的掩护下悄悄向武汉上空飞来，但是中国空军事先就已经预测到日方可能进行偷袭，所以早就在空中布下了伏兵。日军飞机残骸散坠于孝感、黄冈、梁子湖、东湖、青山、段家店、洪山、武昌东郊、刘家庙以及沿江附近地区。而中国军队方面则损失了两架飞机，有3架飞机受创，最终取得了空战的重大胜利，其中董明德队长一人就击落了两架日军轰炸机，可以说是居功至伟。

乘胜追击："五三一"奏凯

对于高傲得不可一世的日寇来说，经历像"四二九"空战这样的惨败简直是无法面对的羞辱，所以日本空军气急败坏，急切地想着要对中国空军予以报复。但是因为在先后两次空战中遭受重创，日军飞机在随后的一个月时间里没有再对武汉进行空袭，一直到5月31日，才卷土重来。

而在这一个月时间里，中国空军同样在抓紧时间维修自己的飞机，为着下一次的激战养精蓄锐，作好了足够的准备。

5月31日，这一天注定是中日两国空军再次交手的日子，隶属于日本海军航空兵的36架战斗机、18架重型轰炸机分别从日军在安徽和江西建造的前线机场升空，它们开足马力朝着武汉上空就飞了过来。

中国空军的前沿观察哨在上午11时许发现了飞向武汉上空的日军飞机，随即将消息通知给中国空军基地。日军机群在12时许飞临武汉上空，但是立刻就遭到来自地面的防空炮火的密集射击，高射炮对日军飞机给予了坚决痛击。

由于遭遇到猛烈的防空炮火的阻击，日军飞机没有办法在武汉上空逗留太久，无法进入市区的日军飞机只好在仓促间胡乱扔下一些炸弹，就立刻掉头向东开去，准备返回各自的营地。就在此时，已经在日军飞机归途上守候多时的中国空军编队从高空俯冲下来，对着返航的日军飞机展开了猛烈进攻。长空中立刻展

★遭到日寇轰炸的武汉

开了激烈的近距离搏杀，中国空军的机群按照预定方案，首先将日军飞机的机群冲得七零八落，将其战斗队形完全打乱，随后展开包围式追杀。日军飞机因为防备不及，面对中国空军的追击毫无还手之力，迅速被击溃。

中国空军在第一轮的追击作战中，击落了日军飞机两架。然后，中国空军的另一支战斗机编队赶来支援，也加入了战团，第二轮的空中格斗因此显得更为激烈，面对在攻击力和数量上都占尽优势的中国空军，日军飞机完全处在了被动挨打的地步，前后坠毁在滠口、横店、童家湖一带。此时来犯的日军飞机知道败局已定，为求一线生机只好夺路而逃。除此以外，还有小股仓皇逃窜的轰炸机群在飞抵湖口上空时被中国空军飞机截住，因为轰炸机在空中的战斗性能不如战斗机，所以中国空军这一次并没有付出多大代价"彼此稍经交绥"，又击落了两架日军轰炸机。

在这一次的空战中，中国空军共击落14架日军飞机，自己则损失了两架，成为"继'二一八'、'四二九'两次大捷后之又一伟大胜利"。

血战武昌：猎鹰在"八三"出击

由于战争的不断深入，日军参谋本部对于日本空军始终无法掌握武汉的制空权感到非常恼火，大本营的各位军官都非常清楚，一旦日本空军无法掌握武汉的制空权，那么中国军队依然可以通过空军不断运输军用物资给武汉驻军，这无疑将增加攻取武汉的难度。所以东京大本营亲自发来电令，要求日本空军不惜任何代价必须要在近日内夺取武汉的制空权，将中国空军彻底打败。

但日军方面并不知道，就在日军方面准备出动飞机空袭武汉时，中国空军也准备主动出击，空袭日军的阵地。8月3日那天，天刚蒙蒙亮，中国空军的组合攻击编队就已经飞抵安徽安庆机场上空，这个机场是日军主要的前线轰炸机基地。因为突然遭到空袭，日军根本来不及组织有效防御，停在地面上的多架飞机都被中国空军扔下的炸弹炸毁。

在轰炸了安庆机场之后，中国空军随即又奔向了停泊在长江上的日军舰艇。日军舰艇完全没有想到中国空军会主动出击，日军一艘大型舰只随即中弹起火，一时间，江面上升起了滚滚浓烟。日军方面火速组织战斗机进行还击，19架日军战斗机对返航的中国空军编队穷追不舍，中国空军立刻展开阵形，对着追击的日军飞机迎头痛击，结果两架日军飞机被击落，其他日军飞机则逃回基地。在这一次的空袭作战中，中国空军没有遭受任何的损失，其中一架战斗机虽然中弹受伤，但是飞行员顽强地保护着战机，最终得以安全返航。

受到中国空军突然袭击的日军方面遭受重创，这可以说是日军自开战以来所未经受过的失败，尤其是日本空军更觉得颜面无存，所以决定在当天空袭武汉，报复中国空军的此次突然来袭。

但是中国空军早已经做好了防备日军飞机前来空袭的工作，在上午8时许就

★中国重型轰炸机群

已经纷纷就位，将再度肩负起歼灭来犯敌机的重要使命，地面防空体系与此同时也开始运作起来。

时间刚过9点，远方果然就传来了飞机的轰鸣之声，由远及近，并且越来越响。日军飞机此次来势汹汹，单是飞临武汉上空的第一批飞机就多达近70架，它们都是从位于安徽的机场起飞，沿长江一带飞至武汉的，其中轰炸机18架，护航战斗机50余架。按照预定的作战方案，中国空军驱逐机编队马上升空迎击日军飞机。

武昌南郊上空随即展开了激烈的空战，中国空军的飞机与日军飞机战在一处，顷刻之间，轰鸣声、枪炮声响成了一片。只见双方你来我往，战机上下翻飞，轰鸣声、枪炮声响成一片。9时30分许，中国空军的战斗机对着日军一架重型轰炸机一阵穷追猛打，日军轰炸机最终落荒而逃，逃到黄石港上空一带时被击中坠毁。

尤为值得一提的是，在战斗进行到最激烈的时候，中国空军的一架战斗机起火，飞行员毅然掉转机头撞向日军战斗机，最终将敌机撞毁，而飞行员则因为及时跳伞最终安全降落。随后，中国空军越战越勇，先后在此次空战中击落了12架日军飞机，俘虏了数名日军飞行员，而我方则失踪了6架飞机，此次空战再度取得了重大胜利。

振奋了全国军民的抗日士气

在经过了武汉空战之后，《新华日报》利用报纸的一角，呼吁发起全国性的航空救国（购机）募捐活动，并号召优秀青年踊跃加入空军，"以（实际行动）回答暴敌狂炸"。

在汉口的总商会礼堂，武汉各界人士为武汉大空战中牺牲的四位飞行员举行了隆重的追悼大会。中共中央代表陈绍禹、周恩来、博古等亲临会场，周恩来代表中共中央驻汉办事处献上花圈和写着"义薄云天"的横幅，写着"捐躯报国"四个大字的挽联。除此以外，朱德、彭德怀等党中央代表也敬献了花圈。蒋介石手书的大幅挽联悬挂在礼堂两边，挽联上分别写的是："搏斗太空，非成功即成仁，无负十年教训； 生死常事，唯为国不为己，永怀万古云霄"。国民党大员于右任、孔祥熙、何应钦、陈诚、白崇禧、李济深等人均摆放了自己的挽联。

武汉大空战所取得的胜利，给习惯了面对抗战中陆军节节败退的中国军民带来了新的希望，极大地振奋了人心。武汉大空战为国民政府迁都重庆和中国历史上最大的工业内迁赢得了弥足宝贵的时间。

★沙场点兵★

👤 人物：李桂丹

李桂丹生于1914年，辽宁新民人，1929年毕业于辽宁成城中学，1930年12月考入中央军校。1932年7月李桂丹从中央军校毕业后，又考入中央航校第二期飞行科，毕业后留校任少尉飞行教官、飞行科驱逐组组长。1936年底，他参加了傅作义指挥的绥远对日作战，在战斗中虽身负重伤，但屡立战功，不久因战功升任航校飞行科驱逐机中尉代组长，后升任空军第四大队中尉中队长。

1937年8月，"淞沪会战"爆发后，李桂丹参加对日作战，屡立战功，曾先后击毁敌机8架，与高志航、刘粹刚、乐以琴一并被誉为当时中国空军的"四大金刚"，并以战绩升任空军第四大队上尉本级代大队长。

1938年1月1日，李桂丹获国民政府授予的二级云麾勋章，同年2月18日，率队参加保卫武汉的空战，仅其一人即击落敌机3架。激战中他为敌弹所中，壮烈殉国，时年24岁，同时殉国的还有吕基淳、巴清正、王怡之、李鹏翔。战斗结束之后，武汉三镇举行了盛大的空战祝捷及追悼殉国空军将士大会。

🛩 武器：I-16战斗机

该飞机是由苏联研制的一种悬臂式下单翼，可以收放起落架的战斗机。"TsKB-12"是该型号战斗机的原型机，1933年由波利卡波夫设计。飞机在初期安装的是"M-22"发动机。在飞机试飞之后，波利卡波夫认为"M-22"发动机的功率偏小，决定换装"M-25"发动机，随即将飞机的型号改为"TsKB-12bis"。在接近设计完成时，苏共中央决定以"I-16-4"型的编号投入批量生产。由于一直没有能做到正常生产"M-25"发动机，所以有一些前期的"I-16-4"装的是美国"1820 F3"发动机或者以"M-22"发动机临时代替。

1935年在红场纪念"五一"国际劳动节的群众集会上该型号飞机首度露面，并且编队飞过红场上空。随后，苏联生产了约400架"I-16-4"型战斗机，开始装备部队。1935年7月，苏联开始生产装有"M-25"发动机和"ShKAS"机枪的"I-16-5"型战斗机，产量约为1 500架。在1935年到1937年间"I-16-5"型战斗机可以说是当时世界上飞得最快的战斗机，在西班牙内战时，其性能明显优于叛军所使用的"Fiat CR-12"双翼战斗机。一直到1941年6月22日德苏战争爆发时，苏军在第一线作战的飞机中还有大量"I-16-5"型。和"I-16-5"型战斗机同时生产的"I-16-6"型战斗机出于改善飞行员的后方视野的考虑，缩小了飞机背部的背脊。

"I-16-20"型战斗机是1939年研制的翼下加挂副油箱的试验型飞机，在加挂2×200L副油箱以后，航程可以从800千米提高到1 200千米。虽然"I-16-20"型飞机最终并没有正式投产，但是加挂副油箱的技术则在"I-16-18"、"I-16-24"、"I-16-29"身上得到广泛应用。

1939年投产的"I-16-24"型和1940年投产的"I-16-29"型飞机则装备了"M-63"发动机，"I-16-24"型飞机的航速达到了每小时470千米。"I-16-29"型是"I-16"的最后型别，主要是用1940年研制成功的12.7mmUB重机枪调换"I-16-24"型飞机上的7.62mm机枪。在1940年—1941年苏德战争爆发前"I-16-24"型飞机和"I-16-29"型飞机曾大批生产。

"I-16"始终存在操纵困难的缺点，在急跃升时容易陷入螺旋，而且，从"BF-109"和"零"式战斗机出现后，"I-16"已明显落后于对方。

"I-16-5"、"I-16-6"、"I-16-10"型飞机都曾参加过西班牙内战和中国的抗日战争。在苏联提供给西班牙政府军的684架飞机中"I-16"型机占着相当比例。从1937年10月到1939年9月，提供给中国空军的216架"I-16-10"型飞机和苏联空军志愿队所驾驶的飞机一起在抗日战争初期的空战中发挥了巨大作用。

✳ 战术：混编作战

1937年8月中苏两国签订《中苏互不侵犯条约》之后，苏联志愿飞行员来到中国，与中国空军在空中一起打击日本侵略者。苏联方面非常重视选派志愿飞行员援华抗战一事。苏联空军的领导人直接参与了志愿人员的挑选和编组工作，从志愿者中挑选了有经验、英勇善战的飞行员共254人，组成了第一批"CB"型轰炸机和"I-16"型战斗机大队。到1937年10月21日前，苏联空军又派出447人前往中国，包括飞行员、航空机械师、航空机械士、无线电报务员、气象工作者、飞机场长、密码译员、司机、工程师、飞机装配工作队人员、医生等。

1937年11月，第二批"CB"型轰炸机编队约150人到达中国。1937年底到1938年初，又有3个"I-15"型战斗机航空大队前往中国。1938年7月到10月，由66人组成的"CB"型轰炸机航空大队到达中国。开始的时候，苏联志愿飞行员和飞机集中在肃州和兰州机场，被临时编成空军作战小组，随后就被派往中国东部和中部前线参加作战。

从在南京首次参加对日空战开始，直到1938年初，苏联志愿飞行员在中国参战时基本上是驾机单独作战。中国的飞行员在设立于新疆伊犁的艾林巴克航校和设在兰州、成都和其他地区的飞行学校中受到培训后，经过国民党政府批准，中苏军方开始尝试混编作战。苏联志愿飞行队的轰炸队同中国空军战斗机组一起，将根据地设在南昌机场，组成一个战略轰炸大队。中国空军和苏联志愿航空队开始驾驶苏制飞机并肩作战，经过一段时间的磨合，他们的配合越来越娴熟，从此以后，日本空军在中国战场的优势荡然无存，中苏混编空军让日本空军不断受到重创。

中苏混编空军的每个兵种只建立了由二到三个大队组成的机群，机群指挥员一般从有经验和受过良好训练的飞行员中选拔。战斗到来飞机起飞之前，机群的指挥员要从比较灵活的飞行员中任命一个领队长机和两个副领队机。而领队长机和两个副领队机在很大程度上决定着整个机群的成功与否。

生死瞬间的云端曼舞

THE CLASSIC WARS

空战

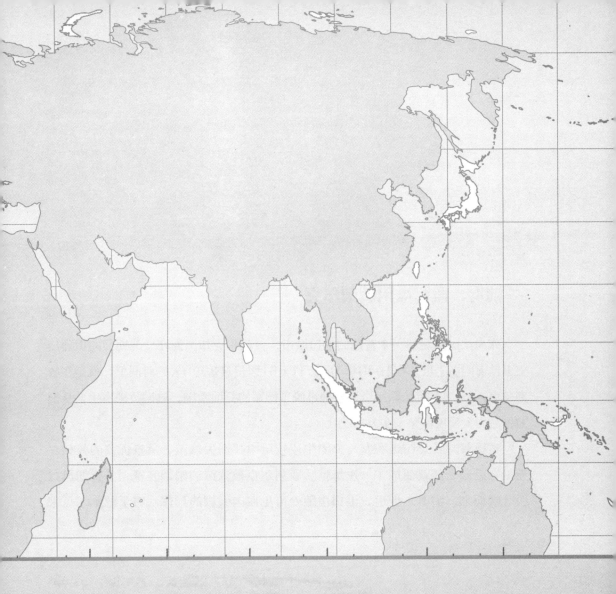

第四章

敦刻尔克撤退大空战
——生死时速大角逐

　　▲二战爆发初期，希特勒和他的法西斯军队一时所向披靡。1940 年 5 月，联手抗击德国法西斯的英法联军在德国机械化部队的快速攻势下节节败退，最终陷于崩溃的境地。被逼无奈的英法联军决定从敦刻尔克退往英国，保留日后反攻的有生力量。这是一场追击与逃遁之间的战争游戏，希特勒想使用飞机来消灭在沙滩上的英法联军，而英国人民则在焦急地等待着归来的战士们。

前奏：盟军被困敦刻尔克

作为法国东北部一个普通的港口城市，敦刻尔克却因为在二战期间的重要历史事件而闻名于世。在1940年5月27日至6月4日这短短9天的时间里，就是在敦刻尔克，33.8万英法联军奇迹般地逃脱了德军的三面重围，逃回英国本土，从而为日后的大反攻保存了实力。

英德双方兵员在这场血与火的生死较量中都损失惨重，风景优美的敦刻尔克港在眨眼之间就变成了一座炼狱。敦刻尔克被浓浓的硝烟笼罩，子弹如风雨般呼啸而来，海滩、堤道、港口里随处可见血肉模糊的尸体。对于敦刻尔克来

★敦刻尔克大撤退的场面

说，这是前所未有的灾难，而对于盟军来说，这则是他们最后的机会，大西洋的海水扑打着穿过风浪的舰只，欧洲最后的火种在敦刻尔克的岸边闪烁着微弱的光亮。

在敦刻尔克大撤退的整个过程中，英国皇家空军为掩护地面部队成功撤退，与占据着绝对优势的德国空军在空中展开了殊死拼杀，当若干年后，那些曾经参加过这场激战的老兵再次来到敦刻尔克的岸边，他们依然能在那海风中听到昨天的悲鸣。

希特勒闪击波兰之后，迅速侵略东欧，加上苏联采取观望态度，更让德国人有恃无恐。但是，东欧根本不可能满足希特勒的野心和欲望，在他的眼中，西欧才是块真正的肥肉。在1939年10月9日，急于对西欧采取行动的希特勒指示陆军总司令部尽快制订入侵西欧的"黄色方案"。

1940年5月，从北海到瑞士边境800公里长的西部防线上，希特勒集中了包括拥有3 000辆坦克的10个坦克师，7个摩托化师在内的136个师，在大批重型轰炸机、战斗机、伞兵运输机和满载突击队的滑翔机的配合下，以德国固有的"闪电战"攻占了丹麦、挪威两国。

★德军占领挪威首都奥斯陆

一直都对希特勒和他的法西斯帝国采取绥靖政策的英、法两国这才意识到，野心勃勃的希特勒早已经不满足于占领东欧，只好仓促对德宣战。一直支持对德国采用绥靖政策的英国首相内维

★德军进入丹麦哥本哈根

★纳粹士兵在法国巴黎街头巡逻

尔·张伯伦此时站了出来，他断言希特勒已经错过了进攻西欧的最佳时机。可就在张伯伦首相发表这番令人宽慰的发言之后5个星期，德国随即又闪击了荷兰、比利时、卢森堡三国，同时以10个装甲师为先头部队越过阿登山区，逼进法国腹地，法军苦心经营多年的马其诺防线在德国军队面前几乎毫无用武之地。

德国装甲部队在冯·龙德施泰特将军的率领下简直势不可当，他们先是切断了法国北部战线英法联军与李姆河以南法军主力的联系，随后就挥师南下，英法联军在德军的闪电战面前毫无还手之力，被打得节节败退。在败退的过程中，英法联军虽然也设法实施过多次的反突击，但终究因兵力不足、行动迟缓而导致失败。德军仅用了短短10天时间，就将约34万英法联军（含部分比利时军队）围困在了敦刻尔克至比利时边境海滨的狭小地域内，他们的命运已经是岌岌可危。

德军坦克停止攻击：希特勒战前出昏招

盟军在敦刻尔克备受煎熬，德国统帅部里的希特勒看着面前的世界地图时，更为得意，如今巴黎已经成为了他的囊中之物，整个西欧都已经被他吞并，可以称霸世界的日耳曼帝国已经初见端倪。

此时，阿道夫·希特勒胸中那狂热的日耳曼民族自豪感又再度开始升腾，他为强大的德意志军队如此迅速地攻克西欧而欣喜若狂。他兴奋地将电话打到前线，热血沸腾地将赞誉送给德国的士兵们，但他同时吼叫着让他们不能松懈，必须要发动更猛烈的攻击，将英法联军一举歼灭在敦刻尔克。

德国元帅、纳粹空军头子赫尔曼·戈林在这个时候却怎么也坐不住了；他自然有自己的一番打算。敦刻尔克的盟军如今显然已经只剩下束手就擒的分儿了，他不能容忍强大的德国空军在这样的战斗中毫无作为，而只看着装甲部队在敦刻尔克耀武扬威，占据此次战斗的所有功劳。

"元首阁下，我认为与其将装甲部队放在敦刻尔克那泥泞之地，不如让空军果断出击，用炸弹消灭掉苟延残喘的敌人。"戈林迫不及待地拨通了希特勒的电话。

希特勒与作战局长约德尔少将对戈林的方案进行了商议，对戈林的建议约德尔非常赞同，他认为与其将装甲部队放置于敦刻尔克周围的沼泽地带追击已经毫无还手之力的落败之师，不如将这股强大的力量运用于进攻巴黎。古德里安等前方装甲部队指挥官在得知这一建议之后，都纷纷表示强烈反对。

前方将领们一致认为：虽然德军已经对敦刻尔克形成了三面包围的态势，但英法联军的海上退路尚未被切断，而在这种关键的时刻，给予敌人任何喘息的机会都有可能导致所有计划功亏一篑。

参谋本部在收到前线将领的意见之后进行了讨论，认为前线将领所反映的情况非常值得考虑。

★纳粹空军司令戈林

得知这一消息后，戈林非常恼火，在他看来，古德里安等前方将领根本没有把强大的德国空军放在眼里，这样的羞辱对作为空军头子的他本人来说简直是难以忍受的。

戈林在纳粹党内有着不可动摇的副领袖地位，参谋本部对于戈林的意见也不得不作出特殊考虑，这使得参谋本部不得不妥协，最终与空军达成了"共识"。

5月24日，正在围攻敦刻尔克的德国坦克突击兵团接到了希特勒的命令："停止攻击行动，消灭敦刻尔克敌军的任务改由地面炮兵和步兵配合空军完成。"

★德国作战局局长约德尔

英军计划："发电机"的能量

其实早在德军向法国西北部火速挺进的时候，英国人就已经摸透了德军的心思：德军进攻的主要目标是英吉利海峡一线，而并非巴黎。非常明显，德军的意图是把英国远征军包围在法国，使之陷于孤立无援的绝境。

英国远征军最高指挥官戈特勋爵在了解到德军的目的之后焦急不安，他火速向英国战时内阁发去了报告，为了保证英国远征军能够顺利撤退，他必须在德军截断后路前脱身。然而，最终传达给戈特勋爵的命令却是要求他向西南方向的亚眠进发，从而与法军主力取得会师。

★英法调集的供联军撤退的船只

5月20日，德军装甲部队比英军抢先攻占亚眠，并且很快抵达海滨。此时的形势已经到了危急关头，德军已经将英法联军彻底分割，英法联军南北两军根本不可能穿过德军的重重封锁最终会师，南部英军的命运危在旦夕。

英国战时内阁在这时接到了新任首相丘吉尔的命令："作为必要的预防措施，海军部队在此时应当征调大量运输船只，时刻作好驶向法国沿海港口和海湾的准备。"海军中将伯特伦·拉姆奇爵士按照战时内阁的命令，负责制订一项代号为"发电机"的撤退计划。该计划

★等待撤退的联军士兵

的主要内容是在法国沿海的加来、布伦、敦刻尔克3个港口，每天各渡送1万士兵回到英国，保存实力，坐观其变；在有可能的情况下，也要利用起泽布腊赫、奥斯坦和纽波特港口。海军没用多久就筹集到了30艘渡船、12艘海军扫雷船和其他一些能够使用的船只，其中包括一些能够横渡海峡的一日游游艇、6艘小型沿海商船以及部分前来英国港口避难的荷兰渔船。

拉姆奇爵士与此同时还向战时内阁提出建议，希望为英国远征军适当加强空中力量用以护航，身陷敦刻尔克的英国远征军所配备的老式飞机不仅数量有限，而且攻击力也不是很强，如此庞大的撤退掩护任务根本难以胜任。但是空军战斗机司令部司令休·道丁上将对拉姆奇爵士的建议坚决反对。在休·道丁看来，在国内的作战飞机都担负着保卫本土的任务，而这些飞机的数量是绝对不能减少的，在必要的时候才可以派遣飞机去支援远征军的撤退行动。

德军装甲兵先头部队在5月23日突破了英军临时设置的最后一道防线，英国远征军的形势已经万分紧急。远征军指挥官戈特匆忙间下令打开敦刻尔克至加来一线的水闸，让大水将周围的低地淹没掉，这样就能够暂时挡住德国人的攻势；与此同时，戈特命令全体将士誓死固守阵地，哪怕是战至一兵一卒、一枪一弹。

5月25日，戈特向战时内阁发出了一封电报，在这封电报里，戈特的措词非常强硬："如果政府不想让英国远征军在此地全军覆没，现在唯一能做的就

★等待登船撤退的英军

是利用尚被我们占据的敦刻尔克港，将所有远征军官兵撤回国内。"

丘吉尔5月26日下午6时57分紧急命令拉姆奇中将火速实施已制订完成的"发电机"计划，并特别说明，同时也要将被困于敦刻尔克的法国官兵跟英国官兵一起撤回。但是，此时局势已经急转直下，"发电机"计划中的3个港口只剩下了敦刻尔克一处尚可利用，况且英军的空中掩护、地面运输等多种设施均非常薄弱。就英国方面现有的力量来说，要在短时间内营救30余万大军离开法国简直比登天还难。

海军部急忙派出了能够出动的所有官兵奔赴英国的各大造船厂筹措船只，焦急万分的英国人已经顾不了太多了，战时内阁在无线电广播里向全国大声呼吁，号召所有拥有船只的人都加入到这支将可能挽救欧洲的"舰队"里来。驾驶着各式船只的数千业余水手和游艇主听到消息以后飞驰而来，这些船里既有大到数千吨位的货轮，也有小到只能搭载数人的游艇。很快，一支奇形怪状的"舰队"就在英国东南部的港口集合了起来。

共有3条航线通往敦刻尔克，航程最短的是仅需两个半小时的Z航线，但因为它处在德国大炮的射程之内，所以根本无法启用；第二条是航程较短的X航线，但它被英国布满了水雷，几乎已经全部封锁，单是扫清这些路障就至少得花费一个星期时间；这个时候Y航线成为了唯一的选择。Y航线是从奥斯德港出发，绕过克温特的水雷浮标折向西南方向，最后抵达敦刻尔克港，全程耗时将近6个小时。走这条航线可以完全避开德军大炮的射击，但无疑却延长了暴露在德军轰炸机下的时间。

第一批救援船在当晚就悄然驶向敦刻尔克港，出于德国空军尚没有把敦刻尔克当做主要攻击目标的考虑，英国空军这一次并没有派出飞机为船队护航。

德军轰炸：戈林空军初战告捷

5月25日晚，戈林在空军司令部召开了作战会议，对敦刻尔克的空中作战作最后的部署和安排。

"在座的各位将军"，戈林环视了一下在场的每一个人，用他特有的声音说道，"尊敬的元首阁下已经将最后的决战交给我们来完成。在接下来的几天里，我们必须用实际行动证明空军是势不可当的，丝毫不逊色于地面装甲部队，完全能够将英国佬消灭在大西洋的岸边。"他的手臂有力地挥动着，每句话都铿锵有力，在大厅里久久回荡着。在场的德国空军的军官们都挺直了腰板坐着，他们注视着指挥者的语言，等待着下达命令，然后前往前线去建立功勋，开创属于他们的日耳曼英雄时代。

参谋长开始向在场的军官讲述轰炸敦刻尔克的具体作战计划，他的讲话不时会被戈林打断，对计划中仅仅使用5个航空团的兵力戈林感到非常不满，他要求必须用炸弹将大西洋的海岸点燃，要把德国西部和驻守荷兰的第2航空队的兵力也带到敦刻尔克的上空去，他不止一次地告诉他的参谋长，他要实施的是一场真正庞大的轰炸计划。

5月27日的清晨，太阳还未升起，天空依然漆黑而又低沉，此时万籁俱寂。德军的两个轰炸航空团和两个歼击航空团从德国西部起飞了，他们正是负责执行第1波次轰炸任务的德国空军，这些飞机穿过夜幕直扑敦刻尔克，此次攻击的目标是敦刻尔克

★参加轰炸的纳粹战机

港口和主要码头。在飞行途中，这些飞机几乎没有遇到英法飞机的任何阻拦。

当德军的两个轰炸航空团和两个歼击航空团已经抵达敦刻尔克的上空时，天空才逐渐发亮，从睡梦中醒来的人们看到天空中出现的飞机感到非常恐慌，通向港口的街道上挤满了无数的车辆和人。随着负责指挥此次空袭的施瓦茨下达空袭命令，一架架俯冲轰炸机向毫无防备的英法士兵凶猛地冲了过去。雨点般的炸弹在转瞬之间倾泻在了挤满士兵的码头和堤道上，冲天的火光顿时将大地笼罩，到处是凄厉的惨叫声和支离破碎的肢体。炸弹落在大海里，不时掀起数米高的巨浪，码头边上惊慌失措的人们被巨浪卷入汪洋之中，惨叫和求助此时都是毫无意义的。

紧接着，德军的机群像乌云一般黑压压地将敦刻尔克的天空遮住了，它们争先恐后地扑向已经惊慌失措的敦刻尔克。它们有的时候会向下俯冲，进行低空的扫射和轰炸；有的时候会直接投下威力巨大的高爆弹。纵然是英法联军中经验丰富的老兵也从未见识过如此恐怖的地狱式袭击，那些德军飞机在低空扫射时，就如同是向着自己的胸膛冲了过来，穿过这座港口的大街小巷，似乎要把这片大地翻转过来一样。

英军指挥官在硝烟中缓过神来，急忙大叫着指挥自己的士兵跳入战壕，拿起各种轻重武器对上空的德国飞机予以还击。在混战之中，一架德国飞机被击中，拖着一长串的浓烟掉进了海里，码头上顿时发出一片欢呼。

★德军战斗机群

到这个时候，接到报告的英国空军才急忙出动了两个中队的"喷火"式战斗机和"飓风"式战斗机升空迎击德军飞机。但是当英军飞机赶到敦刻尔克的上空时，德军战机早就已经消失得无影无踪。英军飞机找不到可以用来发泄怒火的对手，只能漫无目的地在敦刻尔克上空盘旋，直到将飞机上的油料耗尽也没有能够发现哪怕一架德军飞机的影子，指挥部只好下达命令，让所有的飞机回到本土加油，并随时待命。

★英国机场降落的"喷火"式战斗机

然而，英国战斗机刚刚离开敦刻尔克几分钟，负责第2波次轰炸的德军机群就出现了。因为在空中没遭遇到任何

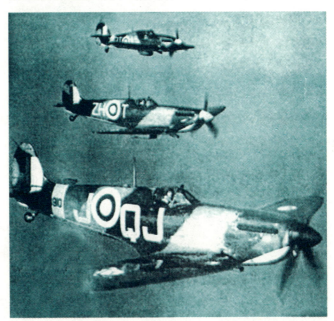

★飞往敦刻尔克战场的"喷火式"战斗机

抵抗，它们再次如入无人之境，对着海面上毫无保护的英军舰船进行肆无忌惮的密集轰炸。几艘紧靠着码头的大型运输船几乎在同时冒起了浓烟，开始缓缓下沉，船上绝望的士兵们纷纷跳入漂满死尸的水里。而那些企图驶离岸边的小船，则受到了德军穷追不舍的射击和轰炸，小船被落到船边的炸弹一艘一艘地掀翻，原本进行顺利的撤退工作就此陷入混乱，只能先暂时停止。已经开到海上的运兵船为了躲避德军飞机的轰炸，不得不采取忽左忽右的曲线航行方式前进，高速穿过德军飞机布下火力封锁线，在巨浪滔天的海面上，英军军舰上的大炮不

★德国斯图卡俯冲轰炸机

停地开火,对着德军飞机进行猛烈回击。英军比·希金上校在约一个小时之后,率领两个中队的40余架"飓风"战斗机再度穿过海岸,向敦刻尔克急速飞来。英国机群刚刚飞抵敦刻尔克上空,便遇上了正在逼近敦刻尔克的负责新一轮轰炸的德军轰炸机群。几乎就在同时,负责护航的德军战斗机也发现了飞来的英国机群。一场空中恶战就此拉开了帷幕,一架架战机在敦刻尔克上空盘旋翻转,密集的炮火穿透云雾,发动机尖锐的呼啸声响彻天际。

遭受戏要的英国皇家空军此刻完全被激怒了,他们围着德军的机群一阵猛烈扫射,德军飞机遭遇到英国飞机的拼死冲击,德军轰炸机在仓皇投下炸弹之后,迅速逃离了敦刻尔克上空。

虽然扔下了无数炸弹,但是德军的这次轰炸没有达到预定的效果,他们所投下的大部分炸弹都落在了海里或者沙滩上。但此役英国军队的损失更为惨重,无数官兵在德国空军的射击和轰炸下牺牲,舰只也受到了一定程度上的毁坏,在战斗中更是有11架飓风式战斗机被德军击落。

虽然进行完这一波次的轰炸之后,德军飞机就返回了基地,但不久新一批的德军飞机又飞抵敦刻尔克上空,轰炸就这样几乎持续了一整天,在此次空袭中,德军共投下了1.5万枚高爆炸弹和3万枚燃烧弹。当天色已晚,德机的轰炸才终于停止下来,但敦刻尔克地面的火光和浓烟却久久难以熄灭和消散。英军在这一天只输送了7 669人回到本土,有40余艘船只在战斗中被德军击沉。但是,表面的风光并不能掩饰戈林作战计划的失误，这一天德军有23架飞机被击落，比过去10天以来德军损失飞机的总数还要多。

但是，好大喜功的戈林在接到了轰炸报告的当天晚上，就急不可待地将"捷报"报告给了希特勒，而对于德军此役的损失他却只字未提。

天公作美：盟军胜利大逃亡

5月27日的深夜，位于德国东部和荷兰境内的各个德军机场依然是灯火通明，各种车辆不停歇地往来穿梭着，机场的技术人员都在忙着给机场上停放的飞机进行加油挂弹和临时维修，他们都在为几个小时后即将开始的新一轮轰炸作着最后的准备。这一夜的天空如此喧闹，又是如此宁静。

一切似乎准备得非常顺利，但是在28日凌晨一切都发生了变化，德国空军参谋长耶顺内克少将接到了发自侦察飞机和前线地面部队的急电：此刻敦刻尔克上空忽然出现大雾，加之前一天轰炸留下的浓烟还未消散，在空中根本无法看清楚地面目标，空袭恐怕无法继续进行。看到这个报告之后，耶顺内克急忙把它交给了戈林。

戈林一看到这份报告，顿时非常恼火，他不由分说地挂了一个电话到前沿阵地："不行，我要的是轰炸！轰炸！再轰炸！你明白吗？决不能让英国佬从海上跑掉，你不能以天气来掩盖你的无能。"戈林疯狂的吼叫声从话筒里传出，耶顺内克虽然百般无奈，也只好命令飞机继续照常出击。

可是28日上午的雾实在是太大了，德军派出的两个轰炸机大队在敦刻

★正在登船撤退的英军

尔克上空逡巡良久，但是苦于能见度实在太低，根本无法投放炸弹，只好带弹返回基地。

而盟军此时正在按照原定计划紧张地进行着撤退，他们已经动用了所有可以动用的船只，甚至连驱逐舰也被当做了运兵船使用。除了将仅剩的几处码头充分利用起来以外，连海滩也被利用了起来，渡过海峡的小船被他们用绳索牵着，等候在海滩的士兵就可以乘坐小船渡到海上的大船旁边尽快登船。敦刻尔克岸上的士兵被分成几个组，每50人一组，每组由一名军官和一名海员指挥。每当有新的救援船穿过海峡来到岸边，他们便一组一组地被带到海边，然后排好顺序蹚过深到可以齐胸的冰冷海水，在这过程中，他们还必须要小心避开不断漂到身边的战友的尸体才能艰难地爬上小船。

下午的天气状况仍然很糟糕，耶顺内克少将在办公室里焦急地来回踱着步，戈林的电话一次次地打来，不停催问着轰炸何时开始，这让他感到一阵阵耳鸣。其实他早已经命令轰炸机群挂弹待发，但是再好的飞行员面对敦刻尔克恶劣的天气也没有任何办法。

★英军登船从敦刻尔克撤退

★正在俯冲轰炸的纳粹轰炸机

参谋此时为他送来了气象报告，预计在最近几天里法国东南部一直都将会维持阴雨大雾天气。一看到这些，耶顺内克顿时感到紧张，他非常清楚一旦错过这几天，就将失去最重要的机会，英军很有可能就会把被围困的部队全部都撤回本土。他知道自己的机会已经不多了，命令气象部门拿出更详细气象报告的同时，他焦急地接通了作战室的电话。

"各机场待战飞机，立即以3至5架小型编队对敦刻尔克实施连续轰炸。不管目标上空能见度如何，炸弹必须投下去。"无奈的耶顺内克少将现在只能出此下策，一来可以扰乱英军的部署，二来希望这些扔下去的炸弹会命中一些紧要的目标。

轰炸机发出的轰鸣声再次响起在敦刻尔克上空，漫天的大雾同样挡住了英军的视线，新集中起来的几支高炮部队也只能漫无目的地对着天空射击，士兵们则纷纷跳进附近的战壕里。德军飞行员则只能胡乱投下几颗炸弹，投下来的炸弹几乎没有造成什么大的伤害，要么掉进了和海滩距离很远的海里，要么就是掉在了无人的空旷地，偶尔有几颗落在士兵聚集的沙滩上，大部分爆炸力也被像柔软坐垫一般的沙子给吸收掉了，所以就算是炸弹在英军士兵的身旁爆炸了，产生的结果也不过是一脸泥沙而已。

德军一直不间断地进行着这种漫无目的的零星轰炸，但撤退中的英法士兵没有多久就对这种轰炸习以为常了，他们纷纷从战壕里爬了出来，继续紧张而又轻松地做他们最该完成的工作。

29日早上，负责指挥此次撤退行动的拉姆奇海军中将收到了来自本土的电报：28日已共有6.5万人安全返回本土。但是这消息并没有给拉姆奇带来丝毫的轻松感，因为就在敦刻尔克的岸边还有更多部队在等待着撤离，德军地面部队在敦刻尔克西部和北部已经再度加强了攻势，英法联军的防御圈正在不断缩小，他现在只能向上帝祈求让这种大雾天气能够多持续几天。但遗憾的是天并没有遂人愿，大约在下午2时，大雾就逐渐散去，敦刻尔克的海滩上又洒满了阳光。

在随后不到一个小时的时间里，德军3个大队的施图卡大型轰炸机编队就赶到了。炼狱般的一幕再度上演，一架架的德军轰炸机凶猛地扑向地面，将数不清的炸弹疯狂地投落到英法联军的阵地上，仿佛要用这一次进攻就夺回这几天的损失。在这次空袭中德机的目标开始更加集中，它们将主要的轰炸对象瞄准那些大型运输船只。轰炸机对着停靠在岸边的大型渡船俯冲过去，在机身即将触及船上的烟囱时将弹舱迅速打开，弹舱里所有的炸弹就这样全都落在了船只的甲板上，顷刻之间就是地动山摇的轰鸣，在经过德军的几轮轰炸之后，海面上的运输船很快就完全失去了队形，还且还乱做一团，很多船只都冒起了火光和浓烟，船员们和士兵们都忙着扑灭刚刚燃起的火焰。此时敦刻尔克的海岸上到处都是惨叫和轰鸣，德军的飞机在天空中发出一阵一阵让人绝望和胆寒的呼啸声，大西洋的海水里浸泡着战争和死亡的味道。

就在下午5时27分，德军的一轮攻击刚刚结束没有多久，德军第2航空队的两个轰炸机团又从远空飞来，沙滩上的英法联军官兵还没有来得及歇口气，新一轮的猛烈轰炸已经开始了。

英国海军在这天的下午损失掉了3艘驱逐舰，7艘驱逐舰遭受重创，除此以外，奥洛国王号、海峡皇后号、洛琳娜号、芬内拉号和诺尔曼尼亚号等5艘大型

★被德军飞机炸沉的联军"暴风"号驱逐舰

渡船被德军的轰炸机击沉。在关键时刻，拉姆奇将军不得不把8艘最现代化的驱逐舰从激烈的战斗中撤出，他必须为日后德军入侵英国作准备，而这些性能优良的战舰在未来将直接关系到英德之间战争的胜负，他不能拿它们来进行冒险。尽管遭受到了前所未有的巨大损失，但是英军在这一天仍然从港口撤走了3.35万人，从海滩撤走了1.4万人，其中还包括近1万名的法军士兵。

5月31日凌晨，天空再度下起了小雨，空中的能见度又一次急速下降。敦刻尔克港的平静又暂时回到了英法联军官兵们的身边，此时从英国本土新筹集来的大量民船也加入到帮助英法联军撤退的行列里来，撤退的速度因此得以明显加快。同时，面对德军多次的凶猛进攻，地面防御部队也不甘示弱。但随后英国方面决定将防御圈缩小到33公里，这是为了方便收缩兵力进行最后的抵抗，更是为海上的撤退赢得更多的宝贵时间。

最后的激战："飓风"大战德军王牌

5月31日这天，德国空军作战室里的气氛显得异常沉闷。因为在整整两天的时间里都没有能够对敦刻尔克发动行之有效的轰炸，使得希特勒非常不满。眼看着一批一批的英法士兵从他的眼皮子底下溜走，这怎么能让他不发火？气象报告在这个时候打破了室内死一般的沉静：敦刻尔克上空预计在24小时内将出现晴朗天气，这也就意味着可以继续进行轰炸。戈林总算长出了一口气，空军的各位军官赶紧忙碌了起来。

而英军几乎在同时也得到了相同的气象报告，为了保障撤退部队能够安全回到本土，战时内阁决定出动大量先进的"飓风"式战斗机和"喷火"式战斗机在敦刻尔克上空进行不间断巡逻，以阻击空袭敦刻尔克的德军飞机。

于是，一场空中激战不可避免地拉开了帷幕。

6月1日拂晓，英吉利海峡上空吹起了阵阵轻风，将水面上的晨雾吹散，东方的旭日从海面上升起，海面上几天来难得一见地风平浪静。

担任警戒任务的首批28架"飓风"式战斗机自英国南部的机场升空，它们飞速穿过英吉利海峡，按照预定计划飞向敦刻尔克以西30公里的巡逻空域。当英国机群刚到达敦刻尔克的上空时，领航飞机就发现了德国机群正在逼近，驾驶"飓风"式战斗机的飞行员们急忙加大飞行高度，向德国飞机扑了过去。但是当他们穿过云层逼近敌机时，却骇然发现此次德机出动了前所未有的强大阵容：德国飞

★飞往战场的"喷火"式战斗机

机此次使用的是立体编队，分为上、中、下三层，下层是40余架轰炸机，中层则是担任近距离支援任务的战斗机，上层是主要负责高空支援的战斗机。

"飓风"战斗机不得已再次钻入高空云层，意图在躲过敌人强大的掩护机群之后，绕到背后再采取进攻，但已经没有机会了，这个意图早已经被敌机洞悉。大批的德国战斗机已经急冲了过来，将英国飞机死死咬住。英国飞机万般无奈，只好将编队一分为二，一部分扑向德国的轰炸机群，另一部分则向德国的战斗机宣战。

在这场发生在空中的肉搏战中，毫无疑问，德国空军占据着绝对的优势。

英国飞机首先击中了一架德国轰炸机，这架德国轰炸机拖着一串浓烟坠落下去。德国飞机看到这样的情景，马上将剩余的轰炸机组成圆形防阵，这样可以掩护彼此的尾翼，从而避免英国飞机从背后攻击。而英国飞机这个时候只好迅速拔高，企图从高空中打开击毁德国轰炸机的突破口。

但这个时候的高空也是激战正酣，到处都是乱飞的子弹。英国方面的一架"飓风"战斗机绕到一架德国战斗机的背后发起进攻，德国飞机向左一拐，巧妙地躲开了"飓风"的攻击，子弹从德国飞机的右侧擦着飞了过去，英国飞机就这样扑了个空。可恰巧就在这个时候，另一架德国飞机斜插过来，因为躲闪不及正好被英国飞机射出的子弹击中，稍微晃了一下就拖着黑烟坠落了下去。

德军发现形势不妙，立刻改变了战术。一架德国战斗机迅速地向下滑行，看起来似乎是准备要离开战场，紧追不舍的一架英国飞机立刻死死将它咬住，正当英国飞机就要将这架德国飞机击落的时候，突然，一束急促的子弹从高空射了下来，紧追着德国飞机的英国飞机随即就被击落。这种由德国空军创造出来的"诱饵战术"在空战中使得英国飞机多次中计，不过短短几分钟时间就先后有3架英国飞机被击落。

残酷的战斗仍然在进行着，英国飞行员以顽强的毅力与是己方数倍的德国战机艰难周旋着。没过多长时间，第2批两个中队的战斗机也从英国升空，迅速穿过英吉利海峡，加入了这次空战。敦刻尔克西部的天空顿时充斥着无数的厮杀和爆炸，空中开始弥漫着浓厚的火药味，大西洋上空那晴朗的天空此时完全已经被密集的子弹覆盖，不时就会有拖着黑烟的战机从云端坠落下来。

在这次空战中，英国空军共击毁击伤德军飞机21架，最终以其顽强的意志击退了德军，也打乱了德国空军空袭敦刻尔克的计划，使得不可一世的德国空军第一次尝到了英国空军的厉害。

但是战争并未到此为止，德国空军并没有丝毫停歇，他们随即又派出了更加强大的战斗机群，为轰炸敦刻尔克提供空中掩护。上一轮的激战刚刚停息片刻，新一轮的激战马上又上演。英、德两国的飞机在敦刻尔克的空中再次交手，而且规模还在不断扩大，在6月1日这天的整个上午，敦刻尔克上空的战斗都从未停止过。而英国空军此次几乎倾其所有，出动了一切可以动用的飞机——"飓风"式飞机、"喷火"式飞机，还有装着炮塔的双座"无畏"式飞机，甚至连赫德森轰炸机、双翼箭鱼式鱼雷轰炸机及笨重的安森侦察机都从英国本土赶来参加空战。

★正在俯冲的英国"飓风"式战斗机

但尽管是这样，英国空军仍然不能阻止蜂拥而来的德国飞机的攻势，一些躲过英国飞机拦截的德国轰炸机在敦刻尔克港扔下了一排一排的炸弹，大肆进行轰炸。

狡猾的德国人在下午突然改变了战术，他们开始利用大编队的英国战斗机离开战场去加油的机会，发动更为猛烈的进攻。他们使用部分战斗机牵制住负责警戒的小股英国飞机，轰炸机则趁着这个机会火速飞到敦刻尔克的上空，从比较高的高度对地面进行轰炸，在投弹之后会迅速返回，使得英国飞机鞭长莫及，叫苦不迭。

英军在这一天有31艘舰船被击沉，11艘遭受了重创，这也是为时9天的撤退中损失最为惨重的一天。

拉姆奇将军在晚上向英军总部报告了当天英国方面的损失情况，在报告的最后，他说道："痛苦的经验在今天已经告诉我们，我们根本无法阻止德国空军的空袭，选择在白天撤退无异于自取灭亡，我建议撤退应该改在夜间进行。"英国空军确实已经倾其所有，在这次敦刻尔克空战中英国的歼击机中队轮番出动，有的飞机一天竟然出动了35次。英军总部考虑到要为以后的作战保存必要的空中力量，通过了拉姆奇将军夜间撤退的建议。

英军从6月2日开始，将撤退完全改到了在夜间进行，德国空军对此毫无办法，只好将空袭目标转移到巴黎等地去，德国的地面部队重新接手了对敦刻尔克的攻击。

但这个时候已经错过了战机，被围困在敦刻尔克的英法联军大部分其实已经撤回到英国本土。到6月4日，英军终于完成了由敦刻尔克撤出33.8万人的军事奇迹。虽然英国为此损失了110余架飞机，但德国空军同样付出了巨大的损失，有150余架德国飞机毁于这场空战，而且虽然付出了如此高昂的代价，德军最终也没有能够完成阻止英军撤退的任务，使盟军为日后的反击保存了有生力量。

德军最大的失误：用空军轰炸取代装甲部队

当德国军队从西、南、东三个方向敦刻尔克包围过来的时候，距离敦刻尔克最近的德军坦克与港口之间只有10英里，英法联军此时完全已经成为了德军的囊中之物，就是在这样千钧一发的时刻，德军在5月24日却接到了由希特勒亲自下达的停止前进的命令。

德军坦克部队的将领们对希特勒的这一命令大惑不解，发明了"闪电战"的一代名将古德里安更是无可奈何地仰天长叹。眼看着敦刻尔克已经是近在咫尺，唾手可得，但一道停止前进的命令，却让坦克部队在几天里所做的努力付诸东流。接替坦克部队对英法联军展开攻击的是德军的空军部队。后世的很多军事历史学家都认为这一命令是希特勒愚蠢干涉军事指挥的结果，但实际上，希特勒之所以发布这条命令，也有他的顾虑。

首先，此时法国北部的战事已经日趋明朗，但是德军必须为下一步作战保存装甲部队的实力。当然，还有一个重要因素是，希特勒的副手戈林向希特勒作出了保证，空军完全能够消灭敦刻尔克的联军。加上敦刻尔克到处都是沼泽和低洼地，对装甲部队行进非常不利，既然空军能够完成歼灭的计划，就完全没有必要让装甲部队去冒险。

其次，英法联军时而发动的反击虽然没有什么成效，但让部分德军高级指挥官非常担心装甲部队的损耗，因为装甲部队的快速突进会将步兵部队很快甩在身后很远。在走访了A集团军群司令部之后，希特勒认为有必要让突前的装甲部队停止前进，在拥有步兵的配合之后，主要承担阻挡敌军突围的任务。

再次，还有一个原因被认为可能是促成希特勒下达命令的真相，那就是希特勒担心敦刻尔克外围的河道纵横地带会限制装甲部队的发挥，使之陷入艰难的阵地战，没有办法快速阻截英法部队的撤退。除此以外，也有一些专家认为希特勒之所以这样打算也有政治上的目的，他放一部分英军撤回到英国本土，在政治上有助于与英国讲和。

但无论如何，这个命令最终导致的结果是，在德军B集团军群的压迫下英法联军不得不向敦刻尔克撤退，而距离敦刻尔克更近的A集团军群截断了英法联军的退路，却在敦刻尔克以西的运河地区停滞了下来，并未作出集结所有兵力沿着海岸包抄的部署，从而给了英法联军逃出的机会。

虽然德军装甲部队在5月27日为了阻止英法联军从敦刻尔克撤退而恢复攻击，但是英法联军当时已经是在进行着殊死抵抗，所以德军面对英法联军有组织的防线根本无法找到突破的机会。英法联军从而成功延迟了德军的进攻，并为大部队撤离敦刻尔克赢得了更多宝贵的时间。

★沙场点兵★

👤 人物：戈林

戈林是纳粹德国的第二号人物，同时也是德国进行法西斯侵略战争的元凶之一。他既是德国法西斯政治、经济与军事的首脑，也是制订奴役劳工计划、镇压残杀犹太人和其他种族的主谋。

戈林1893年1月12日生于罗森海姆。第一次世界大战期间他担任空军上尉，任飞行中队长，曾被授予最高战功勋章，战后在丹麦任民航试飞员。

1921年戈林学习国民经济和历史学，并与希特勒相识；1922年加入纳粹党，被希特勒委以整编和领导冲锋队的重任；1923年参加希特勒暴动，暴动失败后逃往奥地利；此后于1927年回到德国，参加纳粹党的竞选活动；1928年成为国会议员；1932年任国会议长；1933年任国防部长、航空总监、普鲁士总理、内政部长、狩猎部长，利用国会纵火案残酷镇压共产党人和反法西斯主义者，建立国家秘密警察和集中营；1935年兼任航空部长和林业部长；1936年任扩军备战的"四年计划"的全权总代表；1938年获陆军元帅称号；1939年被希特勒立为继任人；1940年获德国元帅称号。

第二次世界大战末期，戈林曾试图取代希特勒与同盟国进行谈判；1945年4月被希特勒撤职；同年 5月8日被美军俘获；1946年10月纽伦堡审判判定他是"仅次于希特勒而集全体被告罪恶活动之大成的人物"，被判处绞刑；10月15日，在刑前于纽伦堡服毒身亡。

在敦刻尔克战役中为了显示自己的能力，戈林劝说希特勒放弃坦克包围英法联军的战术，转而采用空军消灭海滩上的英法联军，贻误了战机，使英国有充足的时间调集大量船只将33.8万英法军队运往英国，为日后的大反攻保留了有生力量。

🦅 武器："飓风"式战斗机

英军在20世纪20年代的一份报告中就曾提出：时速超过300公里的的战机是很难进行编队飞行的，同时也无法完成剧烈的机动动作，因为加速度过大会导致飞行员无法忍受。再加上当时著名的"单翼机不安全"的研究报告，让英国空军的首脑一直对单翼战斗机持怀疑态度。

但霍克飞机公司的肯姆爵士一直在坚持着单翼战斗机的设计和研究，军方最终采纳了他的设计。肯姆爵士在设计过程中将"飓风"战斗机原计划采用的"Goshawk"发动机和固定式起落架改为马力更大的"马林PV12"发动机和可收放式起落架，而且还把作为主要武器装备的4挺机枪增加至8挺。除此以外，"飓风"式战斗机还采用了许多在当时非常先进的技术，如流线形的机身，以全金属蒙皮覆盖机身的前半部。密封式座舱盖则是向后滑动打开，这样可以使飞行员在危急时刻跳伞时能够紧急脱离。

首架"飓风"式战斗机于1935年11月试飞成功。1936年6月，英国空军先行订购了600架"飓风"战斗机，之后曾不断追加订购。到1939年9月，英军共有18个半中队配备了497架"飓风"式战斗机。到1940年8月"不列颠空战"前夕，霍克公司则共交付了2 309架"飓风"式战斗机。

第二次世界大战爆发以后，"飓风"式战斗机作为英军最先进的战斗机之一，被派驻欧洲大陆，是前线空中打击部队的主力。但是"飓风"式战斗机在初登战场的时候效果差强人意：1940年5月8日到18日的短短10天里，先后有250架"飓风"战斗机被击落；在掩护敦刻尔克大撤退的行动中，又有多架"飓风"式战斗机被击毁。

但是"飓风"式战斗机之所以输得如此惨，除了总体性能之外，还有其他原因。当时英国战斗机的基本编队一直采用三机"V"字形的密集队形：长机在前，两架僚机分别在长机的两侧后方，与长机相距约100米。英军方面认为，这样的密集编队可以覆盖最大的观察角，而且不容易丧失掉队形。但是结果却截然相反，因为队形过于紧密，僚机飞行员必须飞得非常谨慎，主要的精力完全都放在了跟长机保持队形上，根本无暇顾及后方，而长机通常都以为后方有僚机在保护，从而疏忽大意。正是因为这种"V"字形的密集编队，使得英军在交战中经常会陷入"顾头不顾尾"的尴尬局面，连驾驶飞机的英军飞行员都不得不戏谑地说："知道我们为什么要飞'V'字形的编队吗？就因为飞起来好看。"

但是，"飓风"式战斗机随着战争的深入开始重新树立自己的形象，尤其是在1940年8月的不列颠空战中。人们谈到不列颠空战，往往都会说到性能更好、足以和"BF-109"型战斗机匹敌的"喷火"式战斗机，从而忽视"飓风"式战斗机的功绩。其实当时英国空军中"飓风"式战斗机共有32个中队，而"喷火"式只有19个中队，"飓风"式战斗机仍然是英军战斗机部队的主力。

当"喷火"式与德军护航的"BF-109"战斗机在空中缠斗时，"飓风"式战斗机则会趁机攻击笨重的德军"BF-110"双引擎战斗机和轰炸机。在不列颠空战中，"飓风"式战斗机所击落的敌机数量是英军中最多的，可以说在不列颠空战中居功至伟。

"飓风"式战斗机在随后主要被作为战斗轰炸机使用，负责猎杀法国境内的地面目标。"飓风"式战斗机在北非战场时则安装上了40毫米机炮，用以专门攻击隆美尔麾下的坦克，战绩也颇为不俗。

从1941年开始，德国"U"型潜艇和"FW200"远程轰炸机频频袭击英国海上运输船队，为了保护海上运输线，英军把"飓风"式战斗机进行改动后成为"海飓风"，主要配备在一些匆忙加装了弹射装置的商船上。在战斗时，可以用弹射装置将"海飓风"弹射出去，任务完成之后则迫降在海面上，再由其他船只设法救起飞行员。1942年8月，英军在护送赴马耳他岛船队的战斗中，70架"海飓风"与总数超过600架的轴心国机群狭路相逢，最终取得了击落敌机39架而己方只损失7架的出色战绩。后来，英军对"海飓风"加以改进，配备在了英国海军的航空母舰上。

到第二次世界大战结束，英国和加拿大共生产了14 231架"飓风"式战斗机，其中有2 952架依租借法运往苏联，但相当一部分在海上运输途中损失。

 战术：诱饵战术

"诱饵战术"是德国空军所发明的一种空战战术，这种战术在空战中的使用频率不高，讲求"出奇制胜"，在第二次世界大战中让盟国空军叫苦不迭。

所谓"诱饵战术"，就是布置一架己方战机故意暴露在对方的炮火之下，佯装撤退，诱使对方的战机尾随上来进行攻击。而另一架己方的战机此时会埋伏在云层上方，等己方佯装撤退的战机将对方战机引至，就高速俯冲下去对对方战机进行攻击，这样最终就可能击落对方战机。在敦刻尔克空战中，因为在飞机灵活性及技战术水平上的差距，德国空军借此战术弥补自己的缺陷。但是在随后的空战中，因为德国空军占有绝对优势，英国空军也逐渐学会了使用这种"出奇制胜"的战术。

　　在1940年发生的敦刻尔克空战中，英法联军的撤退已经到了最后几天，德军由于遭遇多日的大雾天气，发动了敦刻尔克空战中最大规模的一次空袭，英军飞机在此战中处于绝对劣势。所以在与德军飞机的缠斗中，英军飞机开始娴熟运用多种特殊性的进攻战术。而由德国空军创造的"诱饵战术"在英国空军那里变得更加完备。英军在使用该战术时，不再是单架飞机担任诱饵，另一架飞机负责埋伏，而改为机群行动，即一个机群做诱饵，另一个机群出动对敌机进行攻击。这样就能够行之有效地提高自身的攻击效率，从而以最微小的代价取得最大的胜利。

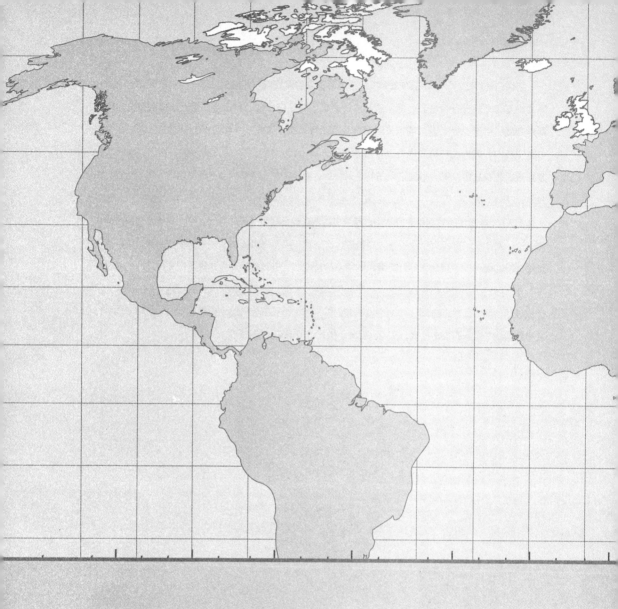

生死瞬间的云端曼舞
THE CLASSIC WARS
空战

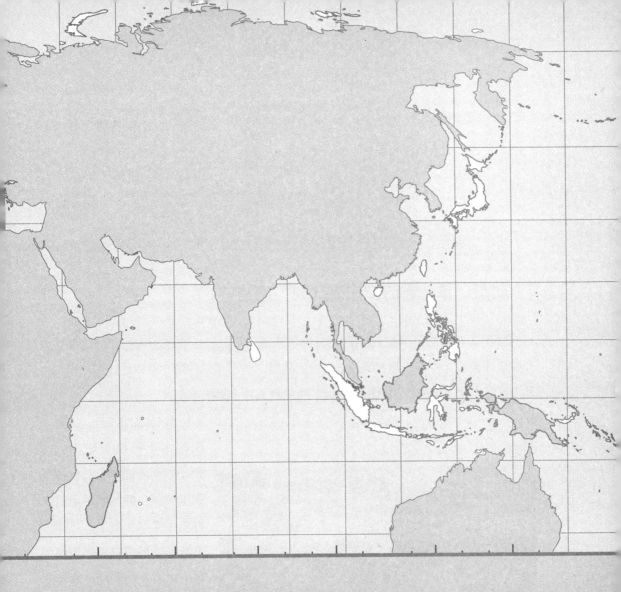

第五章

不列颠空战
——战鹰留住胜利的希望

　　▲在英法联军成功通过"敦刻尔克大撤退"回到英国本土之后，德军终于完成了对于欧洲大部分地区的统治，野心勃勃的希特勒终于开始对孤悬海外的英国动起了心思。为了能够顺利渡过海峡入侵英国，希特勒出动了空军最精锐的部队对英国开始了狂轰滥炸。而誓死捍卫国门的英国空军与德国空军自敦刻尔克一战之后，则再度交火，这是关乎欧洲存亡的一战，堪称为历史上最重要的空战战役之一。

前奏：希特勒的"海狮计划"出笼

德国法西斯的军队在1940年6月席卷西欧，英法联军在德国人的"闪电战"面前全面溃败，不得不撤退到敦刻尔克。随后，英军虽然使用"发电机计划"将军队撤回了本土，但依然损失惨重，而且将欧洲大片土地拱手于人。

★敦刻尔克港遗弃的联军武器

到1940年7月，因为法国本土已经被德国占领，剩余的法军士兵也逃到了英国，欧洲战场上只有英国孤军作战了，英国当时的处境可以用四面楚歌来形容。在刚刚结束不久的法兰西战役中，英国陆军完全被德军击溃，在装备上损失惨重，自信心也受到了严重打击，敦刻尔克大撤退虽然为英军留下了有生力量，但所有重装备和车辆都被丢弃在了敦刻尔克的海滩上，英国本土只有780门火炮、160门反坦克炮和200辆坦克！英国皇家空军在敦刻

★参与伦敦空战的英国皇家空军战机

　　尔克空战中也受到重创，损失掉约1 000架飞机，435名富有经验的飞行员在战斗中牺牲，只有海军的损失情况相对要好一些，但是正在抗击德军潜艇部队疯狂的海运劫杀，也显得有些心有余而力不足。

　　德军的情况则恰好相反，他们刚刚攻占法国、比利时、荷兰等西欧诸国，军事实力达到顶峰！陆军则因为缴获了大量的坦克和车辆，从而大大提高了部队战斗力和机动力，士气也异常高涨；空军的规模也在急剧扩大，而且开始陆续进驻沿海机场，经过了敦刻尔克的激烈空战之后，正等待着新的战斗契机；德国唯一担心的是海军的实力，以德国海军的实力还不足以与强大的英国海军一争高下，也没有力量支持德军的登陆部队横渡英吉利海峡，完成进攻英国本土的任务。

　　在经过研究之后，德军最高统帅部计划先以空军发起空战，在英国上空消灭英国空军，夺取制空权之后，再用空军掩护海军穿过英吉利海峡，最终完成登陆。然而这个计划也只是停留在纸面上而已，德国空军虽然拥有3 700架作战飞机，但德国空军素来负责的主要作战任务都是通过空中火力配合地面部队进行作战，所配备的飞机多半也都是俯冲轰炸机，能够用来进行战略轰炸的重型远程轰炸机的数量并不是很多，而且飞机行驶的航程短，载弹量也不大，根本很难承担起战略轰炸的任务，所以如果德国空军选择通过战略轰炸来夺取制空权，那么他们将很难完成这项任务。

但是好大喜功的空军总司令戈林这一次又站了出来，他再次夸大了德国空军的作战能力，甚至还准备要通过空降占领一个机场，再以运输机将5个陆军精锐师穿梭运送到英国机场，从而一举攻克伦敦，逼迫英国投降。戈林的计划无异于天方夜谭，实际上，德国统帅部一直都没有周详的计划用于进攻英国本土的作战，完全不像西欧作战时的样子。

德国统帅部对于进攻英国始终没有拿出一个切实可行的方案，而希特勒也并没有如从前一样暴跳如雷，他变得比平常都要有耐心。他对英国一直都心存幻想，在如此严峻的情势下，他认为英国一定会来跟德国讲和。所以在1940年5月到7月的这段时间里，希特勒始终没有对德军总参谋部进行过任何敦促，他主要在做的是对英国的诱降。在6月和7月间希特勒多次通过广播和报纸，一再向英国传达"和平建议"，并且通过梵蒂冈教皇和瑞典国王跟英国取得接触，随后提出了瓜分法国、荷兰的殖民地的条件来试探与英国讲和的可能性，还多次派出密使接触身在西班牙的前英国国王。前英国国王温莎公爵因为坚持跟一位离过婚的美国女子结婚而逊位，希特勒有心要扶持这位不爱江山爱美人的前国王重新执掌英国王位，从而建立一个像法国的维希政府一样的亲德政府，从而快速达成停战协议，这样他就能有时间和精力去集中全力对苏联作战。

然而，一向对希特勒采取绥靖主义政策的张伯伦早已经下台，新上任的英国首相丘吉尔是出了名的主战派人士，他的强硬态度完全出乎了希特勒的意料。丘吉尔在5月10日的就职仪式上发表了掷地有声的演讲："我们的政策就是用上帝赋予我们的所有力量，在陆地、海洋和天空，向人类历史上从来没有的黑暗罪恶势力战斗！"

终于认清了希特勒真实嘴脸的英国民众彻底抛弃了张伯伦的绥靖主义政策，开始全力支持政府将同德国的战争进行到底。眼看着诱降的计划几近破产，希特勒终于失去了耐心，他在7月16日下达了代号为"海狮计划"的对英作战命令。

★丘吉尔出任英国首相

帝国危机：英吉利上空阴云笼罩

"海狮计划"出笼之后，德军开始按照希特勒的指示作战前的准备，本土的航空兵部队都集中到法国、荷兰、比利时等国，前线机场也开始不断扩建，部队也在进行调动和集结，这些无疑都需要很长一段时间。但是戈林元帅不能容忍他的德国空军天天坐等时间的流逝，他命令德国空军在进行着战前准备的同时，先以小部分部队对英国进行一些试探性攻击。

从1940年4月到6月的3个月里，德国空军共损失了2 784架飞机，但凭借着德国强大的航空工业生产能力，德国空军的战斗力很快就得到了恢复。

7月10日起，德军将英国南部港口和英吉利海峡航行的船只作为主要打击目标，发动了多次攻击。对于这次作战，德国空军的目的主要有两方面：一是了解英军的防空能力，试探并且了解英国空军的部署；二是诱使英国空军的飞机出战，在试探性空战中逐渐消耗英国空军的力量。

但是因为英国空军在欧洲大陆作战时的消耗过大，此时急需进行休整和补充，所以面对德军的挑衅和进攻只能采取避战战略，只派遣小型机群升空迎战，同时借此机会检验一下己方的雷达引导战机进行截击的战术。从7月10日至8月12日，德军共出动了5 376架次飞机，将1 473吨的炸弹投向英军目标，共击沉了英军的4艘驱逐舰和18艘运输船，击落英军飞机148架，但是德军也有186架飞机被击落，135架被击伤。

但总体而言，德军在这一阶段的作战完全是试探性的，规模也非常有限。就在试探性进攻的同时，德国空军指挥机关开始制订进攻英国的详细作战方案，参战的主力部队第2、第3航空队在7月下旬联合草拟了方案，随后，德国空军作战局于7月29日开始研究这一方案。8月1日，第2、第3航空队根据作战局的最新意见修正了方案并再次递交。8月1日，希特勒和总参谋

★德国轰炸机飞临伦敦上空

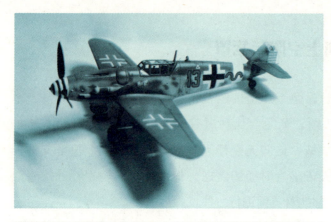

★梅塞施米特Me-l09战斗机模型

长约德尔联合签发了对英国发动全面空袭的第十七号指令。8月2日，德国空军司令戈林发出了空军作战指令，并最终定于8月10日发起第一次大规模空袭，发起空袭的这天将以"鹰日"为代号。

1940年8月初，为了发动对英国的大规模空袭，德国空军共集结了2 669架飞机，其中有933架梅塞施米特-109战斗机，375架梅塞施米特-110战斗机，346架容克-87俯冲轰炸机，还有1015架容克-88、亨克尔-111和道尼尔-17轰炸机。但是就在德军准备发动空袭的8月10日，恶劣的天气再次侵袭英国南部地区，"鹰日"攻击不得不延后。

8月11日和8月12日，英国的天气依然没有好转，德军只是出动了部分飞机对英军的雷达站进行了攻击，其中五个雷达站遭到严重破坏，一个雷达站遭到完全摧毁。

但是因为德军主要轰炸的目标是雷达站的天线，而并非核心的控制室，所以英军的雷达站很快就能够修复。轰炸结束不久，德军的无线电侦测部门又检测到了雷达信号，认为对雷达站进行攻击根本没有什么作用，没有多久德军就终止了对雷达站的攻击，德军将领并不知道，正是因为这个武断的结论，为他们日后增添了很多麻烦。

诱鹰出笼：希特勒的空战阴谋

经过多次大肆宣扬的"鹰日"攻击终于在1940年8月13日开始。从8月13日到8月23日的这段日子在战争史上被称为不列颠战役的第一阶段，在这一阶段里，德军空袭的主要目的是消灭英国空军主力。因为受德军飞机的航程所限，所以德国空军的空袭范围主要集中在英格兰南部，德国军方希望在南部战斗中能最大限度地消耗英军力量，从而为日后攻击英国中部地区创造条件。德军除了让战斗机掩护轰炸机对英军机场进行突击以外，还以战斗机组成狩猎小队，专门在英国上空寻找英军的战斗机进行空战。

8月13日，"鹰日"攻击虽然正式开始，但是因为天气仍然不太理想，很多战斗机依旧没有能够按照计划起飞，攻击开始阶段显得有些混乱。德军在这一天共投入1 485架飞机，在白天对英国南部的七个机场进行突击，晚间则对英军的飞机制造厂发动攻击。为了阻击德国空军，英军共出动了727架飞机。空战很快就爆发了，在波特兰和南安普敦的空战是最为激烈的，47架德军飞机在空战中被击落，80余架受创，而英军在这一次空战中则只损失了12架"飓风"式战斗机和1架"喷火"式战斗机，英国方面的机场也没有遭受特别严重的损失。8月14日的天气仍然是阴云密布，没有什么好转，德军在这一天只是进行了小编队的零星袭击。

连日的恶劣天气让德国对英国的进攻停滞不前，戈林在8月15日这天把各航空队司令召集到了他在卡琳霍尔庄园的官邸内举行军事会议，不料就在这时，天气忽然转晴。留守空军指挥部的最高级别军官是第2航空队参谋长保罗戴希曼上校，上校深知战机难得，不容错过，他随即果断下令空军起飞出击，谁也没有想到，就是因为这不期而遇的晴天，造就了不列颠战役中德军出击规模最大的一天。随着保罗戴希曼上校一声令下，德国空军第2、第3航空队几

★飞往英国的德军战机

乎倾巢而出，第5航空队在这一天也首次派出了飞机参战，德军从南北两个方向同时对英国展开攻击。

北面的德军第5航空队原以为英军在东北地区的防御应该较为空虚，加上受飞机的航程所限，所以只派出了34架"梅塞施米特-110"战斗机掩护63架"亨克尔-111"和50架"容克-88"出动，未曾想到在东北地区遭遇了英军第13大队七个中队共计84架战斗机的痛击，在空中负责指挥德军战斗机的第76战斗机团第1大队大队长雷斯特曼上尉还来不及调整战斗机的飞行状态，就被英国飞机击落了。因为所配备的"梅塞施米特-110"战斗机数量不多而且机身笨重，这支在德国空军享有盛名的精锐部队，就这样在英国飞机的猛烈炮火攻击之下损失惨重，共有7架"梅塞施米特-110"、16架"亨克尔-111"和6架"容克-88"被击落，战损率超过了20%，经此一战之后德军第5航空队就再没有参加不列颠之战了。

德军在英格兰南部的激战中，共投入了975架战斗机和622架轰炸机，先后发动了4次空袭，对英军的5个机场和4个飞机制造厂发动了猛烈的轰炸，而英军方面则先后投入了22个战斗机中队进行全力迎击。这一次的战斗一直持续到了夜幕降临，德军在这一天出动了约2 000架飞机，其中有75架被击落，英军方面则出动了974架飞机，有34架在空战中被击落，另有21架轰炸

★不列颠空战时伦敦上空的防空气球

机在地面时被击毁，其中遭受较大破坏的是马特尔夏姆和林尼机场。这天的战斗是不列颠之战开始以来最激烈的，所以也被称为"黑色的星期四"。

德国空军在8月16日再次发动了大规模攻击，但是这一次依然没有取得什么战果。8月17日这天，德军只对英国进行了小股的骚扰性空袭。直到8月18日，才再次发动了大规模攻势，但是英军面对德军的猛烈攻击顽强抵抗，只付出了27架飞机的代价，击落了德军飞机71架。

8月19日，因为天气原因，德军

方面暂停了攻击，戈林在卡琳霍尔庄园官邸召开了空军的参谋长会议，对前一阶段的作战情况进行了总结，布置了接下来的作战计划，决定停止出动在空战中并不占优势的"容克-87"俯冲轰炸机，改为集中全力攻击英国空军主力第11大队的基地。

从这一天一直到23日，空战因为天气原因一度暂停，不列颠空战

★英国大楼遭到轰炸后倒塌的瞬间

的第一阶段也就此结束。在这一个阶段里，德军被击落了367架飞机，付出了巨大代价，但也使英军12个机场和7个飞机制造厂遭到了不同程度的破坏，迫使英军的6个雷达站一度失效，1个指挥中心、1座弹药库和10座储油库先后被毁。但是德军的问题在于选择目标不够集中，兵力在一定程度上被分散，从而降低了空袭的效果，加之英国空军的顽强抵抗，德军的空袭并未达到预期目的。

战幕拉开：希特勒的疯狂报复

从8月24日至9月6日，不列颠之战进入了关键的第二阶段，德军根据戈林的决定，对英军第11大队的主要基地和英格兰南部的飞机制造厂进行了大规模空袭。

12架迷航的德军轰炸机先是在8月24日飞临伦敦上空，将炸弹投在了市中心。为了报复德国的此次空袭，在丘吉尔首相的指示下，英国空军在8月25日出动81架轰炸机空袭了柏林。尽管英军的空袭并未给德国造成太大的损失，但是却在心理上极大地震撼了德国。接着在8月28日和8月31日这两天的夜里，英国空军又两次飞抵柏林上空，对柏林实施空袭，也让柏林市民真切体会到了战争的感觉。

但是纳粹的头目希特勒却完全被英军的这些行动激怒了，他叫嚣着要将伦敦彻底毁灭。希特勒暴怒，戈林当然不敢怠慢，9月3日，他急忙召开了参谋长会议，在会议上他决定从9月7日起将攻击重点转为伦敦。希特勒在9月4日的演讲中声称"将以夜袭来回报夜袭"，英国人胆敢在柏林投下一吨炸弹，德国空军就一定要以十倍、百倍甚至千倍的炸弹投到伦敦，让英国人体会到什么叫做真正的恐怖。

从8月底到9月初这两周时间里，德军每天出动飞机都在1 000架次以上，其中8月30日和8月31日两天，更是达到了日均1 600架次！轰炸一个波次接着一个波次，空战连着空战，在这决定性的阶段，英军飞行员由于一个多月以来一直处于高度紧张状态，有时一天就要出动几次，已经非常疲惫。

空战开始以来，英军有103名飞行员阵亡，128名重伤，伤亡总数占全部飞行员的四分之一！英国空军开始出现人员紧缺的困境，尤其是富有经验的飞行骨干大量伤亡，连一些年仅二十岁左右的青年就已经算是老手了。就在这样严峻的局面下，深谋远虑的道丁上将依旧没有动用保留在北部纵深地区的280架飞机的后备力量，他的这种战略受到了前线艰苦奋战将士的谴责和后方待命将士的抱怨。尽管如此，英军依然在顽强苦战，保持着高昂的士气，有些飞行员一天出动几次，甚至在9月6日英军的出动架次竟然超过了德军。

地勤人员夜以继日地维护保养、抢修受伤的飞机，体力精力都达到了极限，很多人在工作中晕倒。8月24日至9月6日两周中，英军有295架飞机被击落，

★英国皇家空军轰炸机

171架被重创，而同一时间里英国生产出的新飞机加上修复的飞机总数只有269架，英国空军已经是元气大伤！更严重的是英国南部最重要的5个机场都遭到严重破坏，英国空军最重要的指挥中枢——地下扇形指挥中心也被严重

★英国皇家空军地勤人员在维护飞机

破坏（指挥中心根据雷达站、地面防空观察哨和空中作战的飞行员发回的敌情报告，进行综合分析评估，再用无线电指挥空中的战斗机作战，德军通过无线电监听截获了指挥中心与飞行员之间的通话，意识到这些指挥中心的重要性，便全力攻击这种指挥中心，在南部地区和伦敦附近的7个指挥中心有6个被摧毁）。

英国空军的指挥和通信系统已经到了崩溃的边缘，照这样发展下去，英国空军很快就会失去抵抗的力量！而德军在数量上的优势就会逐步发挥出来，在这两周里，德军损失了214架战斗机和138架轰炸机，但还有足够的力量继续发动攻势。

就在英军遭到无法长期承受的巨大损失，即将陷入崩溃的边缘的时候，德军却突然改变了战术，不再攻击英军的机场和指挥中心，转而对伦敦实施大规模空袭，不列颠之战也就进入了新的阶段。

巅峰对决：英伦天空上的激战

德国空军在英国一直都毫无进展，让身为空军司令的戈林感到颜面无光。号称所向披靡的纳粹空军怎么能连小小的英伦群岛都无法攻克呢？9月7日，在戈林的亲自指挥下，德国空军出动了300架轰炸机和600架战斗机，所用的种类包括"亨克尔-111"式、"容克-88"式和"道尔尼-17"式，再一次发动了对伦敦的大规模轰炸。德国空军来势汹汹，伦敦受到前所未有的猛烈袭击，德国飞机的马达声在伦敦人民的头顶响个不停，四处都是爆炸声和滚滚浓烟，负责空袭英国的德国机群如同咆哮着的野兽，恨不得将整个英国一口吞噬。

但是德国人之所以能够一下子将伦敦陷入炮火之中，是因为英国人没有料到

德国人会对伦敦忽然发动如此大规模的空袭作战。在戈林召开参谋长会议之后的9月6日晚，德军首次对伦敦进行了有计划的轰炸，但那次出动的轰炸机也只有68架，英国人根本没有想到第二天的伦敦会突然遭受如此猛烈的重击。

9月7日的一天时间里，英国还跟平常一样，伦敦的人们已经习惯了不时穿过天空的马达声，战争中的人们早就习惯了这样的情景。但随着黄昏时分的到来，德军对伦敦的大规模空袭即将开始。戈林和凯塞林站到了加来海岸的山上，第2航空队625架轰炸机和648架战斗机随着一声令下升上天空，两个德国将领目送这些黑压压的飞机越过海峡，向伦敦猛扑过去。大本钟的余音还没有在天际淡去，马达声已经将伦敦的天空淹没，英军完全没有料到德军会在这个时候对伦敦实施空袭，300吨炸弹和燃烧弹落在了伦敦的大地上。

当英军飞机起飞拦截的时候，德国飞机早已经扬长而去。可是刚刚入夜不久，又有250架德机飞抵伦敦上空，这一次空袭从晚上8点多一直持续到清晨，因为伦敦没有夜航战斗机，所以在夜间只能依靠高射炮和探照灯配合阻击天上的德国飞机，这样的反击收效甚微，伦敦遭遇了前所未有的破坏。城区有1 300多处起火，很多的街区转眼之间就变成了一片火海，甚至连英国国王居住的白金汉宫也遭到了德国飞机的轰炸。当晚，有300余伦敦市民死于空袭，有1 500多人受伤。

当第二天天亮的时候，伦敦已经被一片浓烟笼罩，甚至连阳光都无法穿透。戈林看到遥远海岛上的情状，非常高兴地对他妻子说："快看，伦敦已经烧起来了！"但戈林高兴得怕是为时过早，虽然在空袭中伦敦遭遇了前所未有的破坏，

★紧急迎敌的英国皇家飞行员

但是英国人民并未就此倒下。当空袭的警报还响彻伦敦街头的时候，叼着雪茄烟的丘吉尔坐着他的黑色汽车出现在了瓦砾中间，他跟从浓烟中走出来的伦敦市民挥手致意，告诉人们他们倔强的首相还在伦敦，并作好了与这个国家同荣辱的准备，在临行之际，丘吉尔将雪茄含在口中，做出了被镌刻在历史中的"V"字形手势。

在此后一连七天的时间里，德军对伦敦实施了不分昼夜的大规模空袭，使伦敦几乎成为一片火海。但是正是在这段时间里，英国空军得以喘息，从而恢复了战斗力。在经过了调整和补充之后，9月15日，当德军再次出动了包括200架轰炸机和600架战斗机组成的机群准备空袭伦敦时，首相丘吉尔亲临第11大队的指挥中心督战，英国空军出动了19个中队300余架战斗机起飞迎击。英国空军与德国空军在天空中进行了激烈的空战，在与殊死搏杀的英国空军的较量中，德国飞机并没有占得丝毫便宜，德军轰炸机不得不匆匆投下炸弹就急忙返航。

★英军在抢救轰炸中的受伤者

★不列颠空战时的英国首相丘吉尔

在这一天的空战中，德军共有56架飞机被击落，其中轰炸机有34架，还有12架飞机在返航和着陆过程中因为伤重而坠毁，还有80架飞机虽然成功返回德国基地，但是满身伤痕、惨不忍睹。而英军方面则只损失了20架"飓风"式战斗机和6架"喷火"式战斗机，另有7架战斗机因为伤重而报废。

经过这一天的空中激战，德军终于认识到，原来英军并未交出制空权，德国空军要想在白天对伦敦发动空袭，并不是一件容易的事情。英国空军并未在此前的交战中被德国空军完全打败，而且他们还具备着很强的实力。但是戈林并未意

★英国喷火式战斗机

识到，这一天其实就是不列颠空战的转折点，战后英国也将这一天定为不列颠空战日，以纪念这一天所创造的辉煌胜利和其不可磨灭的历史价值。

恢复战斗力的英国空军于9月16日和17日对德军集结在沿海用于登陆的船只和部队进行了猛烈轰炸，几百艘德国船只在此次轰炸中被击沉或被击伤，德军因此蒙受了巨大的人员和物资损失。正是因为此次轰炸，使得希特勒不得不在9月18日下令停止在沿海继续集结船只。英军攻击德军取得了出其不意的效果，而德军对英军却毫无办法，因为从16日到19日伦敦上空的天气非常糟糕，德军仅仅在伦敦上空实施了小规模的空袭，并没有给英国人带来太多损失。

高傲的戈林终于不得不承认英国空军的强大，为了避免德国空军再遭遇重大损失，他在10月1日下令从这一天开始改为在夜间对伦敦实施空袭。鉴于英军的战斗机偏重于攻击轰炸机，而容易忽视掉战斗机，所以在白天改为"梅塞施米特-109"加挂炸弹偷袭伦敦，这个作战方案在最初确实起到了出奇制胜的效果，但是英国空军很快就吸取教训，开始加强对德军各种类飞机的拦截，加挂了炸弹的"梅塞施米特-109"非常笨重，根本不是英国飞机的对手，德军最终还是取消了这个战术。

10月12日，德军统帅部决定在1941年夏天实施入侵苏联的计划，所以希特勒对外声称放弃了在英国登陆的计划，而将"海狮计划"推迟到1941年春再继续实施，当然，事后证明这不过都是为了入侵苏联而遮人耳目的幌子。意大利空军从10月25日起也派出飞机加入了对英国的空袭，但是意大利飞机惧怕于英军凶猛精准的高射炮火，所以往往是扔下炸弹转身就逃，所以直到英军在11月10日第一次击落了意大利空军的飞机，他们才知道原来意大利也参加了此次空战。

烟消云散：不列颠天空阳光明媚

其实，德军在不列颠空战中的失败，在9月7日到10月的第三阶段空战中就已经注定。德军在此役中损失了433架飞机，英军则只损失了242架，这样，德国妄图通过对伦敦实施恐怖空袭，从而迫使英国最终投降的计划，伴随着德国空军大量飞机的坠落，已经宣告了彻底破产。

但是对于这样的失败，德国显然是无法接受的，尤其对于他们高傲的头目戈林来说，简直是奇耻大辱。戈林并没有放弃对英国的轰炸，德军飞机不仅仍然对伦敦实施轰炸，而且还将轰炸的区域扩大到考文垂、伯明翰、利物浦、南安普敦等城市。德军实施空袭的时间一般都放在入夜之后，而空袭目的也不再是为了消灭英国空军，而是通过空袭英国的工业城市从而削弱英国军事工业，并且继续制造德军准备进攻英国的假象，一方面将大量的英国海陆空军队牵制于英国本土，另一方面则用以迷惑苏联，从而为进攻苏联做好必要的准备工作。

★丘吉尔视察空袭现场

尽管如此，在这一阶段的空战中，仍然不缺乏让人血脉贲张的时刻，最典型的战斗当数11月14日代号为"月光奏鸣曲"的夜间空袭，此次空袭的主要目标是英国的航空工业基地考文垂。

　　而其实在德军发动空袭之前，英军的埃尼格玛密码机就已经破译了德国军方的密码，获悉了德军的空袭计划。但是，出于保护埃尼格玛密码机的考虑，以备它在日后的战争中发挥更为重要的作用，英国内阁作出了一个悲壮的决定，他们决定既不增加考文垂的防空力量，也不提前对考文垂发出警报，并疏散那里的平民。当晚，德军共出动了449架"亨克尔-111"轰炸机，因为在此次夜间空袭中德军使用了代号为"X-蜡膏"的无线电导航技术，所以德军飞机的轰炸都非常准确，德军向考文垂市中心投下了394吨爆破弹和56吨燃烧弹，随后为了破坏英国的救援行动，还将127枚延时炸弹投放了下去。德军的这次轰炸给考文垂造成了惨重的损失，考文垂有多幢建筑在这次空袭中被炸毁，554人死亡，864人重伤，12家生产飞机零部件的工厂被严重破坏，使得英国飞机减产了20%，考文垂市区的水、电供应也因为这次空袭而中断了35天才得以恢复。

　　英军方面则出动了120架夜航战斗机对德军实施截击，高射炮部队虽发射了1.2万余发炮弹却只击落了1架德军飞机。单以军事角度来说，德军的此次具备战略轰炸特点的空袭非常成功，很多军事专家都将德军的此次轰炸称为战略轰炸的"雏形"，在军事史上的影响颇为深远。

★德军装备的"容克-88"轰炸机

★飞向英国的"容克-88"轰炸机

　　在发现德军是通过无线电导航技术从而提高了在夜间轰炸的精确度以后，英军马上采取了应对的策略，他们建立了一批专用于对抗德军的无线电导航技术的电台，通过发送电波对德军的无线电导航信号进行误转发或强力干扰，在这次战争史上最早期的电子对抗中，德军无线电导航的轰炸精确度最终下降了80%，德军再次空袭时，因为经常找不到投放地点，所以大量炸弹都落在了无人区。

　　到1940年底，英军战斗机、高射炮等部队对德军的空中打击进行了坚决而又猛烈的回击，德军在这段时间里损失惨重，为了减少飞机不必要的损失，德军的空袭大多都转到了夜间，并且开始逐渐减小攻击的规模和强度，几乎再没有发起过500架次以上规模的攻击。因为德军主要采取的是夜间空袭，所以除了破坏建筑，屠杀平民，制造一些恐怖气氛以外，并未取得太大军事上的作用。到入冬以后，英伦三岛的天气日渐恶劣，使得德军不得不日益降低空袭的规模。

　　从1941年3月起，英国的天气逐渐好转，德军再度加强了对英国的空袭，但此时德军对英国发动空袭只不过是为了制造假象，当时的德国部队已经陈兵东欧，与苏联的交战已经是箭在弦上。

　　就在德国空军开赴苏联战场之前，5月10日晚，他们对伦敦进行了最后一次的大规模空袭，但德军已经不期望在此次空袭获得突破性进展，只是为了发泄一下对英作战失败的怨气。德军在当晚共出动了500余架飞机，空军总部向参战飞行员下达的指令是，他们可以将自己飞机上所携带的炸弹扔在任何一个地方，于是，德国飞机对伦敦进行了狂轰滥炸，将700吨爆破弹和燃烧弹投放在了伦敦市区，有1 436人在空袭中遇难，1 800余人受到重伤。随后，当6月22日德军正式发动对苏联的战争，德国空军离开了英国上空，奔赴苏联战场，不列颠空战就此画上了句号。

人类历史上规模最大的一次空战

第二次世界大战之后，在提到不列颠空战的时候，很多人都会作出这样的评价："英国空军挽救了英国！"

1940年9月20日，时任英国首相的丘吉尔在演讲中如此评价那些在不列颠空战中战功卓著的飞行员："在人类战争历史上，从来没有这么多人从这么少的人那里得到这么多！"这段话此后被人们无数次地引用过。在丘吉尔的演讲中，"这么少的人"所指的就是英国空军的飞行员、地勤和指挥通信人员，这些与德军进行殊死搏杀的战士，当时不过有3 000人，但就是这些人，阻挡住了纳粹德国踏上英伦群岛的脚步，保卫了英国的独立，将侵略者阻挡在大洋彼岸。而丘吉尔演讲中所提到的"这么多的人"不但指的是英国人民，也包括所有无法忍受纳粹残暴统治的人民。

英国方面早在敦刻尔克大撤退之后，就已经认识到了决定英国生死存亡的关键就在于是否能够保护自己的制空权，所以英国国防部从1940年5月开始，就有计划有目的地采取一切措施加强防空，在指挥体系、防空兵力部署等方面作好了充足的准备。在取得了不列颠空战的胜利之后，意味着英国保证了制空权的拥有和巩固，从而使得纳粹德国无法按照预定计划对英国展开登陆作战。而德国方面对于英国的态度判断明显存在侥幸心理，一直以在外交和政治上展开诱降活动为主，并没有在军事上作好充足的准备。德军统帅部因此并没有做出一个比较成熟完善的进攻方案，"海狮计划"也是在仓促之间出炉，并没有经过必要的研究和分析。而德国空军一直在战术上没有过多地筹划，希特勒希望猛烈的空袭会迫使英国最终投降，所以也并未对登陆作战作出认真周密的准备。而更为严重的是，既然德国在7月16日下达了"海狮计划"的指令，并派出大量飞机对英国发动空战，可是德国统帅部却并没有认真计划对英国的作战，反而开始考虑如何进攻苏联，在战略上这样的无始而终、朝令夕改，可以说是战争中最为忌讳的事情。

当丘吉尔到被烧毁的英国下院辩论厅视察的时候，虽然伦敦的满目疮痍让他动容，但是他也从这些废墟中看到了希望，看到了德国在战略上所犯下的错误。当英国空军的飞机再次升空作战时，丘吉尔发现英国空军的飞机根本无须分兵作战，因为敌人的飞机几乎都已经集中在了伦敦上空。敌人在战略上犯下如此严重的错误，冷静如丘吉尔这样的政治家，早已经意识到了自己必将成为这场激烈战争的最终胜利者。

但德国所犯下的愚蠢失误还远不止是上面这些，德国空军在自身的武器装备上就有着明显的漏洞。德国空军当时装备的轰炸机大部分是俯冲轰炸机和轻、中型轰炸机，而载弹量大、航程远的战略重型轰炸机的数量却非常少，护航的战斗机也只有梅塞施米特-109勉强能够跟英国飞机一争长短，但是受到航程所限，这种飞机在战斗中所发挥的作用也是非常有限的。英军方面虽然在飞机数量上处于劣势，但是飞机的性能优越，能够与雷达、高射炮、拦阻气球形成牢固而又完整的防空体系，而且是本土作战，不会受到航程的限制，这些方面的优势完全能够将数量上的劣势抵消。

二战战线开始东移

德军不分昼夜的猛烈轰炸，将伦敦几乎送入了一片火海之中。英国国王夫妇在轰炸之后走上了伦敦街头，对遭受了破坏的房屋建筑进行视察，德国人的威胁还没有远离英伦，而国王陛下敢以如此的胆略和气魄面对战争，无疑给处于战火中的英国民众带来了勇气和希望。

作为人类战争史上首次大规模空战战役，不列颠空战证明了战略性的大规模空袭将成为直接左右战争发展的重要因素，抢夺制空权已经成为现代化战争中非常重要的一部分，防空的重要战略意义在此次空战中再次得以证明。

因为在不列颠空战中最终取得胜利，英伦群岛得以将侵略者阻挡在了大洋彼岸，而随后英国方面坚持作战，随即将德军拖入了长期的持久战中，从而为日后英美反攻欧洲大陆埋下了伏笔，也最终迫使德军陷入了两面作战的困境。可以想象，若是英国在不列颠空战中失败，德军就可以很快登陆英伦，一旦德国陆军在英国土地上展开"闪电战"，英国必将遭遇彻底失败。届时即便是美国参战，想要强渡大西洋收复欧洲大陆也绝对是难上加难。第二次世界大战的历史必将就此改写，所以，不列颠空战可以说对第二次世界大战影响颇为深远，随着德军飞机纷纷坠落，纳粹德国最终的失败已经不可避免。

作为世界战争史上规模最大的空战，在不列颠空战中，英、德双方共投入了数以千计的轰炸机和战斗机，在英伦上空鏖战了10个月。在激战中，英军损失了915架飞机和414名飞行员，德军则损失了1 733架飞机和6 000多名飞行员及空勤人员。但从始至终，英军都未屈服，一直坚持抵抗，从而让德国空军在英伦几乎毫无收获。由于对英国的战事处于胶着阶段，使得希特勒不得不加快进攻苏联的步伐，而放弃对英国的攻击，将战线东移，但最终却为自己招致了两面为敌的局面。

★ 沙场点兵 ★

人物：丘吉尔

温斯顿·伦纳德·斯宾塞·丘吉尔1874年11月30日生于英国的一个贵族家庭。他少年时代学习平平，曾在哈罗公学就读。毕业后丘吉尔进入桑赫斯特皇家军事学院，在该校的骑兵专业学习，毕业后丘吉尔被分配到第四骠骑军团任中尉。1896年，丘吉尔随部队调往印度，在印度期间，丘吉尔曾担任《加尔各答先驱报》和《每日电讯报》的记者，并创作了自己的第一部著作《马拉坎德野战军纪实》，该书于1898年在英国出版后，丘吉尔还相继创作了小说《萨伏罗拉》和有关英国与苏丹之间战争的《河上的战争》。

1899年9月，丘吉尔辞去军职后以《晨邮报》记者身份前往南非，采访"英布战争"，在采访期间曾被布尔人的军队俘虏。他于12月成功越狱逃回英国，一时成为家喻户晓的传奇人物。

1900年10月，丘吉尔代表保守党参选，从而顺利当选议员，正式步入政坛。1906年，自由党上台之后，丘吉尔被任命为殖民地事务部次官。两年后，阿斯奎斯上台，任命丘吉尔为商务大臣，丘吉尔从而进入内阁。

但是在第一次世界大战期间，丘吉尔曾批准了英国海军攻占达达尼尔海峡的计划，结果此次计划最终破产，丘吉尔的仕途也开始急转直下。直到1929年再度参加大选，虽然以微弱优势取胜，但是仍然不能改变他在议会中的位置，这段时间的丘吉尔主要从事写作。

1939年9月在德军闪击波兰成功之后，丘吉尔出任张伯伦政府的海军大臣。1940年5月10日丘吉尔接替张伯伦出任首相，并兼任国防大臣，随即把英国经济纳入战时轨道。丘吉尔政府坚持对德国作战，而拒绝德国的诱和，同时争取美、苏成为盟国。1941年7月12日，丘吉尔政府与苏联签订了《英、苏在对德战争中联合行动的协定》。1941年8月14日，丘吉尔和罗斯福发表了《大西洋宪章》。在太平洋战争爆发以后，丘吉尔与美国缔结了包括联合使用两国的军事和经济资源、成立联合参谋部等内容在内的一系列条约，为盟国最终赢得第二次世界大战立下了汗马功劳。丘吉尔先后参加德黑兰会议、雅尔塔会议等，在处置战败的德国、波兰的疆界变动和政府组成等问题上，极力维护英帝国的利益。

第二次世界大战胜利之后，保守党在1945年7月的大选中失败，丘吉尔随即辞去首相职务。他于1946年3月5日在美国密苏里州富尔敦发表题为《和平砥柱》的演说，正是这次演说正式揭开了冷战的序幕。1951年到1955年，丘吉尔再度出任英国首相。在丘吉尔执政期间，他主持签订了1954年《巴黎军事协定》，并缔结《东南亚防务条约》，继续对苏联采取强硬态度。

1953年，丘吉尔被封为爵士，获嘉德勋章，同年获得了诺贝尔文学奖。丘吉尔1955年4月5日虽然对外声称已正式退休，但直到1964年7月一直担任下院议员的职务。1965年1月24日，丘吉尔因中风去世。

在纳粹德国空袭英国期间，丘吉尔坚持了正确的斗争策略，鼓舞着全英国的士气，利用英伦三岛有限的资源经受住了纳粹德国的狂轰滥炸，挫败了希特勒逼其投降的妄想，为第二次世界大战的胜利保留了希望。

☀ 武器："喷火"式战斗机

英国的著名飞机设计师雷金纳德·米切尔是较早尝试单翼飞机的设计师，他在1925年为秀泼马林公司设计了"S.4"竞速飞机。这种飞机采用中单翼，外形的设计非常简洁，于1925年9月13日曾创下了363千米的时速纪录，米切尔之后又对"S.5"竞速飞机的设计进行了改进。

1927年，英国皇家空军首次驾驶着"S.5"飞机参加了著名的施奈德奖竞赛，并以452千米的时速获得第一名的成绩。米切尔随后又对"S.5"进行了改进，在飞机上安装了罗罗发动机。1929年9月12日，"S.5"升级后的"S.6"型以530千米的时速创造了新的纪录。1931年，"S.6B"以547千米的时速再次在施奈德奖竞赛中获得冠军。

1930年，根据国际形势和航空技术进步的需要，英国国防部发布了研制新战斗机的规范"F7/30"，要求研制高飞行速度、高巡航速度、高爬升率、大航程的新型战斗机，并要求出于实战角度的考虑，要将飞机的火力增加一倍。正是这个文件，改变了过去英国保守的飞机研制状况，使英国对战斗机的研制进入了一个新的时期。

1934年，英国航空部又发布了新的战斗机研制规范"F5/34"，要求研制最高时速可达440千米以上，并装备有6到8挺机枪的新型战斗机。伴随着新规范的出台，很多公司开始参与竞争对新机型的研制。最终卡姆提出的新设计方案被采纳，被命名为"飓风"式的战斗机是全金属单翼结构，并采用了"愤怒"式战斗机的机身结构和尾翼形状。可以说"飓风"式战斗机是经典结构与现代模式之间的结合。

但是与"飓风"式战斗机相比，"喷火"式战斗机才是真正意义上的战斗机。"喷火"式战斗机是跟"飓风"式战斗机几乎同时出现的，它的前身正是之前我们讲过的"S.5"竞速飞机。"S.5"的设计师雷金纳德·米切尔在"S.5"型飞机上继续作着改进，于1933年设计出了"224"型战斗机，但是该机型并未获得如"飓风"式战斗机那样的巨大成功。饶是如此，米切尔依然致力于不断改进"224"型战斗机，并通过改进先后设计出了"300"型和"K5054"型飞机。可惜因为终年劳累，米切尔在1937年就英年早逝。设计师约瑟夫·史密斯顶替了米切尔的工作，并最终设计出了"喷火"式战斗机，之后对这种飞机作了进一步的改进。

无论是从技术上还是从性能上来说，"喷火"式战斗机都可以说是当时英国最先进的战斗机。它采用了单翼结构，全金属承力蒙皮，铆接机身，起落架是可收放的，还有变矩螺旋桨和襟翼装置，机身非常轻巧只坐得下一名飞行员。

虽然"喷火"式战斗机在机动性方面与德国的同类型飞机比较起来稍有逊色，但是其稳定性更为出色，从而能够大大减轻飞行员的心理负担。"喷火"式战斗机的技术性能指标是：机长9.83米，翼展12.19米，空机重量2 983千克，最大起飞重量3 648千克，发动机功率955千瓦，最大飞行时速625千米，升限10 850米。在"喷火"式战斗机上安装着4门机炮，它的武器系统可以说非常强大。

1938年8月，英国正式将"喷火"式战斗机装备到空军，在第二次世界大战期间，"喷火"式战斗机经过了40多次的型号改进，从而形成了三个重要系列。最早的"喷火"I型的最大时速为557千米，而到了"喷火"F型时最大时速已经能够达到628千米。

1943年，新的改进型"喷火"式战斗机出现，它的最大时速能够达到730千米。而据说"喷火"式战斗机的后继型"泄火"式战斗机在最佳飞行状态下，时速能够达到795千米，这几乎已经接近了活塞式飞机的极限，但从中也可以看出此类型战斗机藏有巨大的改进潜力。"喷火"式战斗机在第二次世界大战期间是最为出色的战斗机之一，在著名的不列颠空战中立下了赫赫战功。

✦ 战术：大编队作战

作为历史第一次大规模的空战，不列颠空战中最显著的战术特点就是大编队作战。此次德军方面出动的飞机编队是史无前例的，每次出动几乎都是数以百架的战斗机，而且在大编队作战过程中，双方不仅进行了白昼作战，甚至还尝试了夜间空战，可以说是开了大编队空战的先例。

但因为在之前，历史上的数次空战从未出现过大编队作战，所以德军飞机的大编队作战有许多不成熟的地方。大编队作战在协调性和配合上的要求更高，战斗机与轰炸机之间必须几近完美地衔接。在攻击上，大编队作战讲求的最核心原则是"集中"，而德军根本没有达到这方面的战术要求。

在1940年8月底，德军飞机的重点攻击目标是英国空军基地和飞机制造厂，从而使得英国方面的军事生产无法保证前线的需要，导致英军损失惨重，但就在英军即将崩溃之际，德军却出于对英军空袭柏林的报复，转而将攻击目标改为伦敦。从而让英国的军事后勤得以喘息，得到了迅速恢复战斗力的机会，而德军也就此错失了赢得不列颠之战的最好契机。

而两相对比，英国空军方面则很快适应了德军的大规模作战，他们很快适应了这种大规模编队空战的状态，并且很好地作出回应。

而在随后的大编队空战中，英国空军很快摸索到了大编队作战的特点和关键，从而创造出了大编队作战的先进战术，最终赢得了不列颠空战的最后胜利。

在防空作战中，针对德军大编队作战的特点，英军采取统一指挥、集中使用、全面防御、突出重点的作战方针，先是出动战斗机冲击德军的大编队机群，随后结合高射炮、探照灯和拦阻气球等，形成纵深梯次火力配置。

在作战中，空军则发挥其战术多样、灵活多变的特点，以5到7个中队组成大编队作战，在空战中使用尾随攻击、分割攻击、分进合击等战术，很快将真正的大编队空战特点演绎出来，而死板的德军在这方面明显不足，所以德国飞机在空战中屡屡被击落。

英军飞机都是本土作战，飞行员对当地的气候、地形都非常了解，随着英军掌握了大编队作战的特点和战术，德军在战斗中屡屡遭受英军飞机的重创，使得英军士气大为提升。

而在飞机被击落之后，英军因为是在本土作战，所以只要飞行员没事，就可以通过降落伞平安落地，再次回到部队里，从而使英军的兵员未有大规模减少。而德军飞机一旦被击落，即便是飞行员侥幸跳伞逃生，还是逃脱不了成为俘虏的命运，所以德军在空战中既损失了战机也损失了士兵。

　　当然，在此次空战中英军也暴露出不少问题，本来英国空军的力量就处于劣势，还要派轰炸机攻击德军前沿机场，将自己暴露在德军的防空炮火之下。再者，在不列颠空战的初期，英军飞机数量本来就与德军飞机数量存在差距，英军将领还主张让机队逐次参战，这就让英军飞机常常与十倍、二十倍甚至三十倍的德军飞机作战，从而使英国空军在战争初期蒙受了太多不必要的损失。

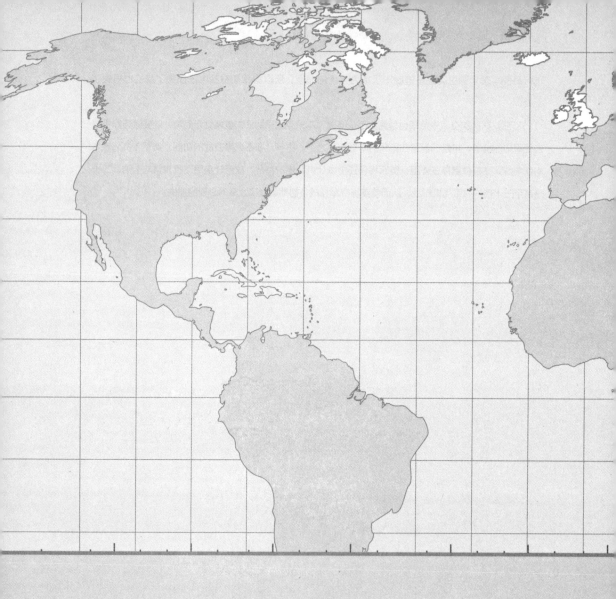

生死瞬间的云端曼舞
THE CLASSIC WARS

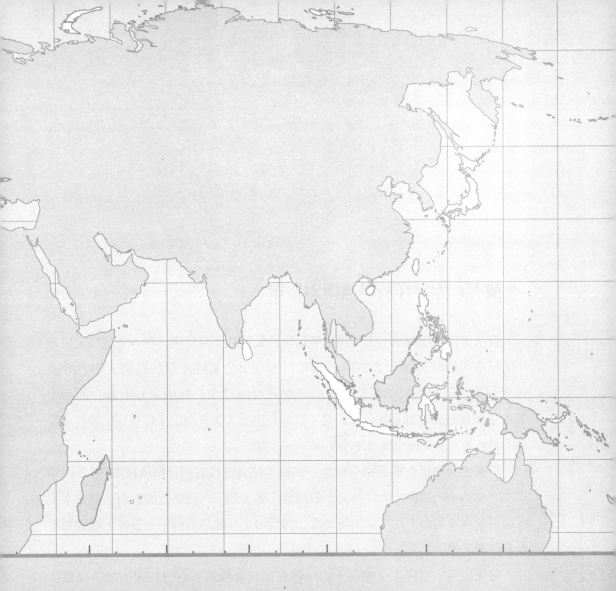

第六章

杜立特空袭东京
——让日本感受到美国的愤怒

　　▲在那个渴望挑战天空极限的年代里，有好多人都如此痴迷着那高高的天空，美国人杜立特就是这些痴迷天空者中的一位。詹姆斯·哈罗德·杜立特是一个对飞行充满狂热的人，同时也是一个天才的飞机制造者和飞行员。当美国政府决定对日本本土实施空袭的时候，天才飞行员杜立特成为了首选，虽然此次对日本的空袭并没有给日本带来严重的损失，但是却振奋了国内士气，从而也表明日本本土的防空能力并不强大。

前奏：太平洋战场被阴霾笼罩

自从美国宣布参战，太平洋战争爆发的最初几个月以来，在各条战线上日本军队所取得的战绩都相当不错，但是日本当局的某些冷静的首脑人物，并未完全迷失于这些眼前的现象。尤其是联合舰队司令长官山本五十六，他心中的不安和忧虑始终都不曾远去，他一直都在担心美国人会出于报复日军轰炸珍珠港的目的而冒险选择空袭日本本土和帝国首都东京。

广播电台和官方的报纸一直都在向日本民众进行宣传：自从日本在1281年借助于那场被后世称之为"神风"的飓风将强大的蒙古舰队打败之后，日本本土在此后数百年的历史中从未遭受到敌国的攻击，在激烈的战争中这片土地也根本没有空袭之患。

毫无疑问，军国主义控制下的媒体在向民众灌输着盲目自大的战争思想，但是山本五十六心里清楚，只有妄自尊大的人才会忽略掉真实战场的情况。虽然在珍珠港一战中，日军重创美国太平洋舰队，但是并没有完全将美国太平洋舰队的航空母舰和重巡洋舰消灭掉，这些舰只完全有能力将美国飞机输送到日本的天空中。

山本五十六自认为是一个"美国通"，因为他在美国学习过，之后又担任日本驻华盛顿海军武官。对于美国人天生的勇敢和好斗精神，山本五十六心里再清楚不过，他深恐美国人会在这种精神的驱使下，为了振奋美国军队及民众，从而选择这种冒着生命危险的报复性攻击。

而对于日本军政界头面人物来说，日本军人那种无法用理智来说明的对天皇宗教般的忠诚，可以说是一把双刃剑，它为日本创造出了无数无视生死的机器战士，同时也将天皇在日本军人心中的地位放置得过于崇高。而日本军政界头面人物之所以对美国的空中威胁感到非常恐惧，主要原因也正是在此。一旦美军空袭东京，天皇的安全必会因为空袭而受到威胁，那些将天皇奉若神明的日本士兵必将因为这个而诚惶诚恐，天皇既能够赐予他们力量，同时他们也会因为天皇而失去力量。

对山本五十六来说，他必须保证天皇所在的东京处于绝对安全的境地，而这件事的难度显然毫不逊色于将中国战场的战事完全解决，因为天天担心美军飞机会出现在日本的上空，山本五十六甚至显露出病态的敏感。

哪怕是山本五十六身处西南太平洋指挥作战，整天都要被繁重的军机大事折磨得头晕脑涨，但他仍然坚持每天都不厌其烦地关心东京的天气状况。一旦他得知这一天东京的天气非常晴朗，他就开始担惊受怕，暗自为东京的安全捏一把汗。关于山本五十六在这段时间里的焦虑情绪，他的参谋长宇恒海军少将曾在自己的日记里进行过较为详细的描述，显示出在珍珠港事件过后半个月左右的时间里，山本五十六一直都心情焦虑："长官经常提到：几乎可以肯定，美国经过整顿肯定会对我们进行报复，应当保护东京免遭空袭，这是必须记住的头等大事。"

从1942年2月1日开始，美国海军的舰载机接连对马绍尔群岛、吉尔伯特群岛和威克岛等展开了一连串的空袭，正是美国海军这一系列的大胆举动，让山本五十六的焦虑更为加深。

为了防止美国飞机突袭日本本土，山本五十六专门设立了一条舰艇瞭望线，这条瞭望线被布置在距离日本本土东岸600到700海里的地方，每天还派出日本海军的飞机进行远程巡逻。

在获悉马绍尔群岛遭到美军飞机的空袭之后，山本五十六旋即从西南太平洋调回了南云忠一海军中将所指挥的"瑞鹤号"和"翔鹤号"两艘航空母舰，用以加强日本本土东面的空中防御力量，同时也能通过航空母舰夜以继日的海上巡逻增强戒备，以防止美军的舰载机对日本本土实施突然袭击。

计划出笼：杜立特临危受命

作为日军中为数不多的"美国通"，山本五十六对于美军将要对日本本土实施空袭的预感无疑是准确的。自从珍珠港事件爆发以来，美国军官都将此次事件视为极大的耻辱，美军官兵需要给予日军报复，民众也急切希望能够将战火烧到遥远的日本本土上，以此抚慰那些在珍珠港战死的美国人。因此，出于政治上的需要，罗斯福总统不止一次向陆、海军的参谋长提出："一定要回击日本！"

对于总统的这项议案，虽然明知非常冒险，但是白宫上下并没有一个人站出来表示反对。而美军的将领们也深知，要打击日军的嚣张气焰，提升己方的士气，虽然必须冒着很大的危险，但是对日本本土的空袭是必须进行的。美国太平洋舰队司令欧内斯特·金上将在得到总统的命令之后，随即开始策划对日本发动一次大范围的空袭，对于这一次空袭将要攻击的目标，日本的首都东京毫无疑问是第一选择。

这毫无疑问将是一项非常艰巨的任务，它的困难摆在所有人的面前。首先，当时的美国在太平洋上没有可以支持美军飞机空袭日本本土的空军基地；其次，美国距离日本本土最近的空军基地建在夏威夷，而当时美国最远程的轰炸机也没有能从夏威夷直接飞抵日本本土的航空能力。要是使用舰载机实施空袭的话，因为舰载机的作战半径很小，要完成空袭，航空母舰就必须行驶到日本本土附近才能成功。而这样做却很可能让美军航空母舰驶入日本陆上轰炸机的攻击范围之内，这样就会严重威胁到美国航空母舰的安全。要知道，在经过珍珠港事件之后，现有的几艘航空母舰已经成为美国海军的支柱，一旦它们遭受损失就意味着失去对太平洋的控制。但是，负责策划此次空袭的美国空军指挥官们认为，虽然摆在面前的困难有很多，但并不见得空袭日本本土的计划就是无法完成的。身处战争中的人们，他们的智慧总是能够在紧要关头展露出来。

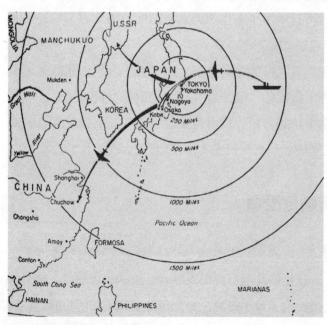

★杜立特轰炸的作战计划示意图

美国海军的上校洛在基地上观看新型双发轰炸机从航空母舰上起飞作模拟攻击演习时，脑海中忽然浮现出一个由航空母舰上出动双发轰炸机轰炸东京的设想，随后他制订出了轰炸东京的最初方案。这个方案经过空军指挥部细致的评估之后，最终成为了正式的作战方案，后由空战专家、天才飞行员詹姆斯·哈罗德·杜立特加以具体化。杜立特完善了洛的方案，他认为主要轰炸的目标应该是东京的工业中心，这样可以使得日方的制造工业出现混乱，导致其生产停滞，而在心理上可以让日本感到后方空虚，从而被迫由海外战线回调兵力，这样就能减轻日方对盟国的军事压力。

★轰炸东京的英雄杜立特中校

在详细的作战方案出台之后，美国开始根据这个作战方案进行准备。首先，美国空军必须选出最适合对日本本土实施空袭的飞机，于是他们开始从"B-18"、"B-23"、"B-25"与"B-26"等机种中选择最佳机型。1942年2月1日，两位飞行员驾驶着"B-25"轰炸机从"大黄蜂"号航空母舰甲板上成功起飞，军方最终选定了"B-25"轰炸机担当此次空袭任务。

在选定了该机型之后，根据当时对日本本土实施空袭的特殊性，军方又对该机的一些设备进行了必要的改造。接着，就是挑选自愿执行这次危险任务的机组成员，第17轰炸机大队中的很多美国士兵都踊跃报名，杜立特最终从中精选出部分优秀飞行员并对他们进行战前的强化训练。训练的内容包括短距离起飞（300英尺以内）、低空投弹、在缺乏地面无线电和地标导航的情况下精确定位、超重飞行、夜间飞行以及超越国际界线飞行等。在不足两个月的短期训练里，杜立特从报名的士兵中又选择组成了22个机组，在之后，又进行了更为严格的筛选，到4月初"B-25"轰炸机登上"大黄蜂"号航空母舰的时候，最终确定的是16个机组共80名机组人员。

当然，上述这些准备工作都是在非常保密的状态下进行的，为了防止日本人觉察，甚至连美国军方的很多领导和负责中间环节的中国政府首脑对其中细节也并不清楚。除去负责指挥此次空袭的杜立特等少数指挥官，参与此次空袭的大部分机组成员在登上航空母舰之前都不知道目的地和将要攻击的对象。美国空军的指挥官们最后确定的方案是：航空母舰向西南开到距离东京四百海里处，随后，让机群于4月19日下午6时起飞，杜立特的座机会先行飞抵东京上空投下燃烧弹，以帮助后面的轰炸机将投弹目标照亮，在完成对东京、横滨、名古屋、大阪与神户等地的轰炸之后，于4月20日早晨4时飞到中国，降落在浙江省西部的衢县（今属衢州市）机场，在那里进行休息和加油之后，再飞回重庆。

舰队出发："大黄蜂"驶向日本海

此次被选中承担空袭日本本土任务的"B-25"式中型轰炸机，机身全长16.48米；翼展20.6米，总重量有12.992吨，时速则达到了507公里，续航能力约为2 170公里，可以说是美国当时最先进的轰炸机之一。1942年4月2日，"维森斯"号重巡洋舰和"纳希维尔"号轻巡洋舰等6艘舰只护卫着"大黄蜂"号，驶过了旧金山巍峨的金门大桥，进入波涛汹涌的太平洋向西急速行驶。在阳光下，"大黄蜂"号的甲板上整齐地停列着16架"B-25"飞机，杜立特呼吸了一口太平洋的海风，深知决战的时刻随时都在临近。

在航行的过程中，"大黄蜂"号航空母舰的舰长米切尔将军依照空军指挥层的指示，打开了印有"绝密"字样的密封信袋，了解到了此次出行的真正任务，难掩激动之情的他向全舰宣布："本舰队驶向东京！"

随后，米切尔将军继续说道："我想，在我们的军旅生涯中，这将是我们所接受的最伟大的任务，是的，'大黄蜂'号将运载杜立特中校及飞行员们横渡太平洋，一直到距离日本海岸几百海里的地方，而后，美利坚合众国最勇敢而又最出色的小伙子们将驾驶着轰炸机从我们脚下的航空母舰上起飞，去轰炸东京！"

听到这个消息之后，"大黄蜂"号航空母舰上的美国官兵都欣喜若狂，他们难掩激动之情，为珍珠港报仇的机会终于到来！

但米切尔将军此刻的心中却是百感交集，对于眼下整个太平洋地区的战况

★满载B-25B的大黄蜂号航空母舰

★美国B-25空中堡垒轰炸机

他最清楚不过，随着珍珠港事件的发生和日军的步步紧逼，西方盟国正在节节败退，现在，要实施反击，从而挽救败局的唯一希望，或许就寄托在他的航空母舰和舰上的这16架轰炸机身上。

在"大黄蜂"号出发之前，4月1日，远在夏威夷的哈尔西将军也率领着他的"企业"号航空母舰出发，为保障"大黄蜂"号如期抵达日本近海，"企业"号也将随行担负此次行动的护航和掩护任务。

为了等待"大黄蜂"号到来，"企业"号编队在到达中途岛海区后，就开始进行回旋航行。船上的美国官兵们对此都迷惑不解，他们不知道为什么要这样做。到4月14日，"企业"号和"大黄蜂"号会合，虽然"大黄蜂"号上的人员已经知道了空袭东京的计划，但"企业"号上的官兵们大多都还并不知情。对于停列在"大黄蜂"号上的轰炸机，他们并不知道将会派上什么用途。因为在他们的印象当中，如此大的轰炸机在满载的情况下，是既无法在航空母舰上起飞，也没有办法降落的，"企业"号上的很多美国官兵认为，这些飞机肯定是要去支援某个基地的。在经过猜测和推断之后，他们认为这支特混编队很有可能会开赴阿留申群岛，这些轰炸机很有可能是被送给西伯利亚某个"秘密基地"的。

直到4月18日的早晨，哈尔西将军才向"企业"号上的所有官兵宣布了轰炸东京的消息，和"大黄蜂"号上当时的情景一样，"企业"号上的所有官兵为能执行这次的任务激动而又兴奋。

杜立特中校和他的飞行员们这个时候都已经在作着最后的准备。虽然山本五十六对于美军将空袭日本本土早有预感，并且也随后作出了周密的防御，但这并未能阻挡住美军的脚步，空袭的日子已经临近。

一波三折：空袭计划被日军发现

1942年4月18日清晨，太阳从海平面上刚刚升起不久，"日本丸"号渔船受日本海军第5舰队征用，正在东京以东720海里的警戒线上承担值勤的任务。这条武装渔船的船员们突然发现，在前方不远处，有一支舰队急速驶向日本本土，船长急忙用望远镜进行观察，他发现驶来的是美国的航空母舰。

几乎就在同时，美方巡洋舰"维森斯"号上的雷达手和瞭望哨也同时发现了"日本丸"号，舰长马上将日本船只所在的位置报告给了哈尔西。

★在大黄蜂号航母甲板上的B-25轰炸机

哈尔西听说之后非常恼火，因为美国人最担心的事情终于还是发生了，但此时的哈尔西在心里仍然抱着一线希望，他希望日方的船只还没有发现己方的舰队。所以他立刻发布命令：在真正证实被日军的船只发现之前，舰队将继续向预定海域全速行驶。因为在哈尔西眼里，这次的空袭本身其实跟一次带着悲壮色彩的自杀性攻击并无太大区别，他把杜立特和飞行员们运载到距离日本海岸越近的地方，杜立特和飞行员们在空袭完成后到达中国的机会就会越大，从而也就有生还的希望。

★杜立特和他部下在大黄蜂号航母上

然而，就在几分钟之后，哈尔西仅存的一线希望破灭了。"大黄蜂"号无线电报务员截获了日船发往大本营的电报。电文中提到日方船只在犬吠以东650海里处发现了美国的航空母舰。

在得到日军船只的电报之后，日本联合舰队司令部立即采取紧急措施，决心要借助这个机会，将美军在太平洋的主力部队彻底消灭。

在经过仔细研究之后，山本五十六决定实施"对美舰队作战第3号战术方法"，首先派出先遣部队（指潜艇部队）、机动部队、南方部队和北方部队对美国的特混舰队发起进攻；而日方的主力部队则根据需要施以支援；同时电令第11航空舰队派一部分兵力到本土东部参战，必须要消灭美国的航空母舰。

但即便如此，山本五十六依然恐怕局势会出现变化，他随即又给刚刚从南线回到本土的第2舰队司令长官近藤海军中将发去电报，命令他立刻率领横须贺地区的所有水面部队向美国舰队发起攻击，同时给高须海军中将的第1战列舰战队发去急电，命令他们火速从广岛湾驰援近藤参战。

海面部队出动的同时，山本五十六也向空军部队发去了电令，连位于台湾南端巴士海峡的南云海军中将的机动部队也被要求出动飞机参与作战。同时，山县正乡海军少将指挥的第26航空舰队在收到电报之后，马上出动32架中型轰炸机，在12架"零"式战斗机的掩护下，从东京的木更津空军基地起飞，它们向东掠过太平洋，径直向美军的舰队飞了过来。

无数急促的电报从日军统帅部发出，哈尔西将军明白自己所指挥的这支

★发护舰部队

★正在等待起飞的B-25

★准备出发的B-25轰炸机

特混编队现在正面临着巨大的挑战。但最让哈尔西惊骇不已的是，日本海军中最为强大的第1航空舰队居然就在日本海域附近。美军方面不断截获日军的电令，电令中明白无疑地写着，日军的航母及其他海军舰只已向美军的舰队围拢过来。

情况瞬息万变，倘若不当机立断，一旦遭到日军的围攻，后果必然不堪设想。哈尔西的心里虽然清楚，如果航空母舰上的飞机提前起飞，那么驾驶着飞机的飞行员生还的可能性就会进一步减少，就算是轰炸机能够成功抵达日本本土上空，袭击怕也只能在白天进行了。依现在的情形来看，敌人早已经有了预警，杜立特和他的飞行员们必须冒着可能还未开始空袭就被敌人战斗机击落的危险。这样，此次空袭的突然性就失去了，同时飞行距离也被迫延长，他们安全到达中国机场的机会几乎已经不复存在。

但此时的哈尔西已经没有别的选择，他的航空母舰代表着美国海军50%的航母作战力量，一旦有所损失，美国海军必然会遭受重创，他没有权利拿着国家的未来去冒险。即便飞机距离预定海域尚有150海里，他也不得不命令杜立特和他的轰炸机起飞。

4月18日上午8时，哈尔西签署了命令："放飞轰炸机，致杜立特中校及英勇的飞行员，祝好运。"在末尾，哈尔西补了一句："愿上帝保佑你们。"

军令如山：战鹰飞向东京

在接到了哈尔西的命令之后，"大黄蜂"号舰长米切尔面色严峻地对身边的杜立特说："中校，我想你明白我们不得已作出这个决定的原因。"

杜立特点了点头，说道："我们马上就能起飞。"然后他满怀信心地走出舰桥，进入飞行员休息室，对待命的飞行员们说道："我的朋友们，出发吧！"

于是，从扬声器里传出了急促刺耳的声音，没过多久，甲板上就响起了发动机的轰鸣声，飞行员们已经各就各位。8时15分，杜立特率先起飞。因为海浪翻滚，所以起飞相当困难，"大黄蜂"号在波浪里上下起伏。杜立特瞅准了舰首抬起的刹那，将飞机升到了空中，满载着两吨重炸弹的飞机迎着狂风颤巍巍地飞了起来。杜立特在"大黄蜂"号的上空绕了一周，校正了罗盘，检查航向后便冲入浓雾向东京方向飞去。接着美军飞机一架一架地飞离航空母舰，到上午9时20分，16架"B-25"飞机已经全部升空。当最后一架飞机离开航空母舰之后，日本的各支舰队仍然在赶来的路上，哈尔西将军最后眺望一眼天空，祈祷那些勇士最后能够安然飞到中国，然后率领舰队急速返航。

为了节约油料和隐蔽，"B-25"机群在掠过太平洋时采用超低空慢速飞行，在3个小时以后，机群穿过淡淡的薄雾，遥遥看到了日本的海岸。已经略有些疲倦的飞行员们，此时难掩兴奋与紧张，当轰炸机与海岸边无数渔船的桅杆擦身而过时，他们非常担心会遭到地面火力的射击。但是让他们疑惑不解的是，他们不仅没有遭受到袭击，渔船上的很多男人和女人还热烈地向美军飞机挥手欢呼，原来，此次执行任务的美军飞机的机身上还涂着老式的星徽，这种星徽的图

★杜立特的1号机腾空而起的一瞬间

★飞向日本的B-25轰炸机

案是蓝圆中有一颗白星，星的中间是一个红球，日本人粗略一看都以为是己方的飞机。

就在这时，突然有两批日军战斗机在高出美机约500米的高度上迎面飞了过来，杜立特和飞行员们顿时非常紧张。中校甚至让飞行员们随时作好战斗的准备。但是日军飞机根本没有发现在超低空飞行的美军飞机，它们从美军飞机的头上一掠而过，杜立特和飞行员们却为此惊出了一身冷汗。

在超低空飞行了近20分钟后，东京已经近在眼前。这样又飞行了5分钟后，杜立特终于望见了这场战争的策源地和大本营，也是日本帝国的心脏，拥有800万人口的东京市。

杜立特驾驶着飞机掠向东京上空，空袭正式开始了。

随着"B-25"飞机上的投弹指示灯不断闪烁起红光，一枚枚500磅的炸弹呼啸着从空中坠下，顷刻之间，东京的工厂、电站、船厂一片火光，恐慌的人们四处乱跑，一直在战争中狂热的东京市，自开战以来，第一次充满了绝望和惊骇的声音。

美军飞机迅速向预定目标超低空飞去，然后在掠过目标上空时将一枚枚炸弹无情地投放下去，东京的大地上霎时浓烟滚滚。两架"B-25"飞机奉命轰炸东京湾海军造船厂，一艘刚建成三分之二的新巡洋舰正巧被炸弹击中，美军飞机投下的炸弹还将船坞中的潜艇母舰"大鲸"号炸开了一个大洞。

对于东京的这次轰炸，从投下第1枚炸弹开始，到全部空袭结束，总共只用了短短的30秒钟时间。

但日本人很快就予以还击，密集的高射炮火喷射，日军飞机很快就相继升空，美国飞机因而受到了严重威胁，但这并没有让杜立特和他的伙伴们退缩，他们凭借着高超的驾驶技术，灵活地运用超低空飞行，一次又一次成功避开日军飞机和地面火力的拦截。

美军飞机按照预定计划实施空袭，除东京外，日本的其他城市也相继遭到轰炸。

而此时的山本五十六还在忙着调集海军舰只对付已经发现的美特混舰队。"赤城"、"飞龙"、"苍龙"、"加贺"号航空母舰上的舰载机都已经待命起飞。东京地区的岸基飞机在起飞之后就直奔大海扑去，但是一直飞到航程的尽头，仍然没有发现美军舰只。就在山本五十六和他手下的将领们认定敌特混舰队在得知自

己已经暴露的情况下放弃进攻撤走的时候，午后13时，"赤城"号收到了来自东京的报告："东京遭到空袭！"紧接着，一个又一个的报告不断传来，横滨、川崎和横须贺也相继遭到美军飞机的轰炸。没过多久，又有一连串报告传来：美军飞机轰炸了更南面的名古屋、歌山以及神户。因为摸不清楚敌人的真实意图，面对如此大范围的攻击面，联合舰队司令部和山本五十六一时都不知道如何应对，有点儿手忙脚乱。

★B-25飞临东京上空

完成空袭以后，杜立特率领机群从正南方撤退，飞往中国的南昌机场。但是在经过13个小时的艰苦飞行之后，他们到

★B-25机翼下的东京湾

18日晚已经耗尽了所有燃料，不得不以跳伞逃生，部分飞行员被迫落在了浙江西部某地。20日早晨，杜立特找到了4名同伴，随后他找到当地中国军队请求他们协助援救飞行员，并且通过美国驻重庆大使馆电告阿诺德将军："轰炸东京成功。"

当成功轰炸东京的消息传回之后，这个消息迅速地传遍了美国，得到这个消息之后人心大为振奋。之后杜立特回到美国，立即得到了英雄式的欢迎，国会将国会勋章授予了他，随后将他由中校越级升为准将。杜立特之后曾出任空军驻英国第8航空队司令，并升任空军中将。

在飞抵日本上空承担空袭任务的80名飞行员中，有1人跳伞时牺牲，两人失踪，有8人被日军俘虏，其中3名被枪决，1人死在狱中，4人在战后得以生还。有1架飞机因为迷失航程飞到了苏联，5名机组成员被苏联政府扣留，在滞留苏联境内13个月后被释放。其余的64人均在中国着陆，并且随后陆续返回美国。

战典回响

同盟国的呐喊

杜立特空袭东京，是太平洋战场上一次最为出色的海空突袭战例。虽然此次空袭对日本的破坏并不大，但是它对日本军国主义者的震动和打击是不可估量的，此后的日本军国神话逐渐走向穷途末路，而世界反法西斯盟国则开始从战略防御走向战略反击，对欧洲战场、亚洲战场及太平洋战场都有着举足轻重的影响。在完成空袭之后，日本军国分子开始焦虑不安。4月20日，风声鹤唳的东京再度发布空袭警报。4月21日，日本内阁举行会议，将负责本土防空的有关人员按军法惩办，陆军省和海军省人员也有变动。此次重大变革让山本五十六感到惶惶不安，不得不再三向天皇请罪。

随着空袭之后美军士兵在中国着陆，日本情报部门通过他们庞大的情报网络，才逐渐解开了这次空袭事件的前前后后，但无论如何，它对日本民众在心理上的震撼已经无法更改。为了安抚民心，日军大本营急忙发布公告，表示此次空袭所造成的损失几乎微不足道，而且大部分敌机都已经被击落或者击伤。在随后的几天，日军发言人通过各种渠道向民众传达美军所取得的"成就甚微"，后来甚至直接称其"一无所获"。

但是，因为此次空袭，日军不得不提高对本土的空防等级，因而将4个陆军战斗机大队都留在了国内，专门用来保卫东京等重要城市，"瑞鹤"号和"翔鹤"号两艘大型航母及大批舰只也被迫留在了日本海附近负责防御，从而大大牵制了日军在太平洋战场的精力和兵力。

空袭带来的另外一个重要影响是，它直接影响了东京大本营内部就中途岛作战方案制订过程中产生的争吵。日军终于认识到，所谓"攻不破的日本堡垒"不过是一相情愿的想法，美军一旦发现空袭日本本土并非不能完成的任务，以后很有可能会继续这样的袭击，到时必定不能保障日本本土的安全。趁着这个机会，山本五十六再次向大本营力陈在中途岛作战的必要性，日军现在需要毫不迟疑地将防御圈推进到中途岛和阿留申群岛西部，这样才能缓解来自东面的当务之急。东京大本营中本来主张继续向南扩张的军界要人，此时都放弃了原本的主张，在现实面前选择了沉默。

在一个月之后，山本五十六根据大本营通过的中途岛作战计划，发动了著名的中途岛大海战，而正如世人所知，日军在中途岛海战中遭到了彻底的失败。

★沙场点兵★

人物：杜立特

詹姆斯·哈罗德·杜立特，昵称"吉米"，1896年12月14日出生于加利福尼亚，幼年时随父母迁居阿拉斯加的诺姆居住。杜立特虽身材矮小，却喜爱拳击，曾获得太平洋沿岸最轻量级拳击冠军。

在莱特兄弟发明了飞机之后，杜立特疯狂地迷恋上了飞行，并且还自制了一架飞机。1917年，杜立特终于如愿加入美国陆军航空兵部队。在仅仅过了半年的时间之后，1918年，他就被晋升为教官。

1922年9月4日，杜立特驾驶一架"DH-4B"型飞机，从佛罗里达飞到加利福尼亚，全程3 481公里，耗时21小时19分，成为第一个在一天内完成横跨美国本土的飞行员。此外，作为美国空军公认的天才飞行员，他还曾赢得过施奈德锦标赛、本狄克斯航空竞赛和汤普森杯等航空赛事的冠军。在之后，他成为美国军队新机型的试飞员之一，并在麻省理工学院获得了航空工程学博士学位。1930年，杜立特第一次退役，进入壳牌石油公司工作。1934年，他向政府提议将空军从陆军分离出来，成立单独的兵种，并且促使壳牌石油公司开始研发专用于航空的燃料。

1940年，在第二次世界大战爆发之后，杜立特再次入伍。在第二次世界大战初期，日本偷袭珍珠港使得美国太平洋舰队遭受重创，主力几乎全军覆没。为了重新为美国人民建立信心，振奋士气，美国国会决定空袭日本本土。作为在美国军界人尽皆知的天才飞行员，杜立特接受了这项光荣而又艰巨的任务。他主要负责指挥美国陆军航空队的轰炸机部队，并同时担任空袭日本的主要飞行员。

1942年4月18日，杜立特率领着16架"B-25"轰炸机，从"大黄蜂"号航空母舰起飞，对包括东京在内的几座日本主要城市实施空袭。虽然此次空袭所炸毁的目标并不多，美军飞机也因为跳伞和迫降而全部损失，但是这次行动极大地鼓舞了美国军民的士气。杜立特在此次行动中所表现出的勇气和能力，使得珍珠港事件之后美国低落的士气为之一振，从而也使得杜立特成为美国国内一位家喻户晓的传奇性英雄。

在杜立特从中国安全回到美国后，随即就被提升为准将，被总统富兰克林·罗斯福授予美国国会勋章。之后他又在北非登陆战役中和地中海战区指挥美军战斗机部队英勇战斗，获得无数嘉奖。1944年1月，杜立特出任驻英国的第8航空队司令，军衔升至中将。在第二次世界大战末期，他还参加过冲绳战役。

1945年8月，日军宣布投降，第二次世界大战就此结束。1946年5月，杜立特以中将军衔退役，重新回到壳牌公司任副总裁，之后曾担任该公司董事。1985年，美国国会和总统罗纳德·里根为表彰他的卓越功绩，授予他上将军衔。1988年，他被授予总统自由勋章。

1993年9月27日，杜立特在加利福尼亚去世，死后葬于阿灵顿国家公墓。在为他举行葬礼时，美国当时还可以飞行的所有"B-25"飞机全部升空以示对这位二战英雄的深切悼念。

武器："B-25"轰炸机

"B-25"是第二次世界大战中服役的最为优秀的中轻型轰炸机之一，为了纪念第一次世界大战中的美国指挥官威廉·米切尔，所以它是以"米切尔"命名的，米切尔为使空军从陆军中最终分离出来，作出了非常重要的贡献。

早先"B-25"主要由美国空军配备，后来为了对付太平洋上的日军，美国海军也配备相当数量的"B-25"。之后通过第二次世界大战所签订的租借法，英国、苏联、澳大利亚、荷兰等国军队也配备了为数不少的"B-25"。

"B-25"综合性能良好、持久力强而且用途广泛，在空袭东京的任务中，要求参战飞机必须要携带2 000磅的炸弹飞行2 400英里，虽然当时还有性能更出色的"B-26"可以与"B-25"竞争，但是"B-25"最终还是因其优良的起飞性能而被选中。1942年2月1日，经过改装后的两架"B-25B"在"大黄蜂"号上成功起飞，更是证明了该机型用在这一计划中的可行性。此后24个机组在一个月的时间里，在跑道上所标出的模拟飞行甲板上演练短距起飞滑跑。人们在训练中发现：如果是处在适当逆风的情况下，"B-25"甚至在450英尺内就可以离地。

1942年4月18日，杜立特率领16架"B-25B"从"大黄蜂"号航母上起飞，每架飞机携带了4枚500磅的炸弹，对东京等城市实施了轰炸，飞机在完成任务后飞往中国。16架飞机虽然因为跳伞和迫降而全部损失，但是绝大部分的飞行员在中国得以生还。从结果来看，轰炸对日本本土造成的实际损失微不足道，但这次空袭对美日双方以及战争进程产生的影响却无法估量。

"B-25"飞机因为空袭东京而名垂青史，但其实就整个第二次世界大战的过程来说，它的影响还远远不止于此。在第二次世界大战中期，"B-25"使用了类似鱼雷攻击的"跳跃"投弹战术。就是使飞机在低高度将炸弹投放到水面上，而后炸弹借用水的浮力及其他装置造成的推动力在水面上跳跃着飞向敌舰，这样既提高了投弹的命中率，也可以使炸弹经常能够在敌舰的吃水线以下爆炸，这样就可以大大增强炸弹的杀伤力。

另外，为了适应太平洋战争的需要，针对"B-25"又接连进行了多次改装。比如在1943年的两栖支援任务中，美军发现飞机的扫射比投弹其实更能有效消灭敌人的有生力量，所以加强和改装了"B-25"的机炮，改装后在"B-25G"型飞机的机头上加装了77mm的"M4"加农炮，这种炮可以说是第二次世界大战的实战飞机上所配备的最大口径的火炮。在1943年的新不列颠和俾斯麦海等战役中，这种77mm火炮完全发挥了火力，有效摧毁了运输船和登陆艇等移动迅速的小型船只。其实直到战后的"AC130"上出现的105mm榴弹炮才超过了"B-25G"的纪录。

在美国强大的战争机器的运转下，到冷战期间"B-25"正式停产前，各型的"B-25"共生产了9 800余架，这一数量完全超过了美国生产的任何双发飞机。

战术：偷袭轰炸

偷袭轰炸，顾名思义，就是在敌方疏于防范的时候，悄悄躲过敌人的防御，进行轰炸。偷袭轰炸讲求的就是"出其不意，攻其无备"，在时间、环境上都有着特殊的要求。关于空袭东京作战中对于偷袭战术的运用，杜立特在回国之后，在报告中总结出了当时不利的方面和有利的方面。杜立特认为不利的方面包括：因为舰队被敌方觉察，负责轰炸任务的飞机不得不提早起飞，从而无法按照既定计划进行夜间轰炸，在白天轰炸则无疑增加了轰炸的难度；其次当飞机飞过东京上空时，当时的天空过于晴朗，飞机在飞行过程中缺乏必要的掩体；最后是在飞机完成任务飞往中国时，天空却过于灰暗，不利于降落。

有利的方面是：在飞机接近日本本土最后的航程中，一直保持在每小时20公里的顺风状况。这样就在无形中提高了飞机的速度，而"快"无疑是偷袭作战中非常重要的环节。

而日本方面则显然没有作好应对美军高性能双发动机轰炸机的准备，日本的防空惯例是当敌舰进入距离海岸300海里的范围时再发动警报，但是双发动机轰炸机的速度、载运量与航程足以在400海里外就起飞去轰炸东京并且成功返航，所以美军飞机才能如此安然深入日本本土，却没有遭遇到大批飞机阻击，也没有受到密集高射炮火的攻击，最后甚至在日本上空连一架飞机也不曾损失。

在美军的这次空袭中，东京的电厂、电站、弹药库、钢厂、化工厂、气站、油罐厂、卡车厂和货栈，横滨的船厂、货栈、炼油厂和油罐厂，横须贺的海军基地和船坞地区，名古屋的兵营、油库和飞机厂以及神户的工业区、船坞和飞机厂等都受到了袭击。有日本平民50人死于轰炸，多人受伤。

就结果来看，美军的此次空袭并没有给日本带来重大创伤，就杜立特事后的分析得出，美军如果能够选择天亮前三小时或者黄昏中起飞，趁着黑暗接近目标进行轰炸效果会更好，而当时因为是白天，单是从航空母舰飞到日本本土，就颇费周折，多少影响到了此后的空袭。饶是如此，此次轰炸仍然起到了重要的影响，尤其是日本民众自诩为"攻不破的日本堡垒"的神话彻底破碎，帝国虚无的强大和自信在此时受到质疑，统帅部不得不从正面战场抽调力量加强国内防务，从而使本来就深陷亚洲战场的日军再也无力扩大战事。

另外，美国及同盟国的士气则因为空袭东京得到大大的提升，加上美国强大的工业基础，使得美国航空母舰战斗力很快在珍珠港事件后得以复苏，从而迫使日本不得不重新考虑整个太平洋战场的局势，最终放弃了全面进攻的战略部署。

生死瞬间的云端曼舞
THE CLASSIC WARS

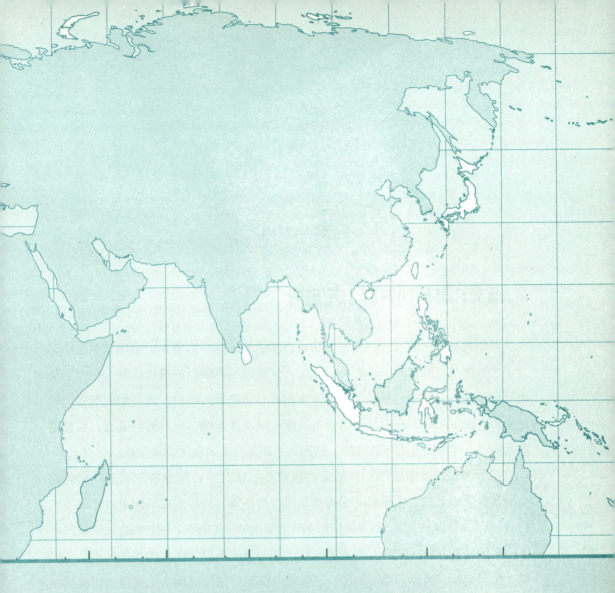

第七章

杜库班大空战
——苏德争夺制空权的殊死拼杀

　　▲作为第二次世界大战苏德战争中非常重要的一次空战，库班空中会战是为争夺战略制空权而进行的一次重大战役，而最终也成为苏德战争的重大转折点。这次空中交战发生在1943年春，以空战次数和参加会战的飞机数量而论，都堪称是苏德战争中规模最大的空中会战之一。

前奏：苏德同时盯上库班河

在斯大林格勒战役中，苏军成功歼灭了德军的保卢斯集团，随后德军统帅部为了挽救德军在苏联的被动态势，决定在苏德战场酝酿新的进攻计划。在德军新的进攻计划中，防守塔曼半岛的德军集团占有着特殊的地位，因为他们所在的地理位置，决定了他们必须承担的任务是保住向高加索地区进攻的登陆场，并且要在西线吸引尽可能多的苏联部队，从而为德军展开新的攻势创造条件。

对于德军的战略意图，苏联最高统帅部早就已经有所准备，于是立刻向北高加索方面军下达了在库班河粉碎敌集团军的任务。当时的库班河下游和塔曼半岛被拥有16个师的德军第17集团军防守着，早在1943年1月德军统帅部就担心库班集团会被苏联军队赶下海去，所以用武力强迫当地居民在这些地区构筑了堑壕、防坦克壕、掩体，德军的工兵、特种部队和野战部队构筑了支撑点和抵抗枢纽部。经过了4个多月的时间，德军在这里构筑了无数前后距离为5到25公里的防御地区，这片防御地带也被称为"蔚蓝色防线"。

"蔚蓝色防线"的纵深达到了6公里，在它的后面30到40公里的地方还有几道更为坚固的防线。"蔚蓝色防线"顺着左皮维尔比亚纳亚沙嘴延伸出去，途经亚速海沿岸的许多溺谷，而后从库尔卡河逆流而上，随后就向东折去，沿着阿达古姆河沼泽一直延伸到克雷姆斯卡亚镇，到最后防御前沿又向南折去。在这条"蔚蓝色防线"上，安置着德军最重要的防御枢纽部，它就设在克雷姆斯卡亚镇。

虽然此地在德军看来非常紧要，但是布置在这里的德军与苏军相比却处于劣势，只能凭借着险要的据点扼守。苏联方面北高加索部队的步兵和坦克兵的兵力是德军的1.5倍，只有炮兵数量略少于德军。身处高加索地区的德军深知自己在地面部队数量上处于劣势，所以就寄希望于航空兵的身上。德军希望凭借自己强大的空中火力能够对苏军进行强而有力的打击，从而掌握制空权，在空中对苏军进行猛烈进攻的同时，地面部队可以配合作战，这样就能弥补地面部队的不足。德军的第4航空队主力担当起了参与高加索地区空战的任务，该航空队有轰炸机510架，歼击机250架，德军将这些飞机调到了克里米亚和塔曼半岛。

德军妄图通过掌握制空权来攻击苏军，而苏军也开始调集航空部队到高加索地区。到4月份，苏军在北高加索方面军的空军开始迅速集结，其中包括空军第4集团军约250架飞机，空军第5集团军约200架飞机，黑海舰队空军大队约70架飞机和远

★德军装备的喷气式飞机

程航空兵大队60架飞机。空军第4集团军和第5集团军都是苏德战场上赫赫有名的空战部队，为了能够对这两个空军集团军进行有效和集中指挥，在苏联最高统帅部指示下，成立了北高加索方面军空军司令部，并任命维尔希宁将军为司令员。

为了能够更好地阻击德军，苏联最高统帅部代表、红军空军司令员诺维科夫元帅决定亲临北高加索前线，由他本人统一领导和协调北高加索方面军航空兵和友邻的南方方面军航空兵的作战行动。

此时，整个世界的目光都集中到了这片位于欧亚大陆交界处的区域上。

激战小地：登陆场上空的较量

库班河源自大高加索山主峰厄尔布鲁士山，流经斯塔夫罗波尔，注入亚速海，全长870公里，是俄罗斯北高加索的最大河流。库班河沿岸以丘陵地貌为主，是连接亚欧之间的重要区域，在库班河流域的梅斯哈科地区，苏联军方在这里占有一个面积约30平方公里的登陆场。

2月5日夜，苏军海军陆战队借助梅斯哈科登陆场的有利地形，在新罗西斯克以南登陆并占领了一个正面宽4公里、纵深约2.5公里的登陆场，黑海舰队随后就向这个被苏军称之为"小地"的登陆场运送了两个海军陆战旅、1个步兵旅和1个独立空降兵团共计17 000余人，德军约5个师的兵力就此在这个位置被苏军牵制住。

对德军来说，"小地"所带来的威胁是毋庸置疑的，它就如同是一把钳子，正扼住了德军的要害。这就意味着苏军将德军在高加索的登陆场的门户关闭了，德军要想如愿启动新的作战计划，必须要保障自己的登陆场。德军统帅部在经过研究之后，决定于4月中旬把"小地"清除掉。

★库班空战中的德军飞机编队

为了清除"小地"，德军建立了由4个步兵师、500门火炮和迫击炮以及约1 200架飞机组成的集群，因为负责指挥该集群的是韦策尔将军，所以该集群又被称为韦策尔集群。4月17日早6时30分，德军在450架轰炸机和200架战斗机的直接支援下，向着"小地"以及

★德国M-109战斗机模型

该区域以东的苏军阵地发动了猛烈的冲击，企图一举将苏军的登陆部队全部消灭掉。面对德军的猛烈进攻，固守"小地"的苏军部队进行了顽强的抵抗，但是德军来势汹汹，苏军所处的形势非常不利。苏军航空兵的主要机场都在距离梅斯哈科地区达150至200公里的克拉斯诺达尔西部和东北部，而且空军第4集团军的飞机要赶来支援，就必须经过经常有云雾遮盖的高加索山脉。德军航空兵的主要机场则在塔曼半岛距梅斯哈科仅50至100公里的平原地带。

另外，德国空军在很多方面都处于优势，德军航空兵拥有德空军中最精锐的部队，如乌杰特战斗机联队和麦利德斯第5战斗机联队，这些联队中不但拥有德国最出色的王牌飞行员，而且联队中装备着经过新改装的"M-109"飞机。

具有优势的德军航空兵对苏军展开了铺天盖地的轰炸，以30到40架飞机编队轰炸苏军的战斗队形和登陆场地区的码头。兵力不足的苏军航空兵根本无力阻止德军航空兵的袭击，虽然地面部队通过顽强抵抗给德军造成了较大的杀伤，但德军还是在4月18日成功突破了苏军的防御前沿，在梅斯哈科东南两公里处的树林中占领了一小块空地。

空战英雄：誓死拉住德军的尾巴

4月20日，苏德双方航空兵针锋相对地展开了激战，在梅斯哈科地区的战斗至此到了最紧张的时刻。为了实施总攻击一举击败苏军，德军调来了预备队，准备把"小地"中的苏军分割成两个孤立的部分，然后进行逐个消灭。也就在这一

★降落在机场的苏联战机

天，苏军也开始准备着进行战略反攻，首次将从苏联统帅部大本营预备队中调来的轰炸航空兵第2军、歼击航空兵第3军、航空兵第2混成军和歼击航空兵第282师等兵力投入战斗，苏军在这一天就对登陆集群正面的德军步兵和炮兵战斗队形进行了两次密集突击。

苏远程航空兵、北高加索方面军的航空兵和黑海舰队的航空兵在夜幕降临之后联合行动，对德军在阿纳帕的机场和德军的战斗队形进行了突然袭击，夜空下德军基地顿时浓烟滚滚，天上的月亮都被烟雾遮挡，对此毫无防备的德军乱做一团，慌忙进行还击，就在德军战斗机起飞的时候，苏军的联合作战行动已经结束，苏军飞机借着茫茫夜色撤退，此役使德军遭受重创。

此前曾在不列颠空战中被英国空军打得败下阵来的德国空军，在库班再次面对强大的对手，此次在苏联阵内的王牌是苏联空军中赫赫有名的战斗英雄波克雷什金大尉。波克雷什金被德国空军认为是飞翔在蓝天上的魔鬼，每当他所在的编队起飞，紧张的德国人都会在无线通话机中互相大声提醒："小心！小心！波克雷什金在天上！"

在4月23日的作战会议上，德军第17集团军司令官鲁奥夫上将在谈及4月20日夜间苏军的空袭时也不得不承认："4月20日的进攻，我们把全部兵力都用上了，可是碰上苏联人100多架飞机的袭击，部队受到很大损失。结果，连这次进攻也被压下去了。"

随着战斗的不断深入，苏军统帅部总预备队的3支航空兵部队也投入了库班地区的战斗中，苏军航空兵的力量在这段时间中因此得以不断加强，从而使得梅斯哈科地区苏德航空兵的总兵力对比发生了变化，苏军逐渐取得了空中优势。

在随后几天的空战中，苏军飞行员表现出了精湛的驾驶技术和顽强的作战精神。4月21日，强击航空兵第805团由雷赫林少尉和空中射手叶弗列莫夫中士组成的一个"伊尔－2"飞机机组，在对地面目标进行攻击后，遭到了4架德国战斗机的阻击。这是一次力量悬殊的空中格斗，但是雷赫林少尉和空中射手叶弗列莫夫中士毫无惧意，通过紧密的配合，最终将两架德军战斗机击落。在战斗中，雷赫林和叶弗列莫夫的飞机也被德军飞机击穿了好几个洞，雷赫林少尉还负了伤，但他依然顽强驾驶着受伤的飞机，安全返回了苏军控制区。当时正在前沿指挥所里的空军元帅诺维科夫，目睹了此次空战的全部过程，为了表彰雷赫林和叶弗列莫夫英勇顽强的战斗精神，诺维科夫元帅在前沿指挥所亲自签发命令，越级晋升雷赫林为上尉，叶弗列莫夫为少尉。

从4月17日到24日这8天的激战中，德军共损失182架飞机，其中有152架被歼击机击落，30架被高炮击落。在经历了这段时间的被动之后，德国空军不得不被迫转入防御作战，德军负责地面进攻的部队也退回到了从前发动进攻的位置。

★胜利归来的苏联英雄飞行员

在谈到此次作战时，苏联元帅格列奇科在他的回忆录中写道："在反击敌军对梅斯哈科的各次冲击的战斗中，我方空军起了重要作用。它以密集袭击的方法牵制了敌人的进攻，迫使敌空军降低了活动的积极性。"

进攻计划：库班河畔烽烟再起

在经过连续数天的"小地"激战之后，整个高加索战线出现了暂时的平静。就在这个时候，苏军最高统帅部代表会同在库班地区方面军的各集团军首长共同制订了一个新的作战计划，苏军希望通过对克雷姆斯卡亚和阿纳帕的突击，从而将塔曼半岛的德军集团分割开来，从而加以消灭。

经过苏军最高统帅部代表与各集团军首长的共同讨论商议，确定了最终的具体部署。苏军准备以第56集团军为方面军的主要突击部队，主要负责突破敌军在克雷姆斯卡亚地域的防御并占领这一抵抗枢纽部的任务，然后，该方面军会继续向德军新罗西斯克集团后方的格拉德科夫斯卡亚和上巴坎斯基发动进攻。在该方面军发动进攻的同时，苏军的航空兵主要兵力也会主要集中攻击这个方向。为了配合对这个方向进行进攻，最高统帅部指示第9集团军组成方面军的右翼，从沙伯尔斯基东北地域发动攻击，渡过库班河后迅速占领瓦列尼科夫斯卡亚，接着就继续向塔曼半岛的纵深推进。第37集团军会从普里库班斯基和列麦霍夫斯基直接向西推进，主攻的方向也是第9集团军将会进攻的瓦列尼科夫斯卡亚。同时，第37集团军会恢复其早先曾经被德军破坏了的在梅斯哈科的进攻态势。这就意味着，苏军将会在库班河畔发起一次大规模的作战。

★苏联战略轰炸机

就在苏军的作战计划已经确定，准备在克雷姆斯卡亚地区转入进攻的时候，德军在4月28日早晨抢先出动轰炸机对在克雷姆斯卡亚地区的苏军进行了轰炸。但是德军的率先发难并没有打乱苏军的作战部署，在德军发动空中突击的同时，苏军迅速出

★苏军轰炸机装配线

动了310架歼击机以拦截德军的轰炸机，因此德军轰炸机在这一次的交火中并没有占到太多便宜。

酣战一天之后，到了晚些时候，苏军北高加索方面军空军和配属给它的最高统帅部预备队航空兵借着夜色升上天空，一切依然按照最高统帅部代表、苏联元帅朱可夫和空军元帅诺维科夫预先制订并通过的计划进行着，航空兵飞抵第56集团军的前沿阵地，准备为该集团军进行航空火力准备。

黄昏时分，两个9机编队的苏军轰炸机群突然出现在了克雷姆斯卡亚地区德军驻地的上空，它们迅速在德军驻地投下了几颗燃烧弹，只听得一阵轰鸣，德军驻地顿时腾起火光，燃起了几堆大火，其他的苏军机组在这几堆大火的引导下开始逐渐进入目标。随着夜幕降临，苏联空军第4集团军和远程航空兵的轰炸机开始对德军的炮兵阵地发动突然袭击。

这注定是德军无法入眠的一夜，甚至连远在柏林的希特勒都一直在最高统帅部里等待着前线的消息。在这一夜之间，苏军飞机共出动了379架次，投弹210吨，平均每平方公里的德军阵地就落下了21吨的苏军炸弹，因为大规模轰炸共引起了160多处大火，25处地面目标因为遭受苏军的进攻而发生大爆炸。

但是苏军的进攻并没有结束，在4月29日7时苏军再次进行了40分钟的航空火力准备。苏军第56集团军所属部队于7时40分在方面军主要进攻方向上发起进攻。准备就绪的航空兵立刻予以航空火力支援，在3个小时内就有144架轰炸机、82架强击机和256架歼击机到战场上空活动。

苏联空军积极而有效地配合着苏军地面部队的进攻，为苏军最终取得战役的胜利提供了强有力的保证。

幕后英雄：引导主台功不可没

空战中的苏军歼击机总是神出鬼没，这让德军防不胜防，波克雷什金大尉的名字更是响彻库班前线。苏军之所以能够如此出其不意地对德军实施打击，与强大而又准确的地面电台的指挥不无关系。为了能够引导和指挥苏军歼击机在空战中以最快的速度找到敌机，并且给予及时性的致命打击，苏军在前线附近设立了5部电台，单是第56集团军的进攻地带内就有3部。在第56集团军的进攻地带内的这3部电台中，有1部是引导主台，与前线的距离只有4公里。后来，这部主导电台最后实际上成为了苏联空军第4集团军指挥整个歼击航空兵的指挥所。

4月29日，波克雷什金再次被委以重任，负责率领一个8机编队掩护地面部队的进攻。当波克雷什金和他率领的编队到达新罗西斯克以西的时候，与由10架歼击机掩护的81架德军轰炸机所组成的3个德军大机群狭路相逢。

波克雷什金果断作出决定，他命令4架飞机去缠住德军的歼击机，而他则亲率其他飞机向德军的轰炸机群发起进攻。经过波克雷什金对德军机群的观察，发

★苏联英雄飞行员波克雷什金

现了德军先头机群的带队长机，在首次的攻击中，他就毫不迟疑地对其发起了猛烈攻势，在波克雷什金的穷追猛打下，德军先头机群的带队长机被击落，只见这架长机在空中起伏了一下，就拖着一串长长的浓烟坠落下去，失去了长机的德军机群编队立即陷入混乱。

波克雷什金趁着这个机会对己方机群进行了调整，随后带领其他飞机展开了第2次攻击，在这一次的攻击中，波克雷什金再次击落了敌军的一架飞机。这时的德军完全陷入被动，找不

★波克雷什金执行任务胜利归来，战友们为他庆祝。

到攻击的头绪和方向，轰炸机胡乱向地面丢下一些炸弹，就准备俯冲到超低空去尽快逃命。波克雷什金对于敌机的意图早已经非常清楚，所以他马上启动战机向着敌军的第2个机群扑了过去，其他的苏军飞机也迅速加入战团，德军轰炸机纷纷被苏军的火力命中，正在这个时候，波克雷什金的耳机里突然传来呼叫："波克雷什金，波克雷什金，我是老虎，敌机就在我们头顶上，你迅速赶来攻击！"

原来，有12架德军歼击机正在扑向苏军的阵地，在"引导主台"的歼击航空兵第216师师长鲍尔曼将军接到空情哨的报告之后，马上给波克雷什金发出急令，要求他赶往前线进行攻击。得到消息的波克雷什金迅速将8架飞机集合到了一起，然后向着东面飞去。在"引导主台"的引导下，波克雷什金编队在克雷姆斯卡亚镇上空与德军12架歼击机遭遇。

与之前的战术类似，波克雷什金迅速率领编队上升，然后从高空向敌机扑了过去，不过这一次，德军飞机并没有与波克雷什金和他编队发生正面冲突，而是立刻转头向着阿纳帕机场方向逃走了。

波克雷什金和他的战友们刚刚歇了口气，就发现在他们的右侧又出现了两个敌轰炸机机群，这次负责掩护的德军歼击机有8架。虽然此时波克雷什金和他的同伴们的弹药已经所剩无几，但他们还是勇敢地冲了上去。波克雷什金准确地打出一个连射，先击落了德军先头部队的带队长机。但是这样一来，波克雷什金的弹药箱里就没有什么弹药了，经过初次交火之后，其他苏军飞机上的弹药箱里也是空空如也。而此时德军飞机仍然在向着苏军前线方向行驶。

　　急中生智的波克雷什金果断命令所有的苏军飞机靠拢过来，义无反顾地向着德军飞机撞了过去。德军看着苏军飞机的架势，以为它们都准备要跟自己同归于尽，立刻被苏军飞机这种齐心协力的气势吓得慌不择路，在胡乱丢下一些炸弹之后，所有的德军飞机掉头就逃跑了。而事后的波克雷什金则擦了一把汗，这样的方式实在是赌博式的。

　　在这一次的空中遭遇中，波克雷什金所率领的编队总共消灭了8架德国飞机，而光是波克雷什金一个人就击落了4架。

最后决战：到底谁是库班河上空的主人

　　苏军第56集团军南部突击集群于5月3日早晨7时50分转入进攻，很快便突破了敌人的重重防御，进发到了克雷姆斯卡亚—涅别尔扎耶夫斯卡亚公路上，并为切断克雷姆斯卡亚德军的退路，而开始从东南方向向克雷姆斯卡亚进行迂回。苏军轰炸航空兵第2军162架飞机每隔10到20分钟时间就有一批飞机起飞，一批一批的苏军飞机对上阿达古姆西郊和涅别尔扎耶夫斯卡亚西郊的德军炮兵通过空中火力进行压制，从而保证苏军地面部队顺利突破克雷姆斯卡亚以南德军的

★库班空战中的苏军战机

防御，同时也保证了坦克集群顺利进入突破口。为了阻止苏军推进，德军紧急从克雷姆斯卡亚地区调来了预备队，除此以外，克雷姆斯卡亚以北的轻步兵第97师和第101师部分兵力也被调往南面支援作战，但是这样一来，德军在克雷姆斯卡亚地区北面的防御就被削弱了。苏军当然不可能放过这样千载难逢的机会，马上利用这个机会加紧对德军进行攻击。德军的防御很快被苏军攻破，5月4日，苏军如愿将克雷姆斯卡亚镇夺了回来。

在重新占领了克雷姆斯卡亚之后，苏军的航空兵主力立刻转入执行消灭

★苏联雅克11战斗机

德军纵深目标的任务，开始不分昼夜地突击德军的后方目标及交通线，同时，苏军航空兵的部分兵力也马上出发，继续去支援地面部队的进攻。

苏联空军第4集团军、黑海舰队航空兵和远程航空兵在4月29日到5月10日这段时间里，共出动了飞机10 000多架次，其中半数以上的飞机都主要负责对战场上德军地面部队和技术兵器进行打击。苏联空军同时消灭了368架德机，完全掌握了库班河上空的制空权。

失去了克雷姆斯卡亚镇，也就意味着德军从而失去了一道有利的防御阵地。为彻底改善自己的战略态势，利用占据了克雷姆斯卡亚镇的地理优势，苏军北高加索方面军所属部队乘机在继续战斗的同时，开始着手准备新的进攻战役，这一次苏军的视线终于瞄准了德军的"蔚蓝色防线"，苏联军方决定消灭德军第17集

团军，并且将整个库班地区和塔曼半岛的德军完全肃清。但是在准备新的战役期间，苏军轰炸航空兵并没有放松对塔曼半岛及敌机场的轰炸。

远程航空兵从5月11日至26日共出动了飞机152架次用以袭击克里米亚的德军机场。黑海舰队的飞机和军舰火炮则多次突击阿纳帕机场。

5月26日早晨，在经过了40分钟猛烈的炮火准备和338架飞机所构筑的航空火力准备后，苏军强击机在突破地段先行施放了烟幕，随后苏军北高加索方面军第56集团军和第37集团军在基辅村和莫尔达维亚村的方向上转入进攻。

因为前期的准备到位，苏军仅花费了6个小时就攻占了德军的几个支撑点，并且占据了第1阵地和第2阵地，突入敌人防御纵深达到了3~5公里。万不得已的德军统帅部把所有的航空兵都集中到战场上空，以求能够阻止苏军的进攻或放缓苏军攻击的速度。进攻刚开始的3个小时，德军航空兵就出动了飞机1 500架次。从中午开始，一批又一批的敌轰炸机出现在了苏军进攻部队的上空。

苏军歼击机火速出动以对抗德军航空兵的攻击，在天空中发生了激烈的空

★飞往德军目标的苏联轰炸机

★机场上的苏联战机

战，但是德军从其战线上不断调来大批飞机，使得德军的空军兵力比苏军高出了1.5倍，苏军歼击机根本无法完全制止德军飞机的活动，只能尽可能地使德军轰炸机没有办法进行准确轰炸，以至于德军最终还是重新夺取了制空权。

但是苏联空军第4集团军并没有准备就此放弃，他们尽可能地争取把握空战的主动权，于是开始在提高歼击航空兵活动效果方面采取了一些措施。为了避免强击机和轰炸机的损失，苏军方面组成50～60架飞机的编队；但是这样一来，轰炸机和强击机机组则增加了自卫的责任，强击机保留弹药的基数至少要达到15%，这样当德军战斗机攻击时，才能够予以还击。

激烈的空战在5月27日早晨再度开始。双方在7时30分几乎同时发起了冲击。为了支援地面部队，德军则出动了每批50～100架飞机的大编队机群。

为了保持掌握制空权，在这一天里德军出动飞机达到了2 658架次。因为德军航空兵的袭击几乎没有间断，苏军白天的进攻和机动行动都很困难。为了扰乱德军航空兵的活动能力，苏军在5月26日到6月7日这段时间里加强了对德军机场的夜间突击。苏军的这个措施可以说是立竿见影，因为机场和跑道受到打击，德军航空兵的活动能力明显下降，苏军歼击机再度夺取了库班河的天空。

在库班空战的两个多月时间里，苏军出动飞机约35 000架次，方面军航空兵的飞机占77%，远程航空兵飞机占9%，黑海舰队航空兵的飞机占

14%。德军方面则损失了1 100余架飞机,其中有超过800架的飞机在空中被苏军击落。德军的空中实力因为在库班河空中交战中被苏军航空兵大大削弱,所以始终无法完全掌握战争中的制空权,使得德军地面部队的优势无法完全体现。虽然有空中火力的保障,但是苏军北高加索方面军部队始终都没有能够突破德军防御的全纵深,此后苏军根据最高统帅部大本营的指示,暂时停止了在库班地区的进攻。

德军再遭重创

库班大空战就结果来说，并没有实质性的进展，处在当时的环境下，就战术方面分析，双方顶多是战了一个平分秋色。但是从战略上讲，苏军确实占据了优势，在库班大空战中，苏军先进的"La-7"战斗机和"库班梯次配置法"完全压制了德军的炮火，继敦刻尔克空战和不列颠空战之后，德国空军再次遭遇了尴尬的结局，德军再次在战争中失去了制空权优势，这对于德军来说是难以形容的挫败。而苏德战争也在德国空军的受挫中发生了转变，苏军虽然并没有逼退德军，但是却取得了大高加索地区的制空权，同时将德军阻挡在了库班河畔，破坏了德军的再度进攻的计划。

在库班大空战中，德军损失了1 100余架飞机，其中在空战中被击落的飞机就有800余架。库班空中交战结果是，苏军从此掌握了大高加索地区的制空权，德军的后方供给和空中火力支援都成了非常严重的问题，德军地面部队的推进遭遇到了前所未有的麻烦，从而使得苏军航空兵掌握了苏德战场南翼的制空权，并且最终夺取了战争的主动权。德军无法通过高加索防线重新对苏联构成威胁，在德军失去制空权之后，苏联后方也得到了充分的时间恢复生产，就此为苏军夺取整个苏德战场的战略制空权奠定了基础。

而纵观整个库班大空战的过程，苏军航空兵的行动之所以卓有成效，大致的原因如下：在主要方向大量集中使用航空兵；在指挥空中的歼击机作战时广泛利用地面无线电台；在空中交战的过程中，不断向空中增加兵力，在各方面超越德军；最后还有非常重要的一点，就是"库班梯次配置法"在空战中的成功运用。

★沙场点兵★

人物：诺维科夫

亚力山大·亚历山德罗维奇·诺维科夫，1900年1月6日出生，曾就读于苏联步校和伏龙芝军事学院。毕业后参加了苏俄国内战争，曾担任排长、连长、营长。1933年，诺维科夫开始担任空军航空兵旅参谋长，后又担任轻型轰炸机大队长。1938年，诺维科夫调任列宁格勒军区空军参谋长。1939年到1940年，参加了苏芬战争，任西北方面军空军参谋长，从1940年开始担任列宁格勒军区空军司令，并且在同年进入空军指挥与领航学院的首长进修班，开始系统学习空军指挥员应该掌握的知识。

1941年开始，诺维科夫出任北方方面军空军司令。1942年到1943年，诺维科夫开始担任苏联主管空军的副国防人民委员，并于1943年3月，正式出任苏联空军总司令。

在1943年4月到6月的库班大空战中，诺维科夫受苏联最高统帅部的指示，前往库班前线负责指挥作战。诺维科夫在库班前线改进了苏军飞机的技战术，创造了"库班梯次配置法"，最终帮助苏军取得了苏德战场南翼的制空权。第二次世界大战之后，诺维科夫出任空军副总司令，并于1956年正式退伍。1976年12月3日，诺维科夫在莫斯科逝世。

武器："P-39红色飞蛇"

"P-39红色飞蛇"是苏联著名的空战英雄波克雷什金驾驶的飞机，这种飞机是由美国研制出来的，在第二次世界大战期间支援给了苏联。在喷气式发动机被研发出来之前，战斗机的发动机通常都是采取前置的，但是贝尔飞机公司的"飞蛇"战斗机打破了这种惯例，首次将发动机后置。虽然先前英国韦斯特兰公司和库尔霍文公司也曾这样安装过发动机，但并没有对这样的飞机进行大批量生产。

将发动机后置之后，就可以制造出流线型和视界更好的细长机头，重型军械和前三点起落架的可收放式前轮也能够装配到飞机上。拥有可收放式前轮的前三点起落架地面操纵性好，能够提高着陆的速度，这样就可以设计出较小的机翼，飞机的速度也就能够更为提高。当然，这也并不是说这种飞机的性能就完美无缺，翼载荷加大之后飞机的爬升和高空机动性就会受到影响。

贝尔飞机公司在1937年5月18日向陆军提交了一份关于"飞蛇"飞机的技术说明书。军方于10月7日订购了一架"XP-39"原型机。这架原型机所使用的是带涡轮增压器的"艾利森V-1710-17"发动机，配有400发子弹的两挺12.7毫米协调式机枪和在它下面的一门带50发炮弹的25毫米机炮。军方通过对原型机的多次试验，最终认可了这种飞机的性能，并进行了批量订购。随后，"飞蛇"飞机开始在第二次世界大战中大展身手，到苏德战争中波克雷什金驾驶的"P-39红色飞蛇"，已经是"飞蛇"系列飞机当时的最新型号，而"飞蛇"飞机则也因为波克雷什金在空战史上留下了浓墨重彩的一笔。

战术：库班梯次配置法

在库班空战中，诞生了对后世空战影响极为深远的"库班梯次配置法"，而这种空战战术的发明者就是诺维科夫。

从苏德战争初期开始，几乎每天诺维科夫都会到前线机场作研究和分析。在列宁格勒方面军遭到德军的袭击之后，该部队被迫改变从前三机一组的战斗队形，而采用两机一组的队形进行空中作战，没有料到竟然取得了意想不到的效果。在发现了这种新的打法之后，诺维科夫及时对其进行了研究和完善，并积极地将其予以推广，可以说他是最早对两机一组队形作出正确评价并给予支持的人。

在两机一组队形的基础上，诺维科夫接着对各编队飞机机组的战斗力及战术改革进行了深入研究，随后在苏联空军内推广各种新的战术队形，由4架、6架或更多飞机组成的战斗机组相继出现。对战术队形的研究可以说是诺维科夫为日后完成飞机战术配置法的初期尝试，在这个过程中，他开始发现并研究诸多结合实战衍生出来的空战战术，也为日后最终创造出"库班梯次配置法"打下了牢固的基础。

1943年4月至6月的库班大空战，是苏联空军争夺苏德战场上战略制空权最重要的阶段。在这个时候，诺维科夫跟朱可夫一起作为大本营代表前往前线，他们此次接受的任务是：务必协助该地区的苏联空军夺取库班地区的制空权，对地面部队发动的进攻能够很好地起到掩护和支援作用。

战斗打响不久，诺维科夫就发现了苏联空军的问题，苏军的飞机起飞次数虽然比德军的多，但是却一直没有能够掌握制空权，在经过深入全面的分析之后，他找到了解决的办法：针对攻击目标，苏军轰炸机应该实施密集的大规模行动，而强击机应该延长自己在战区空中的停留时间；歼击机则不应该分散自己的力量，将攻击主要集中在前线。在空战作战中，诺维科夫将苏军歼击机按照高度沿着正面作梯次配置，这样，苏军一次出动的机群，就能够连续与德军多次出动的机群交火，而且苏军自身的战斗力和机动性都得到了提升，这就是"库班梯次配置法"。

库班空战进入白热化之后，激烈的战斗一直持续了两个多月，在这段时间里，编队空战每天甚至多到了约50次，双方参战的飞机每次更是各有30到50架之多。在战斗中，德军损失了1 100架飞机，其中有800多架飞机在空中被击落。而通过贯彻使用"库班梯次配置法"，苏军航空兵最终击败德国空军，取得了苏德战场南翼的制空权。

生死瞬间的云端曼舞
THE CLASSIC WARS

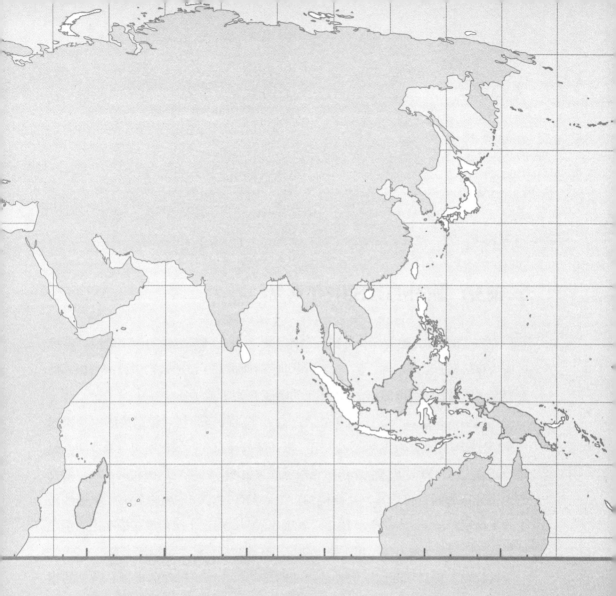

第八章

东线空中大决战
——库尔斯克大会战中的空中战役

　　▲斯大林曾说过："如果说斯大林格勒会战预示着德国法西斯的衰落，那么库尔斯克会战则使它面临灭顶之灾。A"库尔斯克会战对第二次世界大战的影响不言而喻，它使苏军完成了真正意义上的战略反攻。库尔斯克会战是苏军与德军地面武装的一次激烈碰撞，但同时也是双方空军的一次殊死搏杀。

前奏：堡垒阴云笼罩库尔斯克

到1943年夏天的时候，苏德战争的重心已经转到了战线的中央地段。在经过斯大林格勒的激烈战斗之后，战线被苏军向西推进了600余公里，一个深入德军控制地域很大的突出部分，就此在库尔斯克附近形成了。

在成功占领了这个突出的部分之后，苏军就能够顺利对德军奥廖尔集团和别尔哥罗德集团的侧翼发动深远突击，进而解放乌克兰、顿巴斯和白俄罗斯。但是，如果让德军占据了这个库尔斯克附近的突出部，就可以从南北突击库尔斯克方向上苏军的侧翼和后方，从而得到再次向莫斯科方向发展的契机，掌握战略上的主动权。正是这种情况，决定了处于库尔斯克的这个突出部在战略上的重要性，从而使得苏德双方都不得不将视线集中在库尔斯克这个突出部上来。

希特勒发誓必须夺回地面作战的战略主动权，德国统帅部根据希特勒的指示，制订了代号为"堡垒"的进攻计划，决定在库尔斯克地区发动一次大规模的作战。

德军发动此次大规模作战的意图非常明显，就是想通过奥廖尔和别尔哥罗德两个地域相向着对库尔斯克地区发动突击，将库尔斯克突出部的所有苏军一举消灭。为了顺利完成此次突击任务，德军集中了50个师约90万人的强大兵力。

但德军的企图很快就被苏联方面的情报部门获悉，苏军统帅部在得到情报部门的消息之后，迅速作出了安排，决定先通过防御来削弱和拖住德军的突击集团，然后适时进行反击。

当时中央方面军和沃罗涅日方面军共130万人的部队正在库尔斯克突出部负责防御，统一编入草原方面军的战略预备队很快就在这两个方面军的后方完成集结。

★空中的德军战斗机编队

为了准备"堡垒"计划，德军统帅部曾经尝试对航空兵的战斗力予以加强，从而重新夺回逐渐被苏联空军掌握的制空权。为了加强在库尔斯克地区活动的第4和第6航空队的战斗力，德军仅仅在从3月15日至7月1日的这段时间里，就从本土以及法国、挪威等地向苏德战场调集了13个航空大队，这样德军在库尔斯克附近就拥有了2 050架飞机，这个数量几乎是当时在苏德战场作战的所有德国空军飞机总数的70%。

苏军方面的航空兵集团则主要是由中央方面军空军第16集团军、沃罗涅日方面军空军第2集团军、邻近的西南方面军空军第17集团军和远程航空兵基本兵力编成，这些航空兵集团主要承担的任务是支援和掩护防御部队。

到库尔斯克会战开始之前，苏军出于加强各空军集团军的考虑，再度调来了预备队航空兵兵团，此时苏联飞机的数量达到了2 900架。人们往往一提起库尔斯克会战，总会说到它是第二次世界大战期间规模最大的一次坦克战，但其实它也是一次规模空前的空战。

在会战前夕乃至会战过程中，就发生在库尔斯克附近空战的范围、参战航空兵的数量、激烈程度和作战成果而言，它都超过了以往的历次空战，单是双方投入作战的飞机数量就达到了5 000架。

战略间隙：十全十美的计划

苏军深知一旦开始对库尔斯克地区的战斗，首先要做的就必须是夺得制空权，只有夺得了制空权，才能在战争中取得有利的位置，配合地面部队快速推进的同时，还能够有力地打击和扰乱德军地面部队的作战。于是，苏军方面在库尔斯克战役的准备阶段就率先从空中对德军实施攻击，在1943年5月和6月间，苏军先后进行了多次空袭，这些空袭的主要目的就是为了削弱德军航空兵的力量，力求把德军航空兵消灭在机场上。

经过研究，苏军决定首先集中第1、第2、第8、第15、第16、第17共6个空军集团军向德军部署在布良斯克、奥廖尔和哈尔科夫地区的26个德军机场发起进攻，因为在这26个机场上驻有德军第6航空队和第4航空队约60%的飞机，一旦能够成功地突击这些机场，就意味着有可能削弱德军一半的空中火力。

★库尔斯克战役中的苏联战机

苏军在5月6日至8日进行了第1次空中战役。苏军在5月6日5时30分出动了112架轰炸机、156架强击机和166架歼击机，在1 200公里长的战线上苏军飞机同时对德军的17个机场发起了密集突击，并对驻有德军战斗机的部分机场实施了严密的空中封锁。此举使得德军手忙脚乱，短时间无法组织起有效的抵抗，结果有194架飞机在机场上被苏军炸毁，另有21架飞机在空战中被苏军消灭，而苏军方面则只损失了21架飞机。

★参加战斗的苏联战机

苏军的第2次突击是在5月6日15时发起的，在这一次的突击中，苏军共出动飞机372架，突击了德军20个机场。但是这一次德军并没有坐以待毙，接受了上一次空袭的教训，德军的防空设施一直都处在高度警戒的状态，战斗机经常在空中巡逻，机场的高射炮也随时作好实施拦截的准备，当苏军飞机飞抵机场上空的时候，早已经准备多时的德军对苏军发起了猛烈的反击。

但苏军统帅部对此也并不是全无防备，所有的苏军飞行员早已经为面对德军的猛烈抵抗作好了充分的准备，他们充分合理地使用技战术，最终还是击毁击伤了德军机场上的134架飞机，在空战中则击落德军飞机24架，苏军方面则只是付出了46架飞机的损失。

但是苏军并未想就此作罢，在5月7日凌晨，苏军的第3次突击再度逼近德军机场。这一次苏军出动了飞机共405架，突击了德军的22个机场，93架德军飞机在机场上被击毁，29架德军飞机在空战中被击落，而苏军则只付出了48架飞机的损失。

经过苏军接二连三的突击之后，德军在5月8日将大量航空兵部队转移到了后方，疏散和伪装了留在战线附近的飞机，随后又调来了大量的战斗机准备跟苏军航空兵决一死战。但德军对苏军的神出鬼没仍然心有余悸，于是为了对苏军飞机进行远程警戒，从而向自己的航空兵部队及时报知险情，德军不仅使用了雷达站，而且还经常使用一些小型战斗机编队沿着前线一带去巡逻，为了防备苏军突击可谓是煞费苦心。

果然，苏军随后在5月8日的空袭中没有太多的收获，苏军在这天出动了181架飞机进行第4次突击，但是却只消灭了德军飞机6架，而己方损失的飞机数量则

★库尔斯克战役中的苏联战斗机群

达到了8架，因为德军早已经有了防范措施，而苏军早先空袭德军时所拥有的突然性已经失去，所以苏军统帅部立刻发出了指示，命令空军暂时停止对德军机场的突击行动。

就在苏军统帅部命令空军暂时停止突击德军机场的时候，德军统帅部则给德国空军下达了对苏军机场和铁路设施实施空袭的命令。6月2日，在德军战斗机的掩护下，德军轰炸机分成几批向着库尔斯克城飞了过来，对库尔斯克铁路枢纽发起了密集的袭击。在发现德国飞机的踪迹之后，苏军方面马上出动了386架歼击机升空截击。苏军飞机迅速与编有轰炸机137架、战斗机30架的德国空军第1梯队相遇，在这一次的战斗中，苏军击落了58架德军轰炸机。虽然初战告捷，但随后德军后续的287架轰炸机中约有160架突进了库尔斯克，正是它们的轰炸使得库尔斯克的铁路枢纽被迫中断了12个小时。苏军面对德军的疯狂轰炸，果断地调整了战术，拼死与德军飞机缠斗搏杀，到这一天德军的轰炸停止时，共有145架德军飞机在空战中损失。

随着库尔斯克会战日益临近，苏军统帅部要求前线必须确保能够夺得制空权。在几经权衡之后，苏军于1943年6月8日到10日再度发起针对德国空军机场及战斗机的空中战役，苏联空军第1、第2、第15集团军和远程航空兵兵团参加了这次战役。苏军此次空袭主要针对的是德军在布良斯克、卡拉齐夫、奥廖尔、哈尔科夫、斯大林诺、扎波罗热的机场上所停放的飞机，因为通过侦察发现，这些机场上集中的多为轰炸机，而苏联方面必须要粉碎曾对苏联重要工业中心发起过夜袭的德军轰炸航空兵集团。

考虑到经过此前的多次空中激战，德军对苏军以往的进攻规律已经多少有所掌握，所以这一次苏军准备把进攻的时间改为傍晚。苏军在6月8日的天黑前发动了攻击，但此时德军的防空力量并未有大幅度减退，苏军为应对德军的炮火，加强了突击编队的掩护兵力，每个突击编队中有60%以上几乎都是歼击机兵力。在这一天的空袭中，苏军击毁击伤了德军飞机141架。在随后两天，苏军再度对德军进行了行之有效的攻击，6月9日击毁击伤了92架，6月10日则击毁击伤了16架。在这一轮的空袭作战中，苏军共出动飞机3 360架次，德军机场上的飞机168架被击毁，81架德军飞机在空战中被击落，苏军则损失了各种飞机106架。

这一阶段的空战尚属于库尔斯克战役的准备阶段，在这个阶段苏军航空兵特别注意了对德军铁路和公路运输方面的破坏，苏军航空兵在3个月的时间里几乎从未停止对宽大正面交通线和距前线200—250公里纵深的德军主要交通线实施突击。除此以外，苏军还利用声东击西的战术，穿过火线，对集中地域的德军部队司令部、通信枢纽和仓库也进行了攻击。

空中支援：苏军躲过一劫

在苏德军队交火过后，苏军仍然对德军进行着详细周密的侦察，同时，对战争中抓获的俘虏也进行了及时的审讯，苏军正是基于在这类工作中所取得的突破性进展，从而判明了德军再次发动进攻的准确时间，经过苏军统帅部对已经取得的情报和信息的收集整理，最终确定德军开始进攻的时刻将会是在7月5日的凌晨3点30分。所以，苏联陆空军在德军进攻之前就已经严阵以待，作好了充分的准

★正在检修的苏联战机

★指挥库尔斯克战役的朱可夫元帅

备。根据苏联元帅朱可夫的命令，中央方面军和沃罗涅日方面军于7月5日拂晓，在德军炮火准备开始进攻之前的5分钟进行了强大的反准备炮火。417架强击机和歼击机从苏联空军第2和第17集团军所属兵团的机场起飞，突击了德军的7个机场，有60架德军飞机在此次突击中被消灭。苏军的突击让德军的方寸大乱，德军不得不将进攻时间推迟了两个小时，直到早晨5点30分才发动进攻。

但是因为德军的航空兵在与苏军的5月和6月空战中受到了沉重打击，兵力已经略显不足，所以根本没有力量去夺取整个战区的制空权，德军就把轰炸航空兵和歼击航空兵的所有力量都集中到了坦克部队和摩托化部队突破防御的区域上空。从7月5日德军发动进攻开始，德军就同时向战场上空派出了300余架轰炸机和100余架歼击机。面对德军如此大规模的空中兵力，苏联方面也不得不提高了自己在空中战斗行动的规模，随着双方都投入了大量飞机，此次战斗的规模气势已经超过了莫斯科战役和斯大林格勒战役。

德军先是以主力部队从奥廖尔登陆场向奥利霍瓦特卡发起突击，直捣苏军中央方面军地带，与此同时对马洛-阿尔汉格里斯克和格尼列兹展开了辅助性突击。德军第6航空队将本队的所有兵力都集中在宽25—30公里、纵深不超过10—15公里的战场上空，全力支援德军在奥廖尔—库尔斯克方向上的地面部队突击苏军阵地。德军方面每次突击苏军阵地时，都会出动100到150架轰炸机，负责掩护的战斗机每次则出动60架。

苏联空军第16集团军所属歼击航空兵第6军和近卫歼击航空兵第1师的飞行员们率先挡在了德军第6航空队轰炸机的面前。德军飞机一出现在空中，接到命令的苏军战机马上就会起飞作战。在确定了德军主力准备进攻奥利霍瓦特卡时，苏军随即将轰炸机和强击机改以小编队活动，全天候对德军的坦克、火炮和有生力量进行突击。

这是一场突击与反突击之间的拼杀，苏军和德军在战场上空上演了残酷的空中格斗。但是伴随着苏联空军第16集团军的基本兵力赶来支援，苏军航空兵的兵力迅速得到提升，活动强度也马上增强。轰炸航空兵第3军、航空兵混成第6军、近卫强击航空兵第2师和强击航空兵第299师的飞机编队随即突击了德军在雅斯纳雅波梁纳、奥泽罗克、阿尔汉格里斯克地区的地面部队。苏军强击机还在7月5日首次使用了新式反坦克聚能炸弹，这种重1.5到2.5公斤的炸弹，能够直接将德军"虎"式和"豹"式等新式坦克炸穿。在使用了这种炸弹之后，苏军航空兵对己方地面火力的支援愈加显著，单是强击航空兵第291师的飞行员就在一天之内摧毁了30辆活跃于沃罗涅日附近的德军坦克。

苏军地面部队因为得到空军的有效支援，所以非常顺利地抗击了敌人的冲击。德军经过一天的苦战，到7月5日夜却只在奥利霍瓦特卡方向取得了推进6到8公里的微小收获。但是通过这一天的交战，苏联空军为了压制和消灭德军目标而大量分散了兵力。尤其是苏联歼击机的飞行员，他们经常会迷恋于同德国战斗机的交火，有的时候竟然会出现对德国轰炸机置之不理的情况，对德国轰炸机的情况因此无法作出准确的报告。歼击机巡逻队有的时候甚至只在己方上空进行巡逻，根本没有按照高度作梯次配置。苏军航空兵的问题在此次大规模空战中被完全暴露了出来，这让空军指挥部痛下决心在战术上进行整顿。

7月6日的拂晓，苏军侦察机先是对德军坦克、摩托化步兵和炮兵集结地域进行了详细的侦察。苏军已经准备好了在这一天恢复原来的态势，将在奥利霍瓦特卡方向推进的德军消灭掉，清晨5时，随着统帅部一声令下，轰炸机和强击机共140架立即起飞，发动对德军主要集团的集中突击。顷刻之间，晨曦被滚滚的浓烟遮盖，苏军的反坦克炸弹、杀伤弹和爆破弹呼啸着飞向德军的阵地，十几辆德军坦克随即就被炸毁，苏军的地面部队马上就发起冲锋，杀入德军的阵地。

在这一天，苏军完全克服了之前空战中的缺点，歼击航空兵第6军军长和近卫歼击航空兵第1师师长更是亲临前线的前进指挥所，组织指挥歼击

★遭到苏联空军猛烈轰炸的德军机械化部队

★阔日杜布和他的战机

机作战。在这次战役中，日后威震德国空军的苏联空军英雄、飞行员阔日杜布声名鹊起，他所驾驶的"猎鹰13"成为每一个德军飞行员的噩梦。此时苏军的巡逻空域已经跨过了前线，所以德军飞机经常还没有来得及到达战场就已经受到了截击。

在遇到顽强的抵抗之后，德国航空兵的攻势严重受挫，而苏联航空兵在这一天出动的架次则比7月5日多了一倍，突击还随着战争的深入不断加强，在92次空战中就消灭了113架德军战机。

因此苏军从7月7日开始，就牢牢掌握了空中的主动权，德军的大部分轰炸机均是还没有抵达战场就受到了拦截，德军的空中火力根本无法展开，德军地面部队几乎失去了空中火力的支援。德军于7月7日到8日在奥廖尔登陆场增调兵力，试图由波内里突入库尔斯克，但是德军的这一计划并未成功，苏军的猛烈火力让德军的攻势无功而返。7月10日，在奥廖尔—库尔斯克方向上的德军几乎已经没有什么进攻能力，只能转入了战略防御。

在奥廖尔—库尔斯克方向的防御战役期间，苏联空军第16集团军共出动7 600架次飞机，远程航空兵出动了飞机800架次，共有517架德军飞机被消灭，为苏军地面部队粉碎德军的进攻给予了有力的支援。

彻底破产：堡垒计划失败

在奥廖尔—库尔斯克方向的防御战役打响的同时，7月5日早晨，德军也对苏联沃罗涅日方面军发动了进攻。德军为了能够直插库尔斯克，集中了近700辆坦克以及步兵和炮兵的主要兵力发动了突击。同时为了迷惑苏军，从而将苏军的兵力转移到其他方向，德军还将部分兵力用去进攻科罗恰。德军这一路的突击集团由德军的第4航空队负责支援。

沃罗涅日方面军根据德军的进攻态势，几乎将其所属空军第2集团军的全部兵力都集中在奥博扬一线，而派出了空军第17集团军负责对科罗恰方向地面部队的支援。

德军的进攻刚刚打响，苏军与德军的飞机就为了争夺别尔哥罗德—库尔斯克方向的制空权而发生了激烈的空战。在方圆1 200平方公里地区的空中，苏德双方的2 000多架飞机在这里多次发生交火，交火的飞机常常一次就能够达到100到150架。仅苏联空军第2集团军的歼击机在7月5日到10日这几天里，就先后进行了205次空战，德军在空战中损失了330架飞机，苏军则损失了153架飞机。

德军坦克集团在苏军近卫第6集团军地带内意图实施突击，德军强大的地面部队火速推进，苏联方面的强击航空兵和轰炸航空兵的主要兵力迅速赶来支援。防御战开始的两天时间里，苏军的强击机和轰炸机几乎都是以6到8机的编队进行活动。

后来，苏军考虑到大编队歼击机和轰炸机的防御能力会更强一些，而歼击机在大编队中也较为容易提供掩护，突击效率也就能因此提高，而飞机的损失则会相应减少，所以都以30到40机的大编队对德军实施集中突击。苏军的这种大编队突袭取得了成功，德军面对苏军配合有序的大编队机群往往束手无策，因而德军的进攻就此产生了极大的麻烦。7月7日，德军在塞尔采沃、亚科夫列地区以坦

★库尔斯克坦克战中掠过战机的身影

克和步兵进行重兵冲击，但是苏军强击航空兵第1军火速以两次集中突击粉碎了德军的猛烈进攻。

正是这次成功的阻击，让苏军很多将领认识到了空军的重要性和巨大威力，苏联空军参谋长胡佳科夫将军在7月8日向苏联空军司令员递交的报告中说："前段时间通过的关于把我航空兵战术改为集中使用大编队活动的决定是完全正确的。沃罗涅日方面军首长认为航空兵作战较以前更加有效。"

德军在前5天的紧张战斗中损失惨重，尤其是地面部队的很多坦克都被摧毁。而苏军部队则在空军的积极支援下成功抗击了德军的进攻，到7月10日时彻底粉碎了德军通过奥博扬向库尔斯克突进的计划。得知前线的战事再次陷于胶着，希特勒非常生气，但是他从来不是善罢甘休的人，因此在柏林最高统帅部进行了重新的部署，希特勒命令将坦克师、机械化师和航空兵的主力调往普罗霍罗夫卡方向，这样，德军就可以采取迂回战术从东南方向攻向库尔斯克。

在获悉德军的突击方向已经发生了改变之后，苏军沃罗涅日方面军立刻召开了紧急会议，并迅速将情报告知苏联最高统帅部。在经过认真的研究之后，统帅部命令沃罗涅日方面军先以顽强的防御拖垮德军，然后在7月12日早晨发起全面的猛烈反击，从而将普罗霍罗夫卡方向上进攻的德军彻底消灭掉。

为了及时阻滞德军预备队开进交战地区，苏军远程航空兵和空军第2和第17集团军的轰炸机于7月11日先对战场上的德军部队进行了突击。与此同时，苏军轰炸机还轰炸了德军车站上的军运列车，将沿公路和土路行进的德军纵队尽数击溃。苏联空军的突击确实给德军带来了麻烦，德军预备队因此不得不放慢前进速度，同时还得想尽办法对付神出鬼没的苏军飞机。

7月12日，就在苏军突击前一小时，苏联空军第2集团军派出了200多架飞机，突击了德军集结的坦克和发射阵地上的火炮，进行了40分钟的航空火力准备。随后，苏军地面部队全面出击，与德军冲击中的坦克集群在普罗霍罗夫卡地区相遇，于是苏德战争开始以来规模最大的坦克大会战就此开始，双方参战的坦克达到了约1500辆。地面部队的激烈搏杀也带动了空中的激战，苏军飞机在此次激战中表现优异，完全压制了德军的飞机，并且很好地给予了地面部队火力支援，苏军最终赢得了这次惨烈的战斗，德军意图攻入库尔斯克的计划再次遭受失败。

沃罗涅日方面军的部队在7月23日终于完全恢复了7月5日前所处的态势，苏军在整个别尔哥罗德—库尔斯克方向防御战役期间共出动了19 263架次飞机，共击落了899架德军飞机。这样，别尔哥罗德—库尔斯克方向的防御战役就此胜利结束，在航空兵的积极支援之下，苏军只用了几天时间就挫败了德军的进攻，彻底粉碎了希特勒攻占库尔斯克的"堡垒"计划。

战略反攻："库图佐夫"作战计划

在成功获得了库尔斯克防御战的胜利之后，苏军随即决定马上对德军奥廖尔集团和别尔哥罗德-哈尔科夫集团发动反攻。苏军的意图是将这两个集团彻底消灭掉，将它们所占领的突出部夺回来，从而为苏军即将到来的总攻创造有利条件。

苏军方面计划由西方面军、布良斯克方面军和中央方面军负责在奥廖尔—库尔斯克方向上的反攻，苏军准备先行从4个地段上同时对德军的防御发起突击，从而将奥廖尔的德军集团分割，然后逐个歼灭。其实早在5月份苏军就已经制订好了这个反攻计划，它的代号为"库图佐夫"。

德国空军的第6航空队仍然活跃在奥廖尔一线。而苏联空军则由西南方面军空军第1集团军、布良斯克方面军空军第15集团军和中央方面军空军第16集团军编成航空兵集群，同时，苏联统帅部预备队航空兵前往各空军集团军进行支援，得到加强的苏军航空兵数量几乎是德军航空兵的3倍。

★库尔斯克战役——苏军横扫德军运输队

★执行轰炸任务的苏军佩-2型轰炸机

为了能够促成"库图佐夫"作战计划的最终完成，处于奥廖尔一线的苏军航空兵的任务非常艰巨。他们首先要保持掌握制空权并对地面部队的突击集团进行可靠的掩护，其次要积极支援地面部队突破德军的防御，并阻挡德军进驻中间防线，对德军预备队的机动行动要有所阻挠，并尽可能破坏敌军的指挥。

奥廖尔方向上的反攻在7月12日正式开始了。在苏联西方面军近卫第11集团军发起冲击前15分钟，空军第1集团军以70架"佩-2"型轰炸机和48架强击机向德军炮兵阵地和支撑点进行了突击，在此次突击中，苏军共出动飞机362架次，向德军投下了210吨炸弹。而在布良斯克方面军第61集团军即将发起冲击的区域，为了压制德军的火炮和迫击炮，远程航空兵和夜间轰炸航空兵第313师在夜间就进行了航空火力准备，德军抵抗枢纽部被摧毁，德军集中地域的部队也遭到了苏军的突击。各方面军突击集团在航空兵支援和强击机施放的烟幕掩护下在当日拂晓正式转入反攻，以10到12机编队的强击机在歼击机的掩护下不断到达战场上空，强击机随后开始对德军的炮火发射点进行火力压制，并积极消灭德军的坦克和有生力量。

德军轰炸机群在苏军发起进攻1小时后开始出现在战场上空，以期对苏军部队发动突击，但是苏军近卫歼击航空兵第1军的歼击机早已经在空中和机场上备战多时，德军飞机刚刚出现，它们就奋起迎击，并很快通过猛烈的炮火打乱了德军轰炸机的队形，使得德军轰炸机根本没有办法对苏军部队进行瞄准轰炸。

苏军航空兵在这一天共出动了2 174架次飞机，参与空战72次，有86架德军飞机被消灭，苏军方面则付出了59架飞机的损失。这里值得一提的是，参与此次战斗的不仅有苏军飞行员，还有法国"诺曼底"航空兵中队的飞行员。1943年5月，这些法国志愿人员抵达了苏德战争的前线，随后他们就被编入了空军第1集团军，在与德军飞机的空中搏斗中，他们表现出了高超的技术与无畏的精神，法国飞行员到1943年7月底共在战争中击落了德军飞机30架。

苏联西方面军部队在8天之内推进了70公里，苏联布良斯克方面军部队则推进了20公里，苏军的顺利推进可以说是为合围博尔霍夫集团创造了有利条件。为了守住博尔霍夫，德军则火速增调来了10个师的兵力，对苏军阵地发动了强大的反冲击。为了全力冲击德军的反冲击部队，苏军空军第1和第15集团军的兵力几乎全部都被调走了，光是7月25日一天，德军大约25辆坦克、150辆汽车、5个炮兵连和大量步兵都被苏联空军第1集团军消灭。而博尔霍夫的德军集团也终于在7月29日被完全粉碎。

就在诺沃西利以西地区发起进攻之前，苏联布良斯克方面军对博尔霍夫方向的德军发动了更为强大的航空火力准备。7月11日夜，远程航空兵和空军第15集团军出动了600多架次轰炸机，德军主要防御地带的目标受到了大概550吨炸弹的狂轰滥炸。强击航空兵第3军在7月12日晨以大编队向德军发动了猛烈的攻势，对突破地段上德军的炮火和部队进行了压制和消灭。89架轰炸机在苏军发起冲击前5分钟，再次对德军一些重要的抵抗枢纽部和炮兵阵地投下了500枚爆破弹和3 000多枚杀伤弹。

德军被苏军方面轰炸机、强击机和炮兵的集中突击打得士气涣散，根本没有办法再发动有效的抵抗，苏军向前推进得非常顺利。德军残存的发射点和抵抗枢纽部不断受到苏军强击机的摧毁，在航空兵的火力支援下，苏军的地面部队对敌人步步紧逼，到7月16日已前进到奥列什尼亚河。

为了对付苏军的坦克部队，德军于7月19日调来了大批航空兵，在战斗机的掩护下，德军轰炸机编队企图对苏军的进攻加以阻止。但是苏军早已经作好了准备，在与德军飞机的激烈空战中，苏军歼击机击落了23架德军战机，并迫使德军的大部分轰炸机掉头撤退。苏军在8月4日拂晓进入了奥廖尔城，于8月5日早晨肃清了城内的所有德军。

苏军西方面军和布良斯克方面军对奥廖尔方向上的进攻，使得德军不得不从奥廖尔突出部正南面抽调兵力进行增援。这样一来，使得苏军中央方面军方向的进攻压力锐减，随即马上转入反攻，中央方面军只用了3天时间就恢复了7月5日前的态

★在坦克的掩护下进攻的苏军

势，随着西方面军和布良斯克方面军于8月4日进入奥廖尔城，中央方面军也在8月6日即解放了克罗梅城。在苏军解放克罗梅城的过程中，空军第16集团军每天出动1 000多架次飞机，给德军的有生力量和技术兵器带来了沉重的打击，有力地向苏军地面部队提供了空中的火力支援。

在苏军相继解放了博尔霍夫、奥廖尔、克罗梅城之后，就开始追击溃败的德军残部。苏联最高统帅部此时发出命令，指示空军第15、第16集团军和远程航空兵将主要兵力用于消灭德军残部。随后根据空中侦察机得到的信息，苏军的强击机和轰炸机对克罗梅—卡拉齐夫公路上的敌汽车纵队和奥廖尔—霍蒂涅茨—卡拉齐夫—布良斯克铁路干线发动了大规模突击。从8月6日到10日的这段时间里，歼击机经常会攻击这些目标，而前线航空兵和远程航空兵则会在夜间接替歼击机出动，德军的60列列车和许多坦克车辆在苏军的突击下被消灭。

奥廖尔方向的战役到8月18日已经结束，但苏军前线航空兵和远程航空兵出于顺利实施"库图佐夫"作战计划的需要，先后出动60 995架次飞机，向德军目标投下了15 000吨炸弹，有1 400余架德军飞机被击毁。至此，苏军完全掌握了制空权，苏军地面部队趁机长驱直入，消灭了德军21个师，最终夺回了奥廖尔突出部。

致命一击：库尔斯克礼炮齐鸣

战争的视角在这时转移到库尔斯克战场的另一面，苏军沃罗涅日方面军、草原方面军、西南方面军和第57集团军正计划着在别尔哥罗德—哈尔科夫方向上发动反攻，他们准备对德军防御的全纵深进行分割，随后采取分别围而歼之的方法。

德国空军的第4航空队和匈牙利第2航空兵军在这一线活动，苏联航空兵集群则主要由沃罗涅日方面军空军第2集团军、草原方面军空军第5集团军和远程航空兵部分兵力编成。苏联最高统帅部预备队航空兵也给予这两个空军集团军在兵力和装备上的支援，在数量上超过德军航空兵兵力大概有一倍。8月2日夜，远程航空兵飞机对突破地段发动了突击，8月3日早晨，在歼击机的掩护下，苏联空军第2集团军的轰炸机和强击机再次针对突破地段上的敌支撑点进行了火力压制，随后，两个空军集团军又出动了200多架飞机突击了德军的主要防御地带内的目标。

在苏军的空中火力对德军的主要防御地带进行了压制之后，沃罗涅日方面军和草原方面军正式发动攻势，转入了反攻。但是在苏军反攻开始的30分钟里面，德军并没有进行太多的抵抗，原来德军支撑点的很多火炮在苏军航空兵和炮兵的有效打击下，有的被击毁，有的被压制，根本已经没有什么攻击性。有的德军士兵曾冒险进入阵地试图开炮，但战场上空的苏军强击机很快就发现了这些目标，马上将其消灭。几乎没有受到太多抵抗的沃罗涅日方面军长驱直入，在当日上午就占领了德军的主要防御地带。

为了尽可能地阻止苏军的进攻，德军马上就把大量航空兵投入被突破地段。因为重点突击的目标是苏军进攻的步兵和坦克，所以德军轰炸机主要都是以小

★库尔斯克战场上空的苏联战鹰

编队活动，每当遇上苏军歼击机的猛烈攻势，这些小编队机群立刻就会被击退。苏军航空兵此后一直牢牢占据着制空权，积极协助苏军地面部队的推进，掌握着空中优势的沃罗涅日方面军的坦克集团军很快将德军的防御阵地突破，到8月3日夜间时，苏军已经向前推进了26公里，同时，草原方面军也进入德军防线7到9公里。

苏军前线航空兵在反攻第1天就出动了飞机2 670架次，有效地配合了地面部队的推进，步兵第48军军长就在电报中高度赞扬："地面部队所以能够迅速向前推进，是由于强击机飞行员直接有组织的协同和密集突击。"

在突破了德军的防御之后，沃罗涅日方面军和草原方面军部队迅速扩大战果。草原方面军部队随后于8月5日解放了别尔哥罗德，并逼近哈尔科夫防线外围。到8月11日，德军别尔哥罗德-哈尔科夫集团则被苏军沃罗涅日方面军分割成了两部分，哈尔科夫—波尔塔瓦铁路也被苏军切断了。

为了能够尽快集结两个重兵集团对苏军沃罗涅日方面军翼侧发动强大的反突击，德军急忙向哈尔科夫和阿赫蒂尔卡地区调派预备队。但苏军的空中侦察机及时发现了德军的这一调动，在得到侦察机的报告之后，苏军果断出击，从前线航空兵和远程航空兵调来大量兵力，先炸毁了铁路和公路，随后对德军预备队展开毁灭性的打击。

率先投入对德军预备队战斗的是西南方面军空军第8集团军，该集团军的轰炸机和强击机对调往哈尔科夫地区的德军坦克兵团和摩托化兵团发动了猛烈攻击。苏军空军第17、第5和第2集团军的轰炸机和强击机随着德军预备队的不断推进，也投入到了这场战斗中来。苏军航空兵对沿线许多铁路车站进行了成功的袭击，并且消灭了德军的许多军列和汽车纵队。前来实施反突击的德军因为受到苏军猛烈炮火的攻击，损失惨重。

狼狈不堪的德军预备队一赶到地点，不等完全准备好就仓促开始了反突击，苏军随即与德军在空中和地面发生了激烈的战斗。因为苏联陆军和空军的行动协调一致，到8月21日，德军的反突击最终没有能够成功。德军的数十辆坦克在几天时间里被苏军空军第2集团军的飞行员消灭，同时苏军航空兵还破坏了德军数百辆汽车以及数个火炮和迫击炮连。遭受重大失败的德军不得不选择后撤。

当德军的反突击被沃罗涅日方面军粉碎之后，草原方面军解放哈尔科夫的战斗也已经开始。草原方面军到8月18日已经突破了德军的外围防线，形成了三面迂回的态势，准备对城内的德军采取合围。德军为了避免遭遇全军覆灭的命运，开始将城内的坦克师和摩托化师逐渐撤出，并将抢劫来的物资沿哈尔科夫—波尔塔瓦公路运走。在得知了情况之后，苏军在随后就几乎派出了空军第5集团军的全部兵力，前去阻截德军纵队。苏军仅在8月21日到22日就出动了1 300架次飞机，击毁、击伤多辆德军坦克和上百辆汽车。在经过了惨烈的巷战之后，苏军终于在8月22日夜间解放了哈尔科夫城。

8月23日21时，为了庆祝草原方面军在沃罗涅日方面军和西南方面军协助下成功解放了哈尔科夫，莫斯科以224门礼炮齐鸣20响。

别尔哥罗德—哈尔科夫方向的反攻至此结束，苏联航空兵在此次战役中共出动了28 265架次飞机，在空战和地面战斗中共歼灭德军飞机800架，成功地配合并支援了苏军地面部队的推进，从而赢得了最终的胜利。

东线无战事

德军在库尔斯克会战中有包括7个坦克师在内的30个精锐师被击溃，其余的也伤亡惨重。战后统计德军损失兵力50多万人，损失坦克约1 500辆，损失火炮和迫击炮3 000门，损失飞机3 700架。纳粹德国因为在库尔斯克会战中的失败，从此失去了战场的主动权，德军此后再也没有在东线发动有威胁的攻势。

苏军在库尔斯克会战中也付出了非常惨重的代价，损失的兵力达到了80多万，损失坦克6 064辆，火炮5 244门，飞机1 716架。但是苏军却因为最终赢得了库尔斯克会战而掌握了战场的主动权。苏军经过库尔斯克会战由战略防御转为战略进攻，此后的苏军向德军发动了连续攻势，顺利地将大量失地成功收复，并且在11月解放了基辅。与此同时，通过惨烈的库尔斯克会战，苏军的各级指挥员迅速地成长起来，战场指挥及临敌经验也越来越成熟。

其实德军在库尔斯克会战之后还没有完全丧失主动权，德军将领曼施坦因曾向希特勒提议将30万精锐后备军投入到对苏联的战场上，发动最后一次大攻势，或许毕其功于一役就能消灭苏联。但希特勒并没有采纳这个建议，而是将30万德国军队调到了西西里，结果错失了最后的机会。

但无论如何，库尔斯克空战后，东线已无战事。

★沙场点兵★

人物：阔日杜布

伊凡·尼·阔日杜布于1920年6月8日生于乌克兰肖斯特卡的奥布拉耶夫卡村的农民家庭，幼年时代的阔日杜布胆子很小，在父亲的影响下才渐渐变得勇敢、坚强和无畏。

1938年，16岁的阔日杜布进入肖斯特卡化学工艺学校学习，他正是在这里迷恋上了飞行，并加入了当地的航空俱乐部。

1940年，阔日杜布进入丘吉耶夫卡的歼击机航校学习，在航校期间学习优异，是学生中的佼佼者。

1941年，阔日杜布以优异的成绩毕业，并且留校成为一名教师。

1943年春，随着苏德战争日益深入，苏军开始大力扩充战斗部队的飞行员队伍，阔日杜布应征入伍，随后被分配到了第302歼击师。同年7月，阔日杜布参加了著名的库尔斯克会战，并且在此次会战中成长为苏联最出色的飞行员，并获得了战斗红旗勋章，被吸收为共产党员。

1944年，因为在战争中击落敌机数量达到20架，阔日杜布获得了他的第一枚"苏联英雄"勋章。

1945年，在肃清苏联境内德军的战斗中，阔日杜布将击落敌机的数量上升到49架，从而获得了第二枚"苏联英雄"勋章。在随后的战斗中，阔日杜布继续着他的传奇生涯，截止德国停战前，他共出战330次，参与空战120场，击落敌机62架，从而成为当时反法西斯同盟国的首席王牌飞行员，获得了第三枚"苏联英雄"勋章。

在这次战役中他所驾驶的"猎鹰13"成为每一个德军飞行员的噩梦。

武器："La-7"歼击机

在苏德战争初期，德国空军在苏联的天空中几乎可以说是予取予求，所向披靡。但随着"La-5FN"开始服役，苏联飞机的性能第一次超过了德国空军所配备的"BF-109G"战斗机。但是苏军战斗机的性能并无法一直都能够处于领先地位，因为苏军"Fw-190"战斗机拥有很大的改进潜力，德军更新型的战斗机性能不需要太久就能够超过"La-5FN"。但相比较德军的飞机，"La-5FN"的改进空间已经不大，苏联军方曾经向设计者建议加大飞机发动机的功率，但负责设计的拉沃金设计局认为"La-5FN"所配备的"ASh-82FN"发动机不能再加大功率，如果配备大功率的"ASh-71F"发动机，就不得不面对"ASh-71F"发动机性能不稳定的难题。这样，要想提高"La-5FN"的性能，就剩下了降低飞机的结构重量和进一步仔细地优化飞机的空气动力外形这两条途径。

1943年，苏联中央流体研究院使用一架生产编号为"39210206"的"La-5FN"战斗机进行了一次风洞试验，研究院的人员经过对飞机在"T-104"风洞中的试验，从而找到提高飞机性能的一些改进项目。按照研究院的实验结果来看，要改进飞机性能可以使用的方法包括：首先可以将原来由数个部件拼合的发动机罩改为整体的设计，可以将它分成上下两部分进行对合，这样就能让外形更为光顺；其次可以调整机翼中段的长度；可以对滑油冷却器空气进口、增压器空气进口、排气开口的设计位置进行改进；可以将飞机表面增大阻力的凸出物如无线电天线杆、地面启动车电源插口等去除掉；可以对主起落架舱盖进行重新设计，把过去没有完全覆盖的主轮完全覆盖住。

设计部门根据试验得到的建议对飞机进行了改进，改进后的飞机简称为"206"机。1943年12月16日到1944年2月10日，改进后的"206"机进行了多次试飞，风洞试验的计算和预测在"206"机的试飞中得到了验证，"206"机虽然比"La-5FN"要重150千克，但是在6 150米的高空中却能够将最大时速提高64千米。

根据"206"机的这次试飞成果，拉沃金设计局对"La-5FN"进行了改进，这次改进除了给战斗机上保留了天线杆和启动插头之外，将木质的机翼改为金属结构，将重量适当地减轻，滑油冷却器、增压器空气进口和排气口的设计都作了改进，并且在飞机上安装了三门20mm"B-20"机关炮。

1944年2月到3月，改进后的"La-5FN"进行了试飞，试飞结果显示，改进后的"La-5FN"虽然仍无法完全达到"206"的速度，但是仍然比改进之前的时速快了50到60千米，完全符合此前苏联最高统帅部对设计提出的要求，在观看了试飞之后，苏联最高统帅部迅速作出批示，决定将这种飞机以"La-7"的编号进行生产。

"La-7"在苏德战争的前线甫一出现，德军能够与它一较高下的飞机就只剩下了"Fw-190"和"Ta-152"，但是这两种飞机一般只有在5 000米以上的高空作战时才能显现出它们的优异性能。而在苏德战场上，苏军战斗机主要作战任务是掩护"IL-2"强击机或单独对德军的地面部队发动攻击，所以当时绝大部分的空中交战都发生在4 000米以下的空域。在这种高度上，德军的"Fw-190"和"Ta-152"根本很难发挥出其真正的战斗力，而苏军结构简单、行动敏捷的"La-5"、"La-7"、"Yak-3"则显得更为实用。

✦ 战术：近距离长短击发结合

这是由第二次世界大战期间著名的反法西斯盟国王牌飞行员阔日杜布发明的空战战术，苏联空军的很多飞行员正是通过运用这个战术，在第二次世界大战的诸多空战中取得胜利，给法西斯的飞行员带来了难以磨灭的噩梦。

1943年春天，随着第二次世界大战的不断深入，苏军前线需要补充更多的兵力，尤其是航空部队需要更多的优秀飞行员补充进来，于是在这一年，苏联军方向全国发出呼吁，再次征兵。时任丘吉耶夫卡歼击机航校教师的阔日杜布辞去了学校的工作，加入了苏军航空兵第302歼击师。但是虽然阔日杜布之前就一直在歼击机航校任教，但是书本知识与实践毕竟还是有着不小的差距，阔日杜布的飞行技术在实践中慢慢才变得成熟。一直到1943年7月初的库尔斯克会战，阔日杜布才击落了生平第一架敌机，但这次的胜利并没有给阔日杜布带来太多喜悦。因为阔日杜布由于跟敌机的距离过远，射击中一次性就打光了所有的子弹，而这在空战中可以说是非常危险的。

在此后的日子里，阔日杜布开始在实战中摸索如何用最小的火力消灭敌人，他发现很多飞机出于安全考虑，都选择在较远距离对敌机展开攻击，而选择长击虽然可靠，但是杀伤力却有限，所以很多飞机要缠斗良久才能分出胜负。加之很多飞机长时间不使用短击，当敌机选择同归于尽的方法时，飞行员会因为一时慌乱而来不及使用短击就跟敌机一起毁灭。因此，阔日杜布将优秀的飞行技术与熟练使用长短击的方法结合起来，发明了"近距离长短击发结合打法"，这种方法的要点就是飞机必须保持在高速机动的状态下飞行，然后长短击发要根据飞机所处的位置不断变化。之后随着战争的深入以及作战经验上的丰富，阔日杜布逐渐找到了掌握长短击发时机的办法，这种方法很快开始在苏军航空兵内部普遍开来，成为苏军航空兵克敌制胜的法宝。

生死瞬间的云端曼舞
THE CLASSIC WARS

第九章

霸王行动
——盟军诺曼底登陆前后的空中作战

　　▲ 1943 年，第二次世界大战的形势已经出现了根本上的变化，世界反法西斯战争进入了战略进攻的阶段，德国在苏联的不断进攻下已渐露败象，为了尽快结束欧洲战事，一场在西欧开辟对德作战第二战场的大规模登陆作战经过周密的筹划开始了。这就是二战中著名的诺曼底登陆战役。

　　诺曼底登陆留给世人的印象是规模的宏大和计划的周密，很多人不知道，在诺曼底登陆之前，这场战役已经开始了，盟军的空军部队在正式登陆之前对德军的军事目标、交通设施等实施了饱和式的轰炸，对德军的防御能力造成了极大的破坏，为了盟军大规模登陆作好了充分的准备。

前奏："霸王"计划出炉

1943年1月，美国总统罗斯福和英国首相丘吉尔就在摩洛哥的卡萨布兰卡再次举行会晤，在这次会晤上，美英两国领导人决定成立一个专门的联合参谋部，负责制订一份向德国占领下的欧洲发动登陆的计划。在美英双方领导人结束会晤没有多久，以英国摩根中将为首的计划小组就完成了最初的"霸王"作战计划。同年8月，美国总统、英国首相和同盟国参谋长联席会议成员在第1次魁北克会议上，审议了这份由英国人起草的"霸王"计划。在经过了详细的审议之后，会议在原则上批准了这个非常重要的作战计划，并决定将此次登陆作战定为1944年同盟国的主要作战，必须保障对现有的作战物资进行优先使用，并同意将登陆作战的开始时间定在1944年5月1日。

盟军最高司令部于1943年底进驻英国首都伦敦格罗夫广场边的一座老式红砖大楼内，12月3日，根据美、苏、英在"德黑兰会议"上达成的协议，美国总统罗斯福任命艾森豪威尔为盟军最高司令官，前往伦敦负责在欧洲开辟消灭法西斯的第二战场。

艾森豪威尔于1944年初正式出任盟军最高司令官，在到任之后，艾森豪威尔就和盟军最高司令部的军官们开始一起研究魁北克会议所通过的"霸王计划"，经过认真研究之后艾森豪威尔指

★诺曼底登陆的最高指挥官艾森豪威尔上将

出，在这个计划中所提出的狭窄正面和3个师的登陆部队是不够的，他坚决要求同盟国参谋长联席会议对正面加宽，并且将原本的3个师登陆增加到5个师。

计划军官在收到艾森豪威尔的指示之后，提议将登陆正面从40公里加宽到80公里，也就是从法国

★被盟军选定的登陆地点诺曼底海滩

北部科坦丁半岛东海岸的一点到奥恩河口。同时，把登陆的第1梯队增加到2至3个空降师和5个步兵师，另外，还需要两个师作为在海上跟进的预备队。计划军官的提议得到了各方的首肯，因此为了将登陆正面加宽，除了美军原定的奥马哈地段和英军登陆地段之外，新的计划又增加了一个犹他登陆地段。除此以外，各方领导人通过协商后决定，为了能够将诺曼底登陆作战中的运输和舰炮支援能力提高一倍，将原定于法国北部登陆的日期推迟了一个月，改到1944年6月1日后再开始。

经过同盟国各方的认真研讨，最后的"霸王"作战计划终于出炉。最后的计划是在海上登陆开始前不久先空投2到3个空降师在海滩的内陆着陆，随后用舰艇运送5个步兵师在诺曼底海滩登陆，第2梯队的部分官兵将会在登陆日第2次涨潮时火速完成登陆，其余的第2梯队官兵则必须在第2天完成登陆，盟军此后将竭尽全力以每天1到3个师的速度向地面部队增援。而盟军在将牢固的联合登陆场建立起来之后，应该尽早攻取瑟堡港，力争在5到6个星期的时间里占领布列塔尼半岛各港。此战的主要目的是粉碎德军的西线防御，从而完成攻占巴黎并解放法国南部的目标。

登陆部队为了能将这个计划顺利完成，编成了第21集团军群，下辖美军第1集团军、英军第2集团军和加拿大军第1集团军，并且决定将建立东部特混舰队（英军）和西部特混舰队（美军）两个特混舰队。其中，英军维安海军少将负责指挥东部特混舰队，主要任务是运送英国第2集团军的3个师和加拿大的第3步兵师，在奥恩河和贝辛港之间正面约48公里的"黄金滩"、"朱诺滩"、"剑滩"

★在英国集结的盟军战机

这3个地区完成登陆。英国战术空军第2航空队将负责此次登陆作战中的空中支援。而美军柯克海军少将负责指挥西部特混舰队，主要任务是运送美国第1集团军的3个师在紧挨英军登陆地域以西的32公里正面的"奥马哈"和"犹他"这两个地区完成登陆。美国战术空军第9航空队将负责此次登陆作战中的空中支援。

这份经过修订之后的"霸王"计划于1944年1月23日呈送到同盟国联合参谋部，随后不久就得到了批准。在拟订好了对欧洲的登陆作战计划之后，艾森豪威尔就开始着手准备组建"霸王"作战的指挥机构。在艾森豪威尔的司令部里，英国政府为他找来了一位非常得力的助手，他尤其在空战方面经验丰富，他就是英国空军上将马绍尔·阿瑟·特德爵士，他将担任此次登陆作战的副司令。特德爵士曾经担任英国皇家空军部长，是一位久经沙场的名将。他于1942年曾担任英国驻中东地区的空军司令，帮助阻击了隆美尔进军埃及。在阿拉曼战役之后，他率领的部队还为英军随后成功进军突尼斯立下了功勋。另一方面，特德爵士也是艾森豪威尔的老搭档了，从1943年2月一直到这一年年底，他都在艾森豪威尔手下担任地中海盟国空军总司令，包括英国驻中东的空军、英国驻马耳他的空军和西北非空军部队都由他来指挥。特德爵士不仅是一位能征善战的名将、空战的大行家，还能够很好地处理盟军各部队和各兵种之间的关系，可以说是艾森豪威尔最得力的助手。

一切都已经到位以后，盟军就开始按照已经制订好的"霸王"计划，开始积极准备发动诺曼底登陆了。

"直射"行动：目标直指德国基地

虽然1943年的纳粹德国早不复当年以"闪电战"横扫欧洲时的雄风，但是希特勒为了防止英国跨过海峡进攻欧洲，在沿海地区都设立了森严的防御地带。英美等国虽然早就已经想要进攻欧洲大陆，但面对德国重兵把守的防御地带，依然有所忌惮。其实早在1943年1月的卡萨布兰卡会议上，美国总统罗斯福和英国首相丘吉尔在讨论登陆欧洲大陆时，就讨论到了对德国发动联合轰炸，在破坏德国防御设施的同时，对德国进行武装抵抗的意志进行破坏。

此后，伴随着欧洲登陆计划渐渐被提上日程，美英双方领导人都觉得对德国发动联合轰炸已经是势在必行。于是，在双方领导人的示意下，美国和英国空军的统帅部成员开始认真地研究，在经过商讨之后，决定于1943年夏天对德国发动联合轰炸，双方将这次行动的代号命名为"直射"。

其实在"直射"行动开始之前，英国皇家轰炸机司令部从1940年就已经开始了对德国的空袭行动，美国第8航空队也随后在1942年夏天发起了多次对德国的轰炸，"直射"行动则是双方空军第一次联合执行轰炸任务。之前双方各自为战，对德国轰炸的力度毕竟还是有限的，加上德国空军的反击，都略有伤亡。而发动"直射"作战的联合轰炸攻势，就是要以大兵力、大火力进行大规模的轰炸，以"逐渐破坏和打乱德国的军事、工业和经济体系，并打击德国的士气，使他们进行武装抵抗的能力遭到致命的削弱"。

经过周密计划，盟军空军准备首先对德军的潜艇船舶基地、航空工业、滚珠轴承和石油基地发动空袭，然后通过空中交火打击并削弱德军的战斗机实力，在同时兼顾轰炸合成橡胶、轮胎以及军用运输汽车等工业基地。空军的计划得到了盟军最高司令部的支持。

此次负责联合实施"直射"作战的是英国空军轰炸机司令部和美国战略空军第8航空队，分别由英国空军轰炸机司令部哈里斯空军上将和美国战略空军第8航空队斯帕茨空军中将负责指挥。与此同时，包括美军第9航空队、第2战术空军航空队以及英

★盟军轰炸机

★盟军对德军目标进行轰炸

国的相应空军部队在内的空军则负责此次空袭行动的战术支援。

1943年6月10日,盟军最高司令部发出了对德国发动空中攻势的命令,美英空军开始联合实施"直射"行动。

此时正在德军最高统帅部观望着欧洲地图的希特勒,忽然听到了从遥远空际传来的巨大马达声,还不等他缓过神来,巨大的爆炸声开始在柏林以及德国的诸多城市里响起。希特勒在警卫员的保护下退入地下室,日耳曼人曾施加于世界的恐怖,被世界无情地还了回来。那一刻浓烟将整个德国都掩盖在了千疮百孔之下,骄傲的日耳曼人在英美飞机的狂轰滥炸下毫无还手之力。防空炮火迅速被密集的炸弹压制德国,德国飞行员们冒着粉身碎骨的危险冲入机场,架着飞机冲上云端。

等候多时的英美战斗机从高空蜂拥而下,冲着德军战机发射出猛烈的炮火,这并不是一场胶着的激战,从一开始就呈现出了一边倒的态势。英美飞机在空中占据了绝对优势,一架一架的德军飞机拖着长长的浓烟从空中坠落。德国人把这一天形容为像身临炼狱一般恐怖,四周都是让人绝望的爆炸,空袭警报更是为这一幕一幕的残酷添加了一抹绝望的重彩。直到夜幕低垂,英美飞机才撤离德国的上空。

但这并不是最可怕的一天,第二天的太阳还没有升起在地平线上,马达声已经再次吞没了欧洲大陆的上空。希特勒在地下室里狂躁不已,但是他再气愤也无济于事,因为他的帝国此时已经奄奄一息。似乎是在一夕之间就崛起于欧洲的德意志第三帝国，几乎也是在一夕之间走到了坍塌的前夜。

空中封锁：德军交通几近瘫痪

德国的各主要工业城市和军工生产基地从1943年6月开始，都先后遭到了盟军的轰炸，盟军联合发动的"直射"行动正在一天天地将德国的战争机器推向油尽灯枯的境地，在盟军的猛烈火力面前，德国空军和防空火力的反击显得毫无意义，此时的戈林早已经辞去了军职，但是继任的空军司令员对英美空军的轰炸依然束手无策。当年在英国疯狂轰炸的德军曾突然转头去攻击苏联，可眼下的英美空军似乎并没有转头去对付日军的迹象，希特勒这一次只能眼睁睁看着敌人将自己逼入绝境，并且大有要赶尽杀绝的态势。

可是，只对德国进行轰炸对于即将到来的诺曼底登陆来说是远远不够的。于是盟军空军司令利·马洛里和他的司令部在1944年1月，对"霸王"作战中预先作战的空军总计划作了进一步的扩大，准备对法国、比利时和德国的铁路枢纽和列车编组站实施大规模轰炸，从而通过轰炸使敌人的运输系统陷于瘫痪，阻止德军增援部队向诺曼底调动，在实施登陆之前孤立诺曼底战场。他们将此次作战的代号定为"运输"，并将这次作战附属于"直射"作战。

"运输"作战计划规定，为了打击对西线德军提供补给的铁路系统，英美联合航空兵需要对德国境内的39个目标以及比利时和法国境内的33个目标进行为期90天的轰炸。于是从1944年3月开始，盟军的轰炸范围不再局限于德国，而是包括法国、比利时在内的欧洲大陆，在

★投下的炸弹在德国爆炸

盟军飞机的猛烈轰炸之下，整个欧洲大陆都被浓烟笼罩。

　　根据战后盟国远征军最高司令部轰炸分析分队关于轰炸行动的报告表明，在1944年3月6日至6月6日期间，盟军航空兵共投掷约76 200吨炸弹，有71 000吨用于攻击铁路中心，有4 400吨用于攻击桥梁，有800吨用于攻击开阔线路。截至登陆日之前，盟军空军共摧毁了50个重要铁路枢纽，破坏了74座桥梁，其中塞纳河上从鲁昂经芒特至加西固尔一段的桥梁均被破坏，巴黎以北塞纳河上所有的铁路运输到5月26日时全部被封锁。德军在法国境内共有2 000个火车头可以使用，其中的1 500个在此次作战中被盟军炸毁，另外，盟军还炸毁了1.6万节火车车厢。

　　德军铁路运输在5月19日至6月9日期间急剧下降，约有1 600列火车在到达法国后却不得不后退，在这1 600列火车中，就有600列装载着德国陆军的补给品。

　　从巴黎到海边的所有跨越塞纳河的铁路到5月26日都停止了运输，德国人曾试图集中汽车来运送关键性的军需用品，以此替代被炸毁的铁路，但是问题再次摆在了德军面前：一是所需的汽车数量庞大，根本不够；二是公路上的桥梁已经被严重毁坏，纵使有足够的汽车，也没有办法跨越塞纳河。

　　盟军发动"运输"作战计划以后，便针对德国的工厂进行了轰炸，使得德军因为缺少钢筋和水泥而影响到岸防工事的浇筑工作，为了抢修法国的铁路，德军还被迫调出了死亡营中的2.8万名劳工。因为盟军的"运输"作战行动，使得德军在交通线和岸防工事上疲于奔命，却为日后盟军顺利实施"霸王"行动起到了关键作用。

　　而就在盟军发动对欧洲大陆空袭的同时，盟国空军从1944年4月1日到6月6日期间，派出3 000多架次飞机对欧洲海岸进行了照相侦察，在从荷兰到西班牙边境的欧洲海岸拍摄了大量的航空照片，对德军海岸防御工事、桥梁、机场、水淹地域以及

★遭到轰炸的纳粹飞机制造厂

德军的临时堆集场和兵站等作了充分的了解，并且在地图上作了可能性的标定。在这段时间里盟军所收集到的航空照片，如果堆起来足有3层楼那么高。

除了利用侦察机在空中拍照以外，盟军还积极利用英国潜艇以及英国、美国的鱼雷艇进行侦察，这些舰艇经常在夜间悄悄来到登陆地域，尽其可能地搜集关于水文、地质、气象、地形、植被以及敌人兵力部署、防御工事等各种相关情报。

空中侦察：霸王行动正式拉开帷幕

一切的准备似乎都已经就绪了，"霸王"行动已经是箭在弦上。凭窗远眺着伦敦城雾气缭绕的天空，艾森豪威尔知道决战的时刻即将到来，激动人心的那一天已经进入了倒计时。但是他不能坐在指挥室里等待着那一天的到来，他告诉他的助手马绍尔·阿瑟·特德爵士，他需要轰炸，需要盟军的飞机继续对德国及其统治下的欧洲大陆进行轰炸，他要让腾起的浓烟挡住希特勒那双狡黠的眼睛，这样，他那浩浩荡荡的军队才能跨越汪洋，将刺刀横到希特勒的眼皮子底下去。马绍尔·阿瑟·特德爵士依照艾森豪威尔的指示电令盟军空军指挥部，在拿起电话时，特德爵士只有一句话："继续轰炸！"

盟军在登陆战役前3周再次出动3 915架次轰炸机，突击了登陆点200公里以内的40个德军空军机场，在这段时间的空袭中，盟军共投掷了6 711吨炸弹，德军因此损失惨重，完全失去了诺曼底地区的制空权。除此以外，从1944年4月中旬开始，盟军空军发动了摧毁德军海岸防御工事的特别行动，随后从5月初开始，盟军又对德军的雷达设施与无线电设备、弹药库与燃料堆集所、军事营地与司令部、机场等进行了猛烈攻击。为防止德军的轰炸机和侦察机在盟军登陆部队集结的关键时刻来骚扰和破坏，盟军空军还从空中对盟军的海军和地面部队进行了火力保护。

在进攻发起日前的6周内，因为盟军空军牢牢掌握了制空权，同时不间断地使用猛烈火力压制德军，使得德军只向海峡地区出动了125架次的侦察机，只向泰晤士河入海口和东海岸出动了侦察机400架次，而且在这些侦察机中只有数量很少的几架能够接近陆地。凡是冒险飞到英伦诸岛上空的德军飞机，通常都会遭到盟军飞机行之有效的截击，德军因此根本没有办法掌握盟军大批部队和船只集结的情况。

★诺曼底登陆战中执行轰炸任务的盟军飞机

同时，出于阻拦德军海上支援，以及防止德军舰艇潜入英吉利海峡进行侦察的需要，盟军从1941年开始就一直在德国控制的沿岸实施攻势布雷，布雷速度在1944年4月17日以后更是得到加快。在轰炸机司令部飞机的掩护下，在4月17日到登陆日之间，两艘英国布雷舰、4支英国巡逻艇支队以及6支英国鱼雷艇支队共布设了6 859枚水雷，其中大部分水雷都被布设在了荷兰的艾英伊登和布勒斯特之间的德军占领港口附近。

1944年6月6日的早晨，一身戎装的艾森豪威尔穿过英国的浓浓夜色，带着他的战友们踏上了盟军最重要的一段征程。此时与英伦群岛一衣带水的诺曼底海岸早已经被无穷无尽的爆炸声笼罩，数不清的飞机引擎在天空中轰鸣，大西洋奔腾的海浪和海面上的雾气都被这些轰鸣声与浓烟穿透。

当东方的地平线开始慢慢现出鱼肚白的时候，一艘微型潜水艇浮起在离诺曼底海岸线约几百米的海面上，它用灯光不断向后面的舰船传递着信息。这艘微型潜水艇在水下已经行进了48个小时，它的任务是为盟军登陆艇发起最后攻击指示精确的登陆地点。随着微型潜水艇上的灯光不断闪动，成千上万的舰船，大小不一，如同幽灵一般从英吉利海峡的蒙蒙雾气里显现了出来。艾森豪威尔看了看表，聆听着海峡对面的轰炸——于午夜开始的火力准备正是登陆之前的序曲。

此时，成百上千架重型轰炸机和中型轰炸机正在对德军的海岸炮阵地发动着一轮又一轮的攻击，德军10个最重要的海岸炮连以及登陆点附近的通信设施成为了英军轰炸机的主要攻击目标，英军在凌晨5时前这段时间内出动了1 056架重型轰炸机，在德军的阵地上投下了5 000多吨炸弹。德军在滩头上的海岸炮阵地遭到轰炸之后，都纷纷起火。

美军第8和第9航空队的1 630架"解放者"式和"堡垒"式轰炸机紧接着对德军防御工事发动了猛烈的空中攻击，美军的这次轰炸一直到盟军部队开始抢滩登陆前10分钟才停止。

在盟军登陆之前，在直接航空火力准备中，美英空军共出动各型轰炸机2 775架，投掷炸弹9 276吨。随着美英空军的任务一完成，早已抵达指定航道的火力支援舰就将炮口对准了诺曼底的海岸，接着成吨的炮弹飞了出来，纳粹德国自诩为"大西洋壁垒"的海防要塞顷刻之间就土崩瓦解。

在强大的火力准备结束之后，大西洋开始了最波澜壮阔的一天，无数的登陆舰闪电一样冲向诺曼底的岸边，当第一批盟军士兵踏上诺曼底海岸之际，法西斯德国的世界之梦就此被踏得粉碎。

为时已晚：纳粹最后的选择

不知是基于什么原因，德军最高统帅部对盟军在诺曼底的登陆反应非常缓慢，德军最高统帅部直到登陆日的14点30分才命令党卫军第12装甲师加入第7集团军作战，随后在15点07分，又发布命令让党卫军第12装甲师和"利尔"装甲师归党卫军第1装甲军指挥，前往诺曼底阻击盟军的登陆部队。

但是德军装甲部队距离战场实在是太过遥远了，根本就没有办法在当天就投入到战斗中去，加之盟军在之前的轰炸中，炸毁了许多的道路和桥梁，使得德军在开往盟军登陆场的过程中遇到了重重障碍。同时，盟军空军出动了大量战斗机对赶来登陆场的德军发动了攻击，德军在行进的过程中还不得不经常停下来反击盟军的飞机，这样既付出了相当大的伤亡，行军的时间也被一再耽搁。

在6月7日很晚的时候，德军党卫军第12装甲师的部队终于才到达了指定的战斗位置，但是因为仓促行军，虽然到达了战斗位置，部队却一时无法展开，在6月9日以前根本无力发动反攻，盟军因此赢得了充足的时间。

在登陆日，德军能够投入战斗的只有第21装甲师，在来到奥恩河东边的阵地上以后，第21装甲师起初准备对那里的空降部队展开进攻，却突然接到了第84军军长的命令，军长要求他们马上向奥恩河以西发动攻势。不过虽然耗费了不少时间，第21装甲师还是在傍晚得以展开进攻，可就在他们开始进攻不久，英军的滑翔机部队就在奥恩河的两岸着陆了，第21装甲师不得不撤回，因此，就这样轻易将一个重要的交通要道让给了盟军。

盖伊尔·冯·施韦彭格上将在此时与德军元帅隆美尔达成了一致的意见，他们都主张重新调集3个装甲师，然后与第2伞兵军一起发动一次大规模的反攻，从而将盟军的登陆场分割开来。但是在完成了诺曼底登陆之后，盟军空军经过短暂的休整，重新投入到了战场上，盟军空军指挥部选择了几个重要的目标进行集中火力的进攻，对德军的重要阵地都进行了地毯式的轰炸。在6月10日，英国空军的轰炸机将施韦彭格上将的司令部彻底摧毁，并且击毙了上将的参谋长及多名幕僚，施韦彭格上将本人也负了伤，因此不得不将反攻行动一再推迟。

面对盟军空军的大规模空袭行动，也是出于阻止盟军进行大规模登陆，德军空军马上从德国和意大利赶来增援，出动了各型飞机约1 000架，其中多数是战斗机，还有45架携带鱼雷的"容克-88"式飞机。在拥有了空中火力之后，德军迅速从6月7日午夜开始对盟军阵地进行空袭，对岸上的部队实施扫射，并且对盟军海上的舰船进行轰炸。德军在一个星期之内就对盟军舰艇共出动轰炸机和鱼雷机1 683架次，盟军的不少舰船都因此受伤，"梅雷迪思"号军舰更是被德军击沉。

德军的袭击在取得了初步的成效之后，德军空军甚至还曾试图空袭英国本土。但是盟军空军怎么能够眼看着德军飞机在空中肆虐，盟军空军迅速作出反应，开始对德军飞机进行拦截，此时德军空军与盟军空军的实力对比大约为1∶10，德军完全处于下风。所以每当一批德军飞机升到空中，总是要面对十几倍于自己的盟军飞机。在数量和火力上都处于下风的德军飞机根本不是盟军飞机的对手，总是

★德国容克-88式飞机

一下子就被击溃，不断遭到截击的德军飞机被迫在途中丢弃携带的炸弹，不仅飞机的损失惨重，落下的炸弹也根本没有炸到关键的地方。

8月9日，盟军成功渡过了塞纳-马恩河，诺曼底登陆正式宣布成功。但盟军空军与德军空军的殊死搏斗并未就此结束，德军空军依然在拼死抵抗，但饶是如此，德军飞机必须面对盟军空军的火力，根本无法对盟军的地面部队构成任何威胁，也无力遏制盟军的前进和攻势。

在完成了诺曼底登陆之后，盟军空军又轰炸了登陆点200公里至470公里范围内的59个机场，正是这一番大规模的空中攻击行动，使得德军完全失去了盟军登陆地区的制空权，德国空军残存的飞机只能进行一些骚扰性的活动而已了。

诺曼底登陆的保护伞

作为世界历史上规模最大的两栖登陆战役，"诺曼底登陆"为开辟欧洲第二战场奠定了基础，对法西斯德国的瓦解以及战后欧洲局势的形成，都起到了至关重要的作用。而在这场事关欧洲未来局势的登陆战中，空战所起到的作用尤为重要，可以说正是因为空战的存在，使得"诺曼底登陆"最终能够像预期一样获得成功，而"诺曼底登陆"前后所发生的空战以及空军在战争中起到的作用，既为"诺曼底登陆"打下了基调，也为法西斯德国的崩溃打下了基调。纵观盟军空军在"诺曼底登陆"中起到的作用，总结起来主要有下面几点：

一、通过空袭实施"障眼法"成功组织了战略欺骗。盟军空军在进行轰炸的过程中，有意误导德军的分析和判断，在对诺曼底登陆场周边进行轰炸的同时，伴装轰炸加来地区，并且在加来地区的轰炸看起来更有针对性、破坏性，所投入的兵力似乎也要比诺曼底地区要多，从而使得大多数德军将领都认为盟军最终选定的登陆场在加来地区，而并非诺曼底地区。这样就造成诺曼底地区的防御多少比之加来地区要有所薄弱，盟军在进行登陆作战的时候也就减少了很多麻烦和障碍。

二、掌握绝对制空权，保障部队顺利登陆。掌握制空权是登陆成功的重要原因之一，盟军投入作战的飞机达到了13 700架，数量是德军飞机的10倍，在火力上完全压制了德军飞机。而在登陆前，盟军飞机对德国空军基地、航空工业及新武器研制基地等目标发动了大规模的轰炸。尤其是在登陆前的高密度轰炸，使得德军的飞机和炮火完全被压制，等到盟军登陆时，没有了高压炮火的袭击，盟军登陆部队的速度就有所提高，从而顺利登上了诺曼底海岸。

三、破坏交通设施，延缓德军增援部队的到来。登陆前盟军空军对德军的铁路、公路及桥梁等交通设施展开轰炸，从而使得德军的军需品运输出现问题。而在登陆前后，盟军空军对登陆场范围内的交通线进行了严密的空中封锁，使德军本来就为数不多的增援部队更没有办法及时成建制投入反击。因为盟军的登陆部队在登陆前后都没有受到太过猛烈的反登陆炮火的袭击，在登陆后就能很快地在诺曼底海滩形成攻击阵形，有效地应对德军的小股增援部队。

诺曼底登陆的成功，标志着盟军在欧洲第二战场的开辟，同时使得纳粹德国陷入两面作战、腹背受敌的困境。德国原计划是先通过西线部队挫败美英登陆作战，然后再抽调50个师用于苏联战场，但随着盟军在诺曼底登陆成功，德军两线作战的可能性几乎为零。而到1944年8月，德军的败势已经无法扭转，可以说诺曼底登陆的成功，给德国法西斯的最终覆灭敲响了丧钟。

★沙场点兵★

人物：艾森豪威尔

德怀特·戴维·艾森豪威尔，盟军欧洲战区总司令，全面负责盟军在诺曼底的登陆战役。在战役进行期间，面对自己手下数以百万计的大军，充分发挥其善于协调各方面关系的优势，梳理盟军内部各方面的利益和问题，把盟军很好地团结在了一起。

艾森豪威尔抵达伦敦之后，仔细研究了整个登陆计划，发现里面还是有不少问题，首先突击正面定得太窄，使得最初的攻击冲击力不够，必须拓宽，让突击部队的作用发挥到最大。于是登陆正面就被扩充到了80公里，突击先锋由最初安排的3个师增加到了5个师，同时登陆滩头也从3个变成了5个，空降兵也增加到了3个师。因为艾森豪威尔如此考虑确实有道理，最高司令部成员一致表示支持。

艾森豪威尔在关系方面的协调以及在战术方面的合理建议，很大程度上保证了这次登陆战役的成功，为开辟欧洲第二战场发挥了重要作用。

武器：堡垒式轰炸机

堡垒式轰炸机于1935年由波音公司设计并试飞，欧洲战场上的大部分轰炸任务都是由堡垒式轰炸机完成的。

在诺曼底登陆开始之前，盟军空军部队对德军目标作了饱和式的火力准备，堡垒式轰炸机在此次任务中发挥了重要的作用，它运载的数千吨炸药倾泻在德国人的头上，使德国人在诺曼底的防御设施近乎于瘫痪。

在第二次世界大战的其他战场上堡垒式轰炸机也频繁出击，给法西斯以致命的打击，为二战最终盟国取得胜利留下了自己浓墨重彩的一笔。

战术：饱和轰炸

历史到了1944年的上半年，欧洲战场的局势发生了根本性的变化，盟军对德军在各条战线上都加强了攻势。盟军继续对德国各大城市及交通线进行空中攻击，并在3月首次在日间对柏林实施了轰炸。在南线的意大利战场，德军也不得不被迫向北撤退，盟军于6月4日成功进入罗马，使得罗马成为盟军从德国人手中取得的第一座欧洲国家的首都。

但是一切正如希特勒曾预见到的那样，对战争起最终决定作用的地方并非意大利，而是法国。在3月20日，希特勒在谈及盟军未来的登陆作战时就曾经指出："击毁敌人的登陆企图，其意义不仅是在西线方面能获致一次局部性的解决，更重要的，它是整个战争中唯一具有决定性的因素……这一战役足以决定整个国家的生死命运。"

1944年初，"霸王行动"方案得到了确定，盟军在4月决定实施战略轰炸时，将法国境内运输和铁路交通线作为第一优先目标，在攻击这些目标时，盟军采取了饱和轰炸的战术。盟军空军从5月21日开始，就对法国境内铁路交通（包括炸毁调车厂、火车头及车厢）发动了密集攻击。虽然德军的铁路、公路运输系统到6月初的时候，并没有达到盟军所预期般崩溃的程度，但是德军的2 000个火车头只剩下了500个堪堪能够使用，法国境内铁路运输量比先前锐减了62%，法国北部地区铁路输送量更是锐减到了先前的25%。因为材料缺乏与运输困难，希特勒重点构筑的"大西洋壁垒"的海岸工事也不得不减缓下来。

为轰炸铁路运输系统，盟军截止到6月6日共投下了76 200吨炸弹，此外还轰炸了距离预定登陆地点150公里内的德军空军机场。除了对目标区采取持续饱和轰炸，盟军出于阻绝诺曼底登陆作战地区，阻止部署于塞纳河北边的第15军团在登陆日后将兵力转移至诺曼底的考虑，还炸毁了塞纳河上全部的12座铁路桥梁及14座公路桥梁。这项以破坏交通运输系统为目的的作战，虽然有暴露盟军将在诺曼底地区登陆意图的危险，但却有利于先期孤立诺曼底战场，从而使得未来登陆作战开始时，德军在诺曼底地区的军事调度陷入困难。

另外，为了转移德军的注意力，英美空军在每次向诺曼底地区轰炸时，也同时在加来地区进行两次攻击，这样做的目的就是要让德国方面相信，盟军进入欧洲大陆首选的通道是加来地区，这里才最有可能成为盟军进攻路线以及攻击主力所在的位置。

正是通过这些强而有力的空中火力准备，使得随后的"诺曼底登陆"进展得非常顺利，虽然盟军在这场关乎欧洲未来的大规模登陆战中也付出了一些牺牲，但是两相对比，盟军依然是以最小的代价换取了最大的胜利。而能够得到这样的结果，自然与强大的空中火力密不可分，正是盟军强大的空中火力，延缓了德军的机动行动，消磨了德军的斗志和士气，使得"诺曼底登陆"达到了预期的战略目标。

生死瞬间的云端曼舞
THE CLASSIC WARS

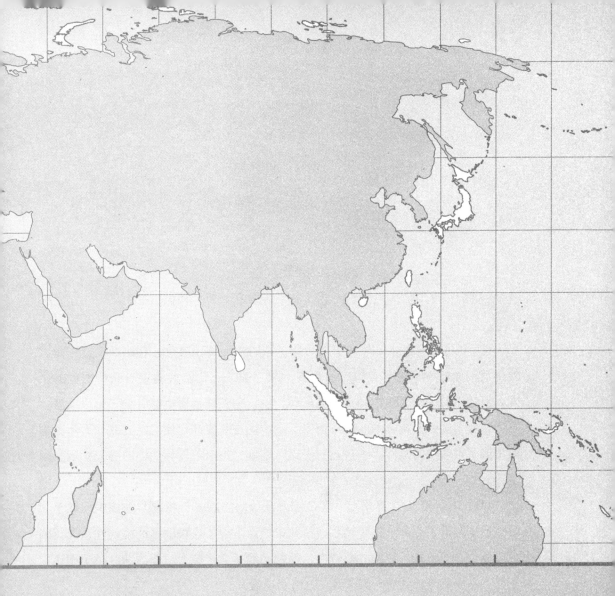

第十章

北非空战
——战鹰在沙漠中盘旋

　　▲北非战场的决战是一场真正智谋与韧性的决战，蒙哥马利与"沙漠之狐"隆美尔的这次直接对话，直到数十年后依然被历史学家们津津乐道。一个是长驱直入，所向披靡，一个则是"置之死地而后生"。而伴随着两位绝代名将的比拼，发生在北非上空的空战更是体现了不同指挥者的智谋与战术的最高境界。空战有的时候不只是战术上的缠斗，更多的是战略上的博弈。

前奏：不再平静的北非

　　有5个北非国家分布在地中海南岸，它们分别是：埃及、利比亚、突尼斯、阿尔及利亚和摩洛哥。在第二次世界大战之前，它们都曾属于英法势力范围之内。但是随着法西斯轴心国集团的崛起，希特勒和墨索里尼都盯上了这片地区。对于这两个法西斯轴心国的魁首而言，地中海及北非都是他们建立欧非大帝国霸业中最不可或缺的侧翼，一旦占有了这片地区，甚至可以将他们的势力扩展至印度洋。

　　1940年，在相继将东欧、北欧和西欧攻陷之后，希特勒和墨索里尼几乎同时将目光瞄准了北非。但是轴心国集团既然意识到了这块地区的重要性，那英国人自然也非常清楚北非的战略意义，他们必然不会将这么重要的地区拱手相让，于是，一场不可避免的大厮杀就在这里迅速展开。

★意大利入侵北非

　　墨索里尼一直都想重温罗马帝国的旧梦，日日都渴望着重新让地中海成为他的花园，于是他先于希特勒对北非发动了攻势。在1940年7月，墨索里尼示意意大利军队从埃塞俄比亚出发，进攻东部非洲。另一支意大利军队也在两个月以后，从利比亚向埃及发动了进攻。

意大利在北非共投入了23万兵力，拥有包括菲亚特"CR.42"双翼战斗机、三发动机的"SM.79"中型轰炸机以及后来才加入的"马基MC200"型战斗机在内的400架飞机，妄图用疯狂的进攻在最短时间内占领非洲。

★菲亚特CR.42双翼战斗机

对比之下，驻扎在当地的英国军队就有些"寒酸"了，英军的兵力在开始阶段只有5万人左右，而当时英国驻北非航空队仅仅有200架飞机，更为重要的是，在这200架飞机中，型号还多是老式的"斗士"式双翼战斗机和"布兰海姆"1F型轻轰炸机，这样的兵力和武器装备在虎狼一般的意大利军队面前，完全就像是一副空架子。果然，意大利军

★SM.79中型轰炸机

★马基MC 200战斗机

队没有碰到什么麻烦就占据了埃及西部边镇西迪巴拉尼。墨索里尼对军队的表现非常满意，亲自发去嘉奖的电报，他面对着摊开在桌子上的地图，继续催促着前线的军队尽快前进，他的思绪已经一度回到了恺撒大帝纵横欧洲大陆的岁月，那时候的亚平宁王族坐拥地中海，驰骋欧洲大陆，开创了震古烁今的帝国时代。

时代已经久远，但墨索里尼一直相信旧的时代虽然已经远去，但是新的时代正在被孕育，而他就将是开创崭新时代的人。作为罗马帝国的后裔，他深谙地中海的战略意义何其重要，所以当希特勒忙于进攻东欧、北欧和西欧的时候，他一直在养精蓄锐，他等待的就是这一天，他要兵出亚平宁，扫荡北非，占据地中海这个真正的欧非大陆心脏。

墨索里尼还在自己的梦境中逡巡，但是英国人不准备让他睡得这么舒服，虽然手上只有一些似乎已经该进入博物馆的老型号飞机，但是皇家空军血液中的战斗意志让他们不能坐视意大利人如此长驱直入。英国驻北非航空队的将领们很快召开了一次作战会议，他们认真分析了意大利军队的特点，出于多年来对北非地形及气候特征的了解，他们决定将手中的这200架飞机善加利用，采取先发制人的战术。

对于当时在人员及配备上都处于劣势的英国人来说，这个决定是大胆而又非常冒险的，但是航空队的将领们深知，越是冒险才越是能够攻其不备。于是，他们在深夜对意大利在利比亚的军用机场进行了偷袭，意大利人根本没想到装备简陋的英国人竟然敢这样铤而走险，利比亚的军用机场因此遭受重创，给意大利空军的行动带来很多不便。12月，韦维尔将军指挥的英国机械化部队对意大利军队发动了猛烈进攻，就在同时，英国国防部为在北非处于困境的英国驻北非航空队运送了更为先进的"飓风"式战斗机，英国人的态势迅即发生了天翻地覆的变化。

德军初胜：英军的麻烦来了

英军随即将西迪巴拉尼的意大利军队赶了出去，并很快占据了战争的主导权。意大利军队损兵折将，到1941年2月，有10万意大利士兵在北非战死。英国地面部队在皇家空军全力支援下，推进得非常神速，而不堪一击的意大利军队则一溃千里。到后来，已经变得草木皆兵的意大利人经常是还没有修建好阵地，听到英国人的枪炮声，马上掉头就跑。而此时，开战之初无往不利的意大利空军也完全雄风不再，拱手将制空权交给了英国空军，英国空军的"飓风"式战斗机很快就成为了北非天空的主人，而有了制空权之后，英国地面部队的推进更为迅疾，很快就占领了原先由意大利人控制的东非地盘。

或许是因为战事进展得有些过于顺利了，对北非局势非常放心的丘吉尔首相干脆将驻北非空军大部分兵力调往希腊战线，只在埃及留下了一支飞行中队。但是丘吉尔万万没有想到，就在非洲的另一端，一支更为可怕的军队正在迅速向这个地区开来，他们的强悍要远远超出脆弱的意大利军队。

★德国空军的 Me-109E战斗机

是的，德国人来了！

德军从1941年2月开始依靠武力填补原意大利在北非的势力空间，意大利人正式成为了配角甚至看客，北非战争成为了英德之间的搏杀。而指挥着这支沙漠军队的主帅，就是德国陆军非洲军团的司令，人称"沙漠之狐"的埃尔温·隆美尔将军。隆美尔的声名威赫欧非，是德国军中真正的战神级将领。而随同隆美尔将军前来北非的，则是曾经在不列颠空战中给英国空军留下过深刻印象的德国空军第27战斗联队第一大队的"BF-109E"型战斗机。到当年的9月，第27战斗联队第2大队也抵达北非；11月，第27战斗联队第3大队和第53联队的一部分航空兵也飞抵北非。德军此时配备的主力机种是梅塞施米特"BF-109G"和"BF-110"型战斗机，以及"容克Ju87斯图卡"攻击机，英国方面所配备的"飓风"、"战斧"以及一小部分性能优异的"喷火"式战斗机在这些"明星战机"面前就相形见绌了。

在作战部队逐渐结集完毕之后，隆美尔指挥的非洲军团对昔兰尼加的英国守军阵地发动了一轮又一轮的密集攻势，德军战机对英军阵地进行了地毯式的轰炸，而那一个中队的英军"飓风"战斗机则只能疲于奔命，面对空中和地面的德军根本无法作出有力的还击。英军飞机虽然也对的黎波里的德军机场和车库进行了数次空袭，但随着德国人重新夺走制空权，这支小得可怜的英国空军中队就此完全失去了与德军抗衡的能力。隆美尔乘势向兵力严重不足的英军阵地发起新一

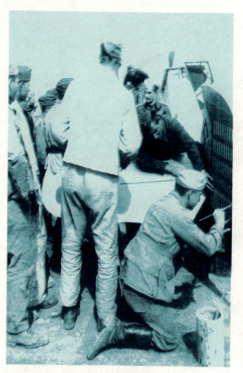
★马尔塞尤画上第50架战果标志

轮进攻，英军飞机被德军战机压制，对地面的攻击无能为力，德国空军就此在北非占尽优势。

英军在同年4月不得不撤出埃及，死守住昔兰尼加的托卜鲁克这最后的一个据点。德军因为在开战之初的进攻过于迅疾，损耗也在渐渐加剧，于是在5月选择暂缓发动大规模的地面战事。此时德国空军与英国空军在空中的交火并未结束，但因为地面部队处于僵持阶段，空中的战线暂时稳定在西迪巴拉尼一带。5月20日，驻东非的原意大利总督奥斯塔公爵向英国投降，这标志着在非洲大陆的意大利势力就此终结。

而在与英国空军的交战中，战功最为显赫的当数德国空军第27战斗联队的王牌飞行员、日后被誉为"非洲之星"的汉斯·约阿希姆·马尔塞尤准尉。

马尔塞尤祖籍柏林，父亲是第一次世界大战期间的王牌飞行员，军衔为少将。在21岁的时候，马尔塞尤已自称是空军中"最老的准尉"。马尔塞尤喜欢我行我素，因此在执行任务时经常会违反飞行规章，以至于上司对他屡屡作出"品行不端"的评价，所以后来虽然他战功赫赫，但是没有一任领导喜欢过他。

1938年11月，马尔塞尤开始接受飞行训练，并于1940年8月参加了不列颠空战。因为在不列颠空战中击落过10架英军飞机而荣获铁十字勋章。他后来于1941年随第27联队第1大队进入北非战场，从此，他军旅生涯中最辉煌的时期到来了。

与其他的德军飞行员不同，他对传统的"后尾攻击法"不屑一顾，为了在空战中赢得主动权，他几乎每天都在研究全新的瞄准方式和战斗动作。他一贯蔑视"学院派空战法则"，他笃信只有在真正的战场上才能找到最迅猛和直接的方法干掉敌机。在日复一日的探索中，他找到了一种直接而且非常有效的方法。正是通过运用自己所创造的新式战术，他于1941年9月24日清晨在北非首开杀戒，击落了一架英军飞机。同日下午，他于30分钟内在西迪巴拉尼再次击落了4架英军的"飓风"式战斗机，他的声名迅速在飞行员之间传开，甚至连当地人都开始谈论起他的名字和逸闻。

巅峰对决："BF-109"闪耀北非

虽然面对德军的猛烈炮火，但是英国军队并不准备就此放弃，他们冒着生命危险冲入阵地，坚守着每一寸的土地。经过英国空军和步兵的浴血奋战，英军终于占领了由法国维希政权控制下的叙利亚。

东非援军在关键时刻赶来，并为驻北非的英国空军带来了一批美国飞机。这些飞机主要包括"战斧"式战斗机以及"马里兰"轻轰炸机。英国空军在及时得到补给和武器更新之后，再次寻找到了扭转战局的契机，飞行员驾驶着新的战斗机迅速投入了与德国空军的对决，在6月份的战斗中，这些新式的武器发挥了重要作用。而这支俗称"西部沙漠空军"的北非英国空军部队，则因为在装备上可以不断地得到补充，所以兵力并未减弱，反而渐渐得到了增强。

经过一段时间的养精蓄锐之后，英国第8集团军于11月8日在西北部非洲发动了"十字军战士"战役。在这次战役中，一直被德国飞机压制的英国飞机，第一次以1 072架对340架的绝对优势面对北非德军。对于英国人来说，这实在是报仇雪耻的最好时机，他们要用自己

★盟军战斗机群

★德国BF-109战斗机

★德军斯图卡俯冲轰炸机

★德国BF-110战斗机

的实际行动挽回皇家空军此前丢失掉的名誉。

白天，英国人出动"布兰海姆"、"马里兰"轰炸机和"飓风"、"战斧"式战斗机，在晚上则出动"惠灵顿"式战略轰炸机。英国人不分昼夜地对德军阵地进行轰炸和攻击，夺取和保持空中优势成为英国皇家空军在此役中的头号作战任务。就在同时，利用建制内的高射炮，英国步兵还进行了反空袭作战，从而做到了在根本上让德国空军无法影响到盟国地面部队的战斗进程。

但是就飞机性能来说，面对德国的"梅塞施米特BF-109"，英国飞机暂时还有不小的差距，但英国空军通过运用多变的战术，还是击落了多架"BF-110"双发重型战斗机、"Ju87斯图卡"俯冲攻击机以及意大利相对笨拙的飞机。拥有先进的飞机、出色的飞行员，以及足够的地面炮火，却无法在制空权的争夺中占据上风，让德军的指挥官们懊恼不已。随着德军飞机的数量不断减少，轴心国的飞行部队甚至不敢与盟军飞机发生正面的交锋，只能到英军编队的侧面进行偷袭。也正是因为这个原因，北非英国飞机的战损率一度居二战全战场整个英国皇家空军之最。

没有过多久，德军飞机的数量依然在下降，而英军的军需补给则很快得以跟上，损坏的飞机及飞行员很快就通过军需补给得到填充，所以英国军队最终还是掌握了北非战场的制空权。

此时的形势已经非常严峻，在经过了分析之后，德军决定将以中队为单位的空战方式废弃掉，改为推广全自由式的空战战术。因为以中队为单位的空战方式是根据"BF-109"的特点量身打造的，这种"高速接近、打了就跑"的战术能充分发挥"BF-109"在速度和数量上的优势。

但随着英军正面交锋能力的提升，德军飞机数量的减少，德军方面不得已选择的避开正面交锋，采取自由式进攻的策略，则有利于打乱英军的部署，同时也更适合像马尔塞尤这样的尖子飞行员的口味。他素来都崇尚父辈年代所推崇的"自由猎取，自由开火"战法，对于生性喜欢杀戮的马尔塞尤来说，这种战法更便于他在空中狩猎到更多的猎物。

果不其然，这个后来在空中阻击战中出尽风头的传奇人物，仅仅在18个月里就累计击落151架英军飞机，创造了第二次世界大战北非战场各国飞行员击落飞机最快的辉煌纪录。而他所驾驶的"黄色14号"，对于盟军空军来说，则成为北非天空中一个凶残而又恐怖的代号。

战事扭转：皇家空军苦尽甘来

英国军队经过艰苦奋战，在两个月后将战线推进到了利比亚的中部地区。因为后援不利，德国的"非洲兵团"则不得不向西退却。但是对于狡猾的"沙漠之狐"来说，这样的退却未尝不是在为自己创造反扑的机会。

而在此过程中，英军始终坚持要为地面提供不间断的空中巡视和火力掩护，加之英军飞机几乎每天都要对德国机场进行袭击，所以"西部沙漠空军"成为盟军中赫赫有名的空战英雄部队。在北非上空的皇家空军积极介入每一天的战斗，北非战场的英国地面部队在行动中因此得到了最大限度的空中保护，得以毫无顾虑地全速向前推进，避免了遭遇德军空中力量的骚扰和破坏。

出于对远东战场进行增援的考虑，英国1942年初从北非的飞行部队中抽调了一部分前往亚洲的印缅战场，隆美尔因此得到了一个反扑的机会。德军突然发动的进攻让英美联军一时无法招架，再次撤退到昔兰尼加附近，并在那里与德军对峙将近数月。幸运的是，一批新装备及时运到，西部沙漠空军迅速补充了"波士顿"和"巴尔的摩"式两种轻型轰炸机以及更先进一些的"小鹰"A-20浩劫式攻击机。

虽然英国空军及时得到了补给，但是英国装甲部队却在奈茨布里奇惨遭重创，被隆美尔所指挥的德国装甲部队打得一败涂地，英军被迫全面撤出埃及，并将托卜鲁克港丢失。这对于盟军而言，无异于一场灭顶之灾。

英国第8集团军在整个初夏时节都死守在阵地上，英国飞机则竭尽所能从空中进行反攻。就在1942年8月间，第一批"喷火"式战斗机终于降落在大漠的英军机场上，为了等这一批新式战斗机，英军的航空兵已经望眼欲穿。同时到来的还有在机翼下加装了反坦克炮的"飓风"新改型战斗机和可加装250磅或500磅炸弹的"小鹰"式战斗机，以及"英俊战士"式重型双发战斗轰炸机，当然，随同这些武器一起空降北非的，还有那看起来如同绅士而不像将军的英国人伯纳德·劳·蒙哥马利。

美国陆军航空兵的一支增援部队也在同时赶到英军的营地，他们驾驶的是寇蒂斯P-40F型"战鹰"式战斗机、B-24"解放者"式四发战略轰炸机、B-25"米切尔"式双发战术轰炸机等。西部沙漠空军中的"澳大利亚中队"、"英国中队"和"南非中队"从此又多了得力的伙伴。

隆美尔企图在9月初击溃盟军的最后防线，从而取得北非战场的最后胜利。但是他的新对手蒙哥马利却并不这么认为，在拥有了强大的空中火力支援之后，

★盟军配备的A-20浩劫式攻击机

这位来自伦敦牧师家庭的坏小子已经稳操胜券。

西部沙漠空军在10月份进入了鼎盛时期，尽管德国BF-109战斗机群仍然通过"游猎作战"不时对英军方面进行骚扰，但是英国空军将不少前来骚扰的德军飞机都击落了，至少在天上，盟军已经攻破了轴心国的防线，随着盟军空军将制空权收回，盟军其实已经再度将战火烧到了德国人的一边。

蒙哥马利接手第8集团军之后，对军队进行了一段时间的整顿，一切就绪之后于10月末发动了对阿

★英军装备的P-40战斗机

拉曼的攻势，在这次战役中西部沙漠空军的飞行员表现不俗，他们英勇无畏地贴着公路来回飞行，德国人的装甲车队和残兵败将被他们投放的炸弹攻击得七零八落，轴心国部队因此不得不向西溃逃，隆美尔的传奇就此告一段落。而此时的德国大本营深陷于苏德战场的战争泥潭中，急切地调集飞机去欧洲战场，北非战场上的德军飞机只剩下了350架，而此消彼长，同期在北非的盟军飞机却达到了1 500架，德军的空中火力全面处于下风。

英国飞机一方面对德军的机场进行轰炸，使德军飞机在起飞之前就被炸毁；另一方面则派出数以百计的大型轰炸机封锁敌海上运输线，仅10月9日一天就有数百架飞机出动。德军在逃入昔兰尼加沙漠的西部地带后，北非盟军首次与美国海军和英国皇家海军的航空母舰协同作战，在摩洛哥和阿尔及利亚进行强行登陆。盟军空中力量这个时候所要做的事情，就剩下跟法国维希政权领导下的一支伪空军进行一些轻微的空战，并协同盟军地面部队继续向东推进，直奔突尼斯了。

最后决战：德国战机大势已去

为了能够保住所剩无多的空中优势，轴心国决心在突尼斯上空进行最后的殊死抵抗。但盟国的物资供应源源不断，这是当时在苏德战场根本无暇分身的德国没有办法比的。尽管德军从欧洲调来第77和第53航空联队以代替溃不成军的原第27航空联队，但是到了1943年初，驻北非德国空军已经和它的地面部队一样，都失去了对非洲大陆局势的控制。

而此时盟军在北非的飞机已经达到了3 000余架，大后方同时还在不断地派遣B-17"飞行堡垒"式大型四发动机远程轰炸机、"B-25"和"B-26"中型轰炸机，以及全新的"喷火"IX型战斗机加入战斗，从而使得北非上空激战连连。蒙哥马利将军在3月份将进攻矛头指向马雷斯防线，至此轴心国非洲军团的两翼完全陷入困境，轴心国军队不得不再次后撤。

德国第 27 航空联队到这个时候已经完全失去了战斗力。根据战后统计显示，德国第 27 航空联队在北非参战过程中，累计击落了1 188架英美飞机，单是马尔塞尤所在的第一大队就击落了588架，共有89名飞行员在北非战场战死。

★盟军超级"飞行堡垒"轰炸机

★德军装备的"Ju52"大型运输机

在北非战场上，马尔塞尤毫无疑问是轴心国空军的头号王牌，而英国皇家空军里北非战区的头号王牌，则是第112中队的杜克少校。在他总共参与的486次出击中，他驾驶着"战斧"式战斗机取得了击落268架的累计战果。

轴心国军队到1943年4月份的时候，已经龟缩到了突尼斯的北部，因为盟军飞机的反复打击，轴心国在海面上也遭受了重创，有330艘开往北非的运输船在1月到4月间被击沉海底。到了5月份，德国在海上的军事运输损失率已经达到了50%。

为此德军专门从西西里岛调来了大批为前线实施空中后勤支援的"Ju 52"运输机，但是因为缺少必要的空中火力护航，这种飞机几乎成为了盟国空军的活靶子。盟国飞行员称呼这些笨重的"Ju 52"运输机为"钢铁安妮"，他们最喜欢做的事情就是驾驶着飞机在这些运输机航线的两侧徘徊，然后从容地瞄准"Ju 52"运输机进行射击，德国因此又额外损失掉了一二百架运输机。

在空中拥有了坚强的火力庇护之后，盟军的"B-17"和"B-24"型巨型轰炸机即便是大白天也能够大摇大摆地来到轴心国部队上空对地面目标进行轰炸。此时轴心国军队被迫从东线和西线战场调集来轴心国最优秀的战斗机飞行员，企图孤注一掷，但是一切为时已晚，再挣扎也只是徒劳。德国人虽然拼死坚持，但是到5月初的时候，还是不得不陆续撤出北非大地，而越战越勇的盟军飞机则乘机发起了全线追击，德军地面部队和空中力量在盟军飞机巨大的火力面前根本已经不堪一击。

1943年5月13日的邦角半岛，轴心国在这里作了最后的挣扎，但是战争并没有在这里出现转折，轴心国最后还是必须要面对失败的命运，在北非进行了将近三年的战争之后，只得带着失败的结果完成撤退。

　　然而，盟军航空兵的攻击和轰炸还没有结束，穷途末路的轴心国部队发现，他们此时连顺利撤往西西里岛都成为了奢望。在这场一溃千里的撤退中，有很多轴心国士兵成为了俘虏，据统计共有25万人之多。

　　而英国皇家空军和后来加入进来的美国陆军航空队的将士们，他们在北非不但要跟狡猾顽强的敌人作战，还要面对炎热、沙尘、风暴、疾病，甚至无处不在的苍蝇。必须要提到的是，那里还缺少食物和水，但是他们最终坚持了下来，并且赢得了战争的最终胜利。经过了三年的浴血奋战，北非盟国空军从一支并不引人注目的飞行小分队，发展壮大成为了对陆军来说不可或缺的空中保护伞和强大的火力支援力量。正是在此次战争中，盟国空军积累了和陆军协同作战的宝贵经验，盟军后来的战术空军建制就是根据"西部沙漠空军"的经验和模式完成组建的。

疲于奔命的德军飞行员

结束了对东欧、北欧及西欧强取豪夺的希特勒，面对北非、苏联和孤悬海外的英伦岛国，却忽然变成了一个手忙脚乱的食客，他不知道该举起自己手中的刀伸向哪一盘珍馐美味，于是他先是对着英伦浅尝辄止，然后就是垂涎于北非，又对着苏联张开了嘴。或许正像老人们说过的民间寓言故事描述的那样，一个人面对的美食太多了，反而容易饿肚子。1940年的希特勒太像那个面对着无数美食垂涎欲滴的食客了，他总是吃着盘里的望着锅里的，生怕捡了芝麻又丢了西瓜。

敦刻尔克大撤退的失误让他后悔不迭，所以才展开了对英伦的轰炸，但是他的舰队还没有呼吸到英吉利海峡潮湿的空气，他就马上转过头去指挥着自己的军队开赴苏联了。就在他出兵苏联的同时，还将他最得力的战将隆美尔派往了北非。

他怎么能忘记美味的北非？更何况那里还有英国佬在横行无忌。当然，让希特勒作出这个决定的，还有在他看来多少有些无能的意大利军队，养精蓄锐的罗马帝国军团，在英国佬的飞机大炮面前怎么那么不堪一击？看着墨索里尼长吁短叹，希特勒实在是有些着急了，所以他命令隆美尔前往北非。可是，希特勒的选择题并没有就此填上正确答案，他根本就没有想好是要先啃下苏联，还是先吃下北非。于是当苏德战争陷入僵局，无法完全掌握战场的制空权时，他根本没有考虑就赶紧从北非抽调空军。而英国人的援军却紧跟着来到了，英国人就此扭转战局，让空有一身胆略却无用武之地的"沙漠之狐"叫苦不迭。

北非的"沙漠之狐"满腔愤懑无计可施，只能带着军队一退再退，只为了躲避英国人的锋芒，寻机进行反击。但是没有人比隆美尔更明白，这也是不得已的权宜之计，让他为躲避敌人的锋芒后退，这实在是一件耻辱的事情。可是没有了空中的火力支援，失去了制空权，如果不撤退，就是将自己的部队和军需放到了敌人的嘴边，任凭敌人撕咬、破坏，这对一个指挥者来说，更是不能容忍的。

到后来，隆美尔趁盟军疏忽大意，用一个漂亮的转身杀了个回马枪，但是意识到错误的盟军统帅部随即就抽调了更多兵力来到北非，接着就是隆美尔一生之敌蒙哥马利出现，德军在北非的所有作战灰飞烟灭。德军只能被英国飞机追逐着四散逃匿，而25万名轴心国士兵就此成为阶下囚，轴心国在北非不仅没有讨得半点便宜，还付出了惨重的代价，一代战将隆美尔更是在这里威名扫地。

停止了对英伦的进攻，彻底失去了北非这块肥肉，三心二意的希特勒终于可以专心来享用苏联这顿美味了。可惜时过境迁，属于他的宴席时间已经走向了尽头，满桌的珍馐美味转眼就被撤去，苏联也不再是刀俎下的鱼肉。本来还在为吃哪一盘美味不知如何抉择的希特勒，在失去了北非的同时，在苏德战场上也失去了主动权，胜利的天平渐渐倾向了盟军一边。

★ 沙场点兵 ★

人物：北非之鹰——马尔塞尤

汉斯·约阿希姆·马尔塞尤1919年12月3日生于柏林一个法裔家庭。1937年，18岁的马尔塞尤不顾母亲阻拦，加入了空军，并依靠自己坚强的意志通过了严酷的普鲁士式的严格训练。1938年，他进入飞行训练团开始接受飞行训练，此后加入作战部队被编入第27战斗机联队，开始征战生涯。

1940年8月，马尔塞尤随第27战斗机联队开赴诺曼底，参加著名的"不列颠空战"，并且在第3次出击时击落了一架英国的斯皮特菲尔战斗机，取得了生平第一次空战战果。到9月上旬，他共击落了10架英国战机，成为双"王牌"，获得了铁十字勋章。

1941年春，希特勒决定进入北非战场，马尔塞尤随第27战斗机联队开赴非洲；1942年2月24日，击落了生平第48架战机，荣获骑士十字勋章；4月，晋升为中尉；6月，就任第27战斗机联队第3中队队长；6月4日，被授予柏叶骑士勋章；当月17日，战绩突破百架大关，随后被授予宝剑柏叶骑士十字勋章；8月，晋升为上尉；9月1日，在一天之内击落盟军17架战机，创造了第二次世界大战空战的速度纪录；当月3日，被授予钻石骑士十字勋章；9月30日，由于飞机故障死于西迪拉赫曼。

马尔塞尤是德军最出色的王牌飞行员之一，飞行员生涯中共击落158架战机，其中绝大多数都是在北非战场取得的，被人们称为"非洲之星"。

武器：BF-109

在德国空军部20世纪30年代的战斗机设计竞赛中，"BF-109"与"Fw-159"、"Ar-80"、"He-112"一起参加了比拼。"BF-109"是巴伐利亚飞机厂设计的，在设计中采用了当时最先进的空气动力外形、可收放的起落架、可开合的座舱盖、自动襟翼、下单翼等技术，在此次竞赛中更是以绝对优势战胜了其他参赛选手，这种飞机随后从1936年开始批量生产，首批的型号就是"BF-109"。巴伐利亚飞机厂在1938年7月更名为"梅塞施米特"飞机厂，所以"BF-109"也改为了"Me-109"，但是因为大家已经对其称呼约定俗成，所以仍旧称这种飞机为"BF-109"。

德国"秃鹰"军团在参与西班牙内战时，"BF-109"甫一登场就赢得了满堂彩，从而迅速取代"He-51"双翼战斗机。1938年，改进之后的"BF-109C"型投入生产。"C"型战斗机是在发动机上方安装了两挺7.9毫米"MG17"型机枪，从而取代了"B"系列安装在翼根的同型机枪。

"BF-109E"在1939年初开始投入生产，"E"型安装着著名的"Daimler Benz DB601"系列液冷发动机。"BF-109E"迅速成为第二次世界大战早期最出色的战斗机之一，其性能要远远好于波兰的"PZL"战斗机，比之法国的"Morane-Saulnier MS406S"战斗机和英国的"飓风"式战斗机在性能上也更为优越。

但是"BF-109E"也在英吉利海峡和不列颠战役中暴露出了航程较短的弱点，而且遇到了克星"喷火"式战斗机。正是因为"BF-109E"的航程短，所以它无法伴随德国轰炸机轰炸伦敦，也没有办法在英国纵深自由行动，没有办法去对英军的基地和有价值的地面目标发动有效攻击，而这也成为了德国空军最终在不列颠空战中遇挫的重要原因。为了弥补航程短的缺陷，对抗英国的"喷火"式战斗机，在1940年末，"BF-109F"型开始取代"BF-109E"，设计者在"BF-109F"上采用了更大功率的发动机、最新型的冷却器、更轻巧的机身。

在1942年初，"BF-109F"又被速度更高、更易于操纵的"BF-109G"系列所替代，为了增强火力，在随后生产的"GS"型上安装了13毫米"MG131"大口径机枪。但是随着P-51"野马"、P-47"共和"等高性能战斗机的出现，"BF-109"系列就显得有些相形见绌了。虽然如此，"BF-109"的"G"系列还是持续生产到了1945年，"BF-109"最后的生产型号是"BF-109K"和"BF-109G-10"。但是随着盟军的轰炸升级，德国国内的形势日趋恶化，后方的经济基础遭到破坏，工业生产无法跟进，"K"系列只生产了不足2 000架。

"BF-109"是整个第二次世界大战中德国空军战斗机的骨干力量，轴心国所有国家的空军都曾装备了这种飞机，各型号一共生产30 000余架。在捷克斯洛伐克，"BF-109"的生产更是持续到了1949年，"BF-109"在西班牙空军也是一直服役到了1958年。

"BF-109"于1941年开始支援在北非战场的隆美尔军团，号称"非洲之星"的王牌飞行员马尔塞尤就曾驾驶着"BF-109F"创造一天击落17架敌机的辉煌战绩，而德国头号王牌哈特曼少校长期使用的则是"BF-109K"，他个人击落敌机352架，创造了人类战争史上的空战绝对纪录。

在残酷的战争中，"BF-109"曾被轴心国军队持续使用了十年时间，它最适合那种"高速接近、打了就跑"的战术，因为它本身就有速度快、机动性强的特点。

 战术：游猎式攻击

毫无疑问，这是一种复古式的战术，在提倡高速度、机动性强的时代，德军在空战中使用这种一种看似过时的战术明显是有违常规的。所以本来占据着制空权的盟国空军，面对德军航空兵突然使用这种看似已经"老掉牙"的战术，顿时有些手足无措。已经习惯了团队作战的盟国空军，忽然要面对德国飞机拉开架势一对一的近似野蛮的空战战术，反而乱了阵脚。

然而德军之所以选择实施这样的空战战术，实在是无奈之举。就飞机性能上来说，德国的"梅塞施米特BF-109"确实是当时独步世界的一流战斗机，但是英国飞机在数量上已经取得上风，而且德国人严谨、一丝不苟的性格在执行战术上缺乏变通，因此发动大规模作战时，德国人往往会拘泥于阵形，无法将飞机及飞行员的个人能力发挥到最佳，而英国人则将阵形与飞机、飞行员的能力完美结合，在机群作战的过程中，德国人的缺陷就会暴露出来。

在这个时候，明明已经丧失了制空权的德军，果断更改了战术，改为"自由猎取，自由开火"的战法。粗略听来，这种打法有些不着边际，似乎也太过小儿科，可正是这种战术，让英国人一时束手无策。其实就单兵作战能力，德军飞行员的素质并不比英美飞行员差，而且基于德国人严谨的工作作风，德军飞行员的考核更为严格，虽然在战术变通上不如英美飞行员，但是德国飞行员基本功扎实、经验丰富，化零为整不能以一当十，化整为零却可以以一当百，而且在掌握了足够的机动性之后，自由猎取的战术反而能够让英军的机动性减缓，这是因为编队整体的行动力降低，在机动性和速度上肯定要落后于单机作战。

但必须承认的是，"自由猎取，自由开火"的战术实在是德国人处于下风时不得已想出的应急之策，虽然在局部战斗中能够取得成功，也会诞生如哈特曼、马尔塞尤这样的空战英雄，但这也只能维持一时，更多非王牌飞行员不具备过硬的单兵作战能力，因此一不小心就会将自己陷入敌人的重兵包围之中，从而被英军机群击落。战争是残酷无情的，个人英雄主义永远不可能成为战争的主旋律。

生死瞬间的云端曼舞

THE CLASSIC WARS

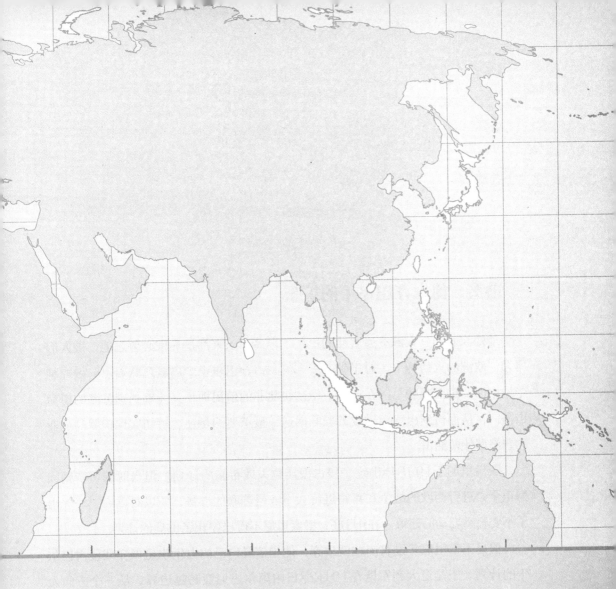

第十一章

克里特岛空降战役
——纳粹空降兵的掘墓之战

　　▲控制了大西洋沿岸，就意味着英美等反法西斯国家从水路进逼德国的可能性降低，而陈兵东欧，则是为了制衡苏联。但对于希特勒来说，还有更为重要的一个地方，那就是巴尔干。巴尔干处于欧亚非三大洲的交通要冲，可以说是德国的南部门户，而且若是进军北非，希特勒必须考虑军队要从这个地方行进。所以，德军在巴尔干的扩张已经是势在必行，既是为了作好万无一失的防御，也是为了日后的进攻和扩张。

前奏：德意在巴尔干的扩张

地处欧亚非三大洲交通要冲的巴尔干半岛，历来都是兵家必争之地，被人们称为"欧洲的火药桶"。对于轴心国来说，占领巴尔干半岛既意味着可有效控制东地中海，进而威胁英国在近东、中东和北非的殖民地；又能够封锁苏联的黑海出海口，从而得到由南翼进攻苏联的通道；最重要的是还能够切实保护罗马尼亚的普洛耶什蒂油田。

墨索里尼于1940年确定了侵占南斯拉夫或希腊的计划。但当时的希特勒因为正全力进行西欧的战争和秘密进行大举入侵苏联的准备，所以对墨索里尼提出了不要轻举妄动的建议。在9月底，墨索里尼不得已停止了出兵的计划。

但是墨索里尼并没有因此就放弃，他相信凭自己的力量也足以完成侵占巴尔干的计划。于是意大利军队在10月28日由阿尔巴尼亚跨越边界，从三个方向入侵希腊。面对来势汹汹的意大利军队，希腊军队奋起反击，结果在几乎不到一个月的时间里，意大利军队全线溃败，不得不撤回罗马。墨索里尼草率的行动打乱了希特勒原本已经制订好的征服巴尔干的计划，于是在12月，德国不得不制订了在次年春实施的"马里塔"计划。

希特勒原本有着一个完整的计划，他准备一方面加紧筹备在翌年将会发动的"东方战局"；一方面在西班牙和意大利支持下夺取直布罗陀海峡到苏伊士运河的整个地中海区域以及中东，从而通过所谓的"外围"力量来解决与英国之间的冲突。除此以外，"巴巴罗萨"计划也要求德国在东南欧地区，尤其是巴尔干南翼有一个稳定的战略区域，这样罗马尼亚普洛耶什蒂油田就能够在石油供应方面充分满足德国航空兵和装甲兵作战的需要。于是，希特勒经过反复斟酌，决定加快征服巴尔干的步伐。

为了能够尽快征服巴尔干半岛，希特勒甚至推迟了"巴巴罗萨"计划的实施。陈兵东线的德国装甲部队，就这样一等就是4周的时间。希特勒在这个时候没有犯下他在英伦曾犯下的错误，他停下了手头的工作，专心致志地着力于对南斯拉夫的入侵。战后，在纽伦堡接受审判的德军将领冯·伦斯特陆军元帅在谈及希特勒决定出兵巴尔干时，谈到了他们在东线面对苏联国境等待的日子，他认为希特勒将出兵苏联的时间拖后"是一次代价非常昂贵的推迟"，正是这段时间，让日后的德

★雅典卫城遗址上的德军士兵

军不得不在苏联面对寒冷的冬日。德军统帅部对"马里塔"计划进行了修改和补充，决定把对南斯拉夫和希腊的入侵作为轴心国集团统一的战役行动，他们向意大利和匈牙利军队发出了从辅助方向协同德军作战的号召。

德国于1941年4月6日对南斯拉夫和希腊同时发起突然袭击。第12集团军在陆军元帅李斯特的指挥下，沿着斯鲁特马河顺流而下，在鲁佩尔山口突破了希腊的防线。与此同时，德国的装甲部队则由老塞尔维亚进入莫纳斯提尔隘口的一些山口，之后攻入了希腊北部。与意大利军队在这里的一败涂地不同，德国军队再次实施他们的"闪电"战术，很快就在4月27日攻陷了雅典。

在进入了希腊南部以后，希特勒在这时本来准备停止对巴尔干继续作战，但是德国空军的将领们认为不能放过克里特岛上的英国人，他们认为，如果让英国人继续留驻在克里特岛上，无疑是在自己的背后留下了一颗钉子，他们计划通过空降作战的方式夺取克里特岛，从而在真正意义上结束巴尔干战争，这样才能安心地抽身去面对苏联。

战前部署：周密筹划的"水星计划"

位于东地中海的克里特岛，身处爱琴海与地中海的交汇处，是地中海中的第五大岛，也是爱琴海域最大的岛屿。它西距马耳他岛约810千米，东距塞浦路斯

岛约520千米，西北距伯罗奔尼撒半岛90千米，南端则与北非重镇托卜鲁克隔海相望，距离约360千米，东南距埃及的亚力山大港约560千米，从这些就能够看出，它的战略地位极其重要。德军一旦占领克里特岛，既能够控制东地中海，威胁到英国在地中海区域和中东的阵地，保卫罗马尼亚的油田免遭到英军空军的破坏，又可以将克里特岛作为入侵中东的军事基地。但是对于英国而言，克里特岛的重要性也不言而喻，克里特岛的特殊位置决定了拥有它其实就拥有了可以保卫埃及和苏伊士运河的前哨阵地。

克里特岛东西长260余千米，南北宽12到55千米，总面积约8 300平方千米。全岛地形崎岖不平，山地连绵起伏，陡峭难行，岛上的河流众多，而且水流湍急，均为南北流向，如果部队要在岛上作东西方向运动，这些河流将成为天然的障碍。岛上的通信联络设施非常落后，进行通信联络时往往非常困难，交通也相当不便利，对于英军发动抗登陆作战来说，这些都会给他们造成麻烦。而对于已经充分掌握了制空权的德军来说，4月至5月间的克里特岛气候通常晴朗少雨，非常有利于实施空降作战。

全岛唯一的一条狭长的平原地带处于克里特岛北部首府干尼亚附近，地势较为平坦，在这片平原上有着岛上主要的港口和锚地苏达湾、雷西姆农和伊腊克林，其中位于这片平原的苏达湾可以停泊大型军舰。

岛上共有三个机场。其中伊腊克林机场能起降各型飞机，马拉马机场只能起降战斗机，而雷西姆农机场还没有能够彻底完工。但正是这些机场，却对德军空降登陆作战起了重要作用。

★德国陆军第11航空军军长施图登特

德军第11航空军军长库特·施图登特中将被称为德国空降兵的创始人，他向第4航空队司令亚力山大·勒尔提出建议，为了证明空降部队的战略价值，希望能够在克里特岛实施一次真正大规模的空降作战行动。

库特·施图登特中将的建议得到了戈林的首肯，4月21日，施图登特和空军参谋长耶顺内克则将这个空降作战计划当面向希特勒作了汇报。

在听取施图登特报告的时候，凯特尔提出在执行空降作战之前，空降部队应该先行攻占马耳他岛。希特勒则认为，马耳他岛作为英国基地比

★美丽的希腊克里特岛

克里特岛更重要、更危险，一旦控制了该岛，势必会威胁到英国在地中海区域和中东的布防，英国方面必然会作出激烈的反应。而克里特岛则不同，在掌握了克里特岛之后，既可以保护罗马尼亚的普洛耶什蒂石油基地免遭英国空袭，还可以将克里特岛作为进入中东各国的跳板。不过，虽然最终希特勒同意了克里特岛空降作战的方案，还是担心会影响到即将开始的"巴巴罗萨"行动，所以要求"陆军总司令部和空军总司令部应将必需的载重汽车提供给国防军运输勤务主任支配。不可因进行这次行动而延误了'巴巴罗萨'行动的准备工作"。

希特勒于4月25日下达了代号为"水星"的第289号作战指令，指示以空降部队为主发动攻占克里特岛的战斗。在当时，德军已经取得了在克里特岛的制空权，而且克里特岛与在欧洲大陆和附近岛屿上的德空军基地距离很近，倒是与在埃及、马耳他和马特鲁的英国空军基地比较远，所以德军一旦发动对克里特岛的进攻，英国空军根本没有办法抽调和部署大量的空军兵力赶来救援。而德军之所以选择以空降的方式作战，其实也有他们的难言之隐，当时在地中海，德国海军除去潜艇以外并没有部署任何兵力，意大利海军更是在塔兰托和马塔潘角两次被英国海军击败，德军如果对克里特岛发动登陆作战，那么意大利海军根本无力完成护航的任务。

但是在作战计划上，亚力山大·勒尔同施图登特却发生了分歧。勒尔想以绝对优势兵力全力以赴夺取克里特岛西部，然后将西部作为基地夺取整个克里特岛。而施图登特则认为应该在岛上约7个地点同时空降，在对方猝不及防的情况下占领岛上的所有要地，进而攻占整个岛屿。但是因为当时空降兵兵力不足、空军有限，所以戈林最后采取了折中的方式，即首先夺占4个最关键地点，保证占领全岛。按照戈林最终提出的作战方案，整个战役大致上共分为四个阶段：夺取制空权，占领登陆场，集结兵力，歼灭岛上防守部队。为了保证空降部队能够得到空军的全面支援，最初的空降分为两次实施：第一次突击西部的马利姆和苏达港地域，待运载第一批部队的飞机飞返后，第二次突击雷西姆农和伊腊克林地域。这两次突击都将得到伞兵部队的加强和机降部队的支援，然后海上登陆部队也会前往支援，直到占领整个克里特岛。

英军接招：向克里特岛增兵

在1940年10月28日，英军曾经向克里特岛派驻了6 000人的部队。之后，包括希腊军队、英联邦军队，共有1个师、1个旅、两个团、11个营、5个连，总数约4.4万人撤退到了克里特岛上，其中希腊军队约1.4万，英联邦军队约3万。克里特岛守军的司令员是新西兰师师长弗赖伯格少将，他负责统一指挥岛上的部队。

而德国方面则准备以第4航空队所属第8航空军、第11航空军、1个独立空降团、第5山地师以及登陆部队发动对克里特岛的进攻。其中第11航空军有轰炸机433架、歼击机233架、运输机500架、侦察机50架、运输滑翔机72架以及隶属于它的第7空降师，登陆部队则包括约7 000名登陆作战的士兵和各种舰船约70艘。

德国方面计划以第7空降师和空降兵独立团组成空降突击集群，以第5山地师作为预备队，实施机降或登陆增援，第8航空军则承担空中掩护和火力支援的任务，海军东南舰队负责海上支援。分为3个集群的空中突击机群将会分别在4个地点空降：西部集群由空降独立团组成，空降突击马拉马地域；中央集群由第7空降师第2团一部、第3团组成，突击苏达港和雷西姆农地域；东部集群由第7空降师的第1团以及第2团主力组成，负责夺占伊腊克林机场地域。按照预定计划，意大利军队将会在克里特岛东南岸登陆，并且给予在克里特岛空降的德军必要的支援。

但是很快，英国情报机关在1941年5月6日就掌握了德军的空降作战细节和可能的攻击日期，立即将这些消息通报给守军。弗赖伯格认为，英军的空降突击只不过是为了夺取机场和港口，其主力仍然会选择从海上登陆。他因此将苏达湾和马拉马机场作为重点防御，以这

★克里特岛空降战役中准备出发的德军空降兵

两个地方为核心构成支撑点式防御体系，并将克里特岛划分为四个独立防区：马拉马防区、苏达湾防区、雷西姆农防区和伊腊克林防区。他将新西兰军1个旅和英军1个营为预备队，分别布置在了马拉马防区和苏达湾防区。而把仅有的6辆坦克，分别部署了3个机场。负责防空的是3个轻型高射炮连和两个重型高射炮连。除此以外，英军还对支撑点进行了伪装，设置了很多假阵地和假目标，并最大限度利用复杂地形部署火力。但是英军防御准备中的最大问题是补给，港口最初每天能够卸载的物资是700吨，随后就一直下降，到了每天仅有100吨。

弗赖伯格研究了德国空降兵的特点，他主要的依据是德军入侵荷兰时在公路、海滩等开阔地带进行的空降战例，在研究之后他认为德军对机场的依赖性并不强，而英军还将使用机场，所以并没有对机场进行破坏。

英军于5月16日击落了一架德军侦察机。被俘的德军飞行员供称，对克里特岛的进攻将会在未来48小时里开始。英军于5月17日全面进入了最高戒备状态。

从5月18、19日开始，德军的空袭日趋频繁、猛烈，英军侦察机随后发现德军在希腊南部机场集结了大量空降部队和飞机。英军也曾经发动了几次针对该地区的空袭，但是因为克里特岛的英军航空兵太过薄弱，并没有取得太显著的效果。

登陆开始：疯狂的德国空降兵

德军空降引导小组于5月20日凌晨2时在克里特岛正式着陆，在完成着陆之后，德军空降引导小组立刻展开阵形，并接应后续部队空降。到凌晨4时30分，德军第一攻击波起飞了。德国第8航空军在凌晨5时向马拉马、伊腊克林机场和干

尼亚市区进行了猛烈的航空火力准备。迈恩德尔上校指挥的由空降独立团组成的西部战斗群在7时许飞抵马拉马机场。

迈恩德尔上校因为在着陆时身负重伤，加之第3营完全丧失了战斗力，原作战计划只得作出调整，改为先对机场附近的制高点107高地发动进攻，然后再夺取机场。但是德国空降部队虽然发动了猛烈进攻，并且付出了惨重的代价，但是一直激战了很久，却并没有得到任何进展。

第一批空降部队中，由第7空降师师长萨斯曼少将亲自率领中部战斗群伞兵第3团，他们准备在干尼亚附近的加拉图斯地区着陆，但是在起飞20分钟之后，因为所乘坐的滑翔机忽然失事，萨斯曼和师部成员全部丧生。但是伞兵第3团还是完成了空降，不过在着陆之后因为散布过大，而且在降落中就遭到了密集火力的攻击，遭受了巨大损失。

其中，第1营完成着陆之后，主力随即从西面向机场发起攻击，另一部分空降部队则对连接该岛东西海岸唯一的塔威拉尼蒂斯河大桥发起攻击，并于7时30分成功夺下大桥。德军第3营则正巧着陆在了新西兰军第22、第23营的预设阵地里，从而遭到了新西兰军的猛烈进攻，全营所有军官和将近三分之二的士兵战死，至此完全失去了战斗力。第2、第4营虽然空降在了机场附近，但是着陆后因为没有办法迅速集合为成建制单位，所以立刻处于被动的局势。

因为信讯不便，所以施图登特根本不知道第一攻击波已经严重受挫，所以仍然按照原计划组织第二攻击波，向雷西姆农和伊腊克林发动了空降攻击。但是很快负责运送第一次攻击的空降兵的运输机陆续回到了出发机场，因为降落的时候秩序混乱，有几架飞机坠毁在了跑道上，因此将跑道堵塞，也影响了后续飞机的着陆，因此降落中损失的飞机数量甚至大大超过了在空战中损失的飞机数量。

★德军运输机飞临克里特岛上空准备空降

施图登特在中午才得知马拉马机场居然还在英军的手中，没有过多久又收到干尼亚地区空降部队的报告，中部战斗群已经因为伤亡惨重而停止了进攻。施图登特心知不妙，马上组织第二次攻击前往克里特岛实施增援。

但正是因为这个原因，仓促出击的第二次攻击组织混乱，只有零零落落的飞机到达克里特岛上空，而大部分飞机直到16时还在出发机场，就这样，空降断断续续地持续了达3个多小时，因为延误了起飞时间，空降部队并没有得到战斗机足够的空中保护，加上空降的人数稀稀落落，在战斗中长时间处于劣势，所以第二次攻击付出的损失更为惨重。

斯利姆上校指挥的中部战斗群空降雷西姆农，原计划是伞兵第2团的第1、第3营分别在机场的东西两侧着陆，然后对机场发动进攻。但是因为伞兵着陆以后散布过大，只有第1营的1个连着陆在了预定的地点。而团长斯利姆上校和团部及直属的两个连，居然降落在了澳大利亚军的阵地上，结果遭受重创，伤亡过半。伞兵第2团一直激战到黄昏，也没有能够夺取机场。

布劳尔上校指挥的东部战斗群由伞兵第1团的3个营和第2团第2营组成，原计划是夺取伊腊克林市区和机场。布劳尔准备在着陆后各使用1个营攻击市区和机场，而将剩下的两个营分别在东西两翼进行侧翼掩护。但是因为飞机时间的延误，有600人因为飞机坠毁而不得不滞留在了出发机场。加上空降持续了两个多小时，着陆分散，建制混乱，在完成着陆之后，布劳尔甚至还得去结集部队，随后布劳尔根据现有情况决定采取集中攻击机场的策略，结果一直打到天黑，也没有取得什么进展。

三个机场没有一个握在手里，施图登特终于意识到战事已经非常不利，已经在克里特岛着陆的德军部队因为通信障碍，没有办法得到统一的指挥，所以付出了惨重的伤亡代价，而且有可能面临全军覆没的结局。

此时的西部战斗群正在全力发动对马拉马机场及其南部制高点107高地的进攻，负责防守机场和107高地的是新西兰军第22营，辖4个步兵连，营部就设在在107高地上，第22营将兵力作了平均配置。但是机场与高地两处守军很快因为激战而失去联系，高地守军于下午撤向山顶，在无法得到增援的情况下，指挥官向上方请示，他已经失去继续坚守的信心，随后得到了撤离的批准。

但当时的德军也已经面临着非常困难的局势，不得不暂时放弃了进攻。不足600人的德军在午夜竭尽全力向107高地发动了最后一击，从西、南两翼展开偷袭。不曾想到等德军冲上高地，发现英军早已经撤离。于是德军的局势立刻好转，在天亮之后居高临下一举将马拉马机场攻克。可以说，正是107高地的得失直接影响了马拉马机场的得失，而马拉马机场的得失对于克里特岛之战，起着至关重要的影响。

纳粹惨胜：德军伞兵的坟墓

施图登特于21日清晨将滞留机场的600名伞兵空降马拉马机场。16时，第5山地师乘飞机陆续到达，到日落时分，第5山地师已经有一个团的兵力机降着陆。至此，德军的实力得到了明显增强，克里特岛上的战局开始向着有利于德军的方向转变，英军在战斗力及数量上都开始处于劣势。

在德军的猛烈空袭下，英军通信系统遭到了严重破坏，因此弗赖伯格并没有及时获得马拉马机场失守的消息，失去了夺回机场的最佳时机。当他得知马拉马机场失守的情况之后，随即命令英军连夜实施反击。可惜因为通信系统被破坏，命令也没有能够及时传达到，英军在22日天亮以后才发起反击。而此时的德军早已经兵强马壮，德军航空兵在机场附近的公路上对英军发动了猛烈攻击，伤亡惨重的英军不得不放弃了反击。

尽管如此，德军在雷西姆农和伊腊克林依然没有能够得到转机，指挥作战的伞兵第2团团长斯利姆上校甚至还在雷西姆农的战斗中被英军俘虏。

★德军在克里特岛空降

★成功降落的德国伞兵

　　但是在23日天亮以后，克里特岛上的战局出现了重要的变化，德国空军通过强大的空中火力对英国海军发动了空中的攻势，英国海军不得不撤回亚力山大港。德军至此占据了海岸上的空中优势，开始从海上向克里特岛运送重装备和部队，大批德军在克里特岛登陆，德军的优势进一步得到巩固。

　　得到了支援的德军迅速在24日占领了马拉马地区，随即向干尼亚发起进攻。第5山地师师长林格尔少将在这一天登上了克里特岛，他接过了西部战斗群的指挥权。从此，德军部队长驱直入，英军根本无法再阻止德军前进的步伐，德军的西部战斗群与中部战斗群在当天会师。

　　林格尔指挥第5山地师的一个团和空降独立团、第3伞兵团的余部全力于25日对干尼亚发动了全面进攻，并于第二天突破了干尼亚防线，第三天攻占了干尼亚市区，英军至此不得不连续撤退，德军在28日成功占领了苏达湾。与此同时，意大利军一个加强团也在克里特岛的东岸登陆。

　　德军于29日占领了雷西姆农之后，就与伊腊克林附近的空降部队会合。至此，克里特岛的英军已经完全失去了抵抗能力，德军于是在6月2日完全占领了克里特岛。

　　在历时12天之后，德军最终赢得了克里特岛空降战役的胜利，成功占领了克里特岛。但是德军也在此次空降战役中付出了惨重的代价，德军在此次战役中阵亡、失踪约4 000人，其中就包括第7空降师师长萨斯曼少将。

　　另外，德军有10 000人受伤，伤亡总数达到了1.4万人，有220架飞机损失，其中就包括179架运输机。第7空降师作为德军中唯一的空降师，在此次战役中损失惨重，伤亡总数超过了5 000人，几乎占全师的四分之三，参战的空降兵伤亡总数为6 500人，占总数的三分之一。德国空降部队因为在此次战役中遭受了巨大损失，所以克里特岛因此被称为"德国伞兵的坟墓"。

而克里特岛上的英联邦军队则阵亡1 700人，伤1.5万人，海军伤亡约2 000人，合计约1.8万人。希腊军队方面有6 000人被俘，伤亡总数约为3 000人，合计近万人。英国海军3艘巡洋舰、6艘驱逐舰被击沉，1艘航母、3艘战列舰、6艘巡洋舰和7艘驱逐舰被击伤。虽然英军在克里特岛空降战役中损失惨重，甚至丢掉了战略意义非常重要的克里特岛，但是却挽救了更为重要的马耳他岛，因为在经过克里特岛的战斗之后，德军其实已经没有可以参战的空降部队了。

克里特岛空降战役的"多米诺"效应

关于克里特岛空降战役仅从战役的层面来分析，德军虽然最终达到了战役目的，但是付出了惨重的损失，所以很难说是一场完全成功的战役。但如果从战略层面来看，此次战役哪怕是付出多大的代价，都是值得的。因为在掌握了克里特岛之后，就更加限制了英国地中海舰队的行动，同时，使得英军同马耳他岛难以保持顺畅的联系，也解除了英国轰炸机对罗马尼亚石油产区的巨大威胁。在占领了克里特岛之后，使之与意大利的罗得岛构成了地中海东部继续作战的良好阵地。

但是在攻取克里特岛之后，德军没有乘胜攻占当时已经并不遥远的马耳他岛，而是急忙发动本就已经推迟的"巴巴罗萨"计划，这是影响到以后整个第二次世界大战方向的重要战略错误。当时轴心国在北非作战的主要补给线是西西里岛至班加西港的海上运输线，而英国在地中海中部的海、空军基地马耳他岛，距离西西里岛仅有96千米。换言之，马耳他岛对于轴心国的补给线而言，其实是一颗非常重要的钉子。在1942年6月底以前，因为克里特岛被轴心国军队占领，使得马耳他岛岌岌可危，那段时间英军海上的运输补给就受到了严重影响，而轴心国的海上补给则比较顺利。而在随后当英国海空军在马耳他岛活跃时，德军"非洲军团"的补给往往陷入不利，由此可见，马耳他岛与双方的后勤补给几乎是息息相关。

希特勒就此错失了扼住盟军咽喉最好的时机，施图登特曾经在战后的回忆中说道："当我说服希特勒采纳克里特岛作战计划时，我同时也曾建议在这个作战成功之后，就应继续从空中攻占塞浦路斯岛，然后再从那里向前跃进，以后攻占苏伊士运河。希特勒似乎并不反对这个观念，但却不曾明确地批准这一计划——因为他内心里所盘算的大事还是即将发动的侵苏战役。自从克里特岛的惨重损失使他吃惊之后，他也就拒绝再进行另一次大规模的空降作战。"

此时英军驻中东司令部认为局势已经相当恶化，他们甚至认为德军很可能会像进攻克里特岛一样，对塞浦路斯岛发动进攻，而一旦塞浦路斯岛失守，整个中东都将进入德国军队的攻击范围之内。对于施图登特和英军驻中东司令部的说法，战史大师李德·哈特作了这样的评价："除非隆美尔在非洲的装甲部队也已经获得了强大的增援，否则施图登特的攻占苏伊士运河计划也许是不可能的，但马耳他岛的攻占却是一项轻而易举的任务。"

但是，希特勒就是这样坐视战机逝去，而后来第二次世界大战的历史则证明，马耳他岛几乎决定了德军在北非战场的成败。从隆美尔领命进入北非，到最后离开，他也不得不承认北非战场的成败与后勤补给以及制空权有着重要的关系。而对德意军队制空权及战略、战术后勤补给产生了深刻影响的正是马耳他岛。

★ 沙场点兵 ★

人物：施图登特

库特·施图登特，生于1890年5月12日。1901年，刚满10岁的他进入陆军预备学校，17岁毕业以后，进入约克·冯·瓦登堡猎兵团当见习军官。1911年，军校深造以后施图登特回到约克·冯·瓦登堡猎兵团，并且晋升为正式军官。1913年，德国航空兵招募飞行员，他应征后成为德军第一批飞行员之一。

1914年，第一次世界大战爆发，施图登特的飞行中队配属东线马肯森将军的第17军，隶属东线德国第8集团军，执行侦察任务，参与了著名的坦能堡大会战。当时飞机还没有装备武器。1915年，荷兰飞机设计师福克为德军设计出协调机枪，有4名德国飞行员被从前线挑选来试飞装备协调机枪的福克EⅠ和EⅡ型飞机，施图登特是其中一名。1916年10月，施图登特任香槟地区的第9战斗机中队队长，取得了王牌飞行员的战绩。1917年，他在空战中身负重伤，左肩动脉被子弹打断，但是仍然坚持驾机降落在己方战线之后昏迷，此后回到国内养伤。

1919年，他加入了西克特将军领导下的总参谋部，进入总参中的飞行办公室，主管陆军的飞行装备和训练。1922年，苏德签订《拉帕罗条约》，根据条约的秘密条款，双方开始进行军事合作，德国将最初的空军和装甲兵装备研制、战术研究搬到苏联境内进行。所以在20世纪20年代和30年代初，施图登特经常在德国和苏联之间旅行，同时喜欢上了滑翔机运动。1929年，施图登特升任少校营长，希特勒上台以后，任从属于国防军转隶新的航空部飞行技术培训学校校长；1933年底，晋升为中校；1935年8月，晋升为上校；1938年，被空军人事部长施通普夫将军赋予了第一个高级指挥职务，任第7航空师少将师长，负责组建第7航空师。

1939年，波兰战役爆发时，第7航空师的第1团已经组建完毕，第2团组建了两个营，全师作为南方集团军群的预备队。

1941年5月，施图登特提出并指挥克里特岛空降战役，取得胜利，此后赴希特勒大本营受领骑士铁十字勋章。随后第7航空师和独立空降团被拆散，施图登特留在德国负责伞兵其他部队的正常训练，并组建了第4和第5团两个新伞兵团。1943年秋天，他专心负责部队扩编，所辖第11航空军司令部撤回法国。

1944年3月，他奉命在法国南锡建立伞兵司令部，负责整个伞兵部队的行政、供给和训练。7月，诺曼底登陆以后，施图登特的司令部从法国撤回柏林。9月4日，施图登特接受命令前往西线，司令部改称伞兵第1集团军，负责守卫从荷兰到比利时列日的防线，重点是比利时的阿尔伯特运河。

1945年2月，他因为在阿登战役中指挥不力，被希特勒解职；4月，奉命接任维斯杜拉集团军群司令的职务，结果发现机场被苏军占领；后改飞向丹麦边境，在当地向英军投降。

战后施图登特在盟军战俘营经受了3年监禁，于1948年被释放，1978年，病死于柏林。

武器：德国"Ju 52"运输机

容克公司的首席设计师恩斯特·辛多于1928年在"Ju 46"单发运输机的基础上开始设计一种新式运输机，研发代号"EF20"，后来把这种新型运输机的型号定为"Ju 52"。在第二次世界大战前容克公司共销出了400架"Ju 52/3m"客机，得到了大笔的利润。但是就在"Ju 52/3m"大获成功时，纳粹政府在1934年决定将反战的雨果·容克赶出自己的公司，从而将容克公司改由纳粹政府接管。雨果·容克在一年后郁郁而终。随后在纳粹德国政府扩军备战的浪潮中，"Ju 52/3m"的发展方向完全转向军事目的。

作为第二次世界大战中德军最著名的运输机，"Ju 52"在战前曾作为民航机开辟了多条新航线，在第二次世界大战中它则参加了德军的所有行动：在荷兰、克里特岛负责空降伞兵，为被困在北非、斯大林格勒、波罗的海的部队运送补给。"Ju 52"因其坚固耐用的特点在本国士兵中赢得了"容克大婶"的绰号，盟军士兵则称呼它为"钢铁安妮"，是德军最为依赖的运输机。

但是"Ju 52"外形却非常丑陋，全机都使用波纹铝蒙皮，机身轮廓棱角分明，粗壮的起落架支柱从机身中伸出。除了机翼上的两台发动机外，"Ju 52"的机鼻上还装着一台发动机，这样它的模样看起来就相当怪异。虽然外表平平，但是作为运输机，"Ju 52"非常实用，波纹铝蒙皮能够减小阻力并且承担一部分的结构载荷，容克公司的这些设计让"Ju 52"非常适合在野战机场粗暴着陆，而且还具备三发动机马力大、安全性好的特点。

在第二次世界大战中，"Ju 52"表现出了杰出的短距起降能力、坚固耐用的机身结构、适合改装的起落装置和经济的燃油消耗，这些在当时都是领先的，但是其速度慢、自卫火力弱的缺点又导致了大量的损失。

1936年11月4日，首架"Ju 52"在马德里附近被苏联战斗机击落，接下来的几个星期，德军又先后损失了6架"Ju 52"。因为"Ju 52"的速度实在太慢，损失巨大，在西班牙的全部"Ju 52"从1937年4月起就停止执行轰炸任务。当德国秃鹰军团撤回德国之后，剩下的14架"Ju 52"为佛朗哥所得。

德军在1940年5月入侵荷兰和比利时的战役中，使用"Ju 52"实施拖曳滑翔机突袭埃本·埃马耳要塞和鹿特丹的空降作战，都成为历史上经典的空降作战案例。但是作战中"Ju 52"和它所载的空降兵其实也伤亡惨重，参与对荷兰作战的430架"Ju 52"中就有三分之二最终没有返回。而在荷兰的机场上，更是有无数架"Ju 52"在激战中被击落、击毁，战场几乎到处都是"Ju 52"的残骸。

而在1941年5月的克里特岛空降战役中，德国空降兵与"Ju 52"更是遭遇重创，以至于元气大伤，在第二次世界大战余下的时间里再无力发动大规模的空降作战。而北非战场上，"Ju 52"在为隆美尔的非洲军团运送给养时，因为沿途无法在其他岛屿停留，不得不飞越危险的地中海，速度缓慢的"Ju 52"成为英国"喷火"式战斗机的活靶子，再次付出极大的伤亡。到1942年以后"Ju 52"损失的速度已经超过了生产的速度，1942年到1943年冬450架"Ju 52"在为被困在斯大林格勒的德军空投物资时被击落，因为"Ju 52"的数量骤减，也影响到了德军的后勤补给及军需运输，最终使得德军在各条战线处于被动时，无法及时给予补救和协调，可以说为德军最后的失败埋下了隐患。

战术：空降作战

　　因为德国空降兵在克里特岛损失惨重，所以使得希特勒认为，大规模的空降作战只能带来更为惨重的损失，所以伞兵的时代已经过去。基于希特勒的这一思想，在很长时间里，德国几乎都放弃了大规模空降作战。

　　1942年秋，施图登特坚持认为德军伞兵应该在夺取高加索地区要地的战役中发挥出从空中实施突击的作用。但是在提到伞兵参战时，希特勒的总参谋长约德尔对此根本不感兴趣，驳回了施图登特的建议。德军空降部队直到1943年才重新有所起色，但因为受到各种因素制约，在作战中仍然还是经常扮演步兵的角色。盟军在诺曼底完成登陆，德军中这时有人提出了"在诺曼底发动空降反攻"的计划，但是德军最高统帅部很快就拒绝了这个计划，因为他们认为"伞兵部队已经在地面投入战斗"。

　　而盟军则通过此次战役，丰富了反空降作战的经验。因为在这之前，英军完全不了解德军空降部队的编制、实力以及装备，然而，英军正是通过对克里特岛战役中被俘伞兵的审讯，以及认真研究缴获的作战命令以及其他在该岛打捞到的军事文件，了解了德军伞兵部队的特点。与希特勒的看法不同，虽然看到了德军伞兵在克里特岛战役中的巨大损失，但是盟军却充分认识到了空降作战和空中机动作战的潜力以及重要性，从此开始大规模组建空降部队，为二战后期盟军大规模空降作战作足了准备。

生死瞬间的云端曼舞
THE CLASSIC WARS

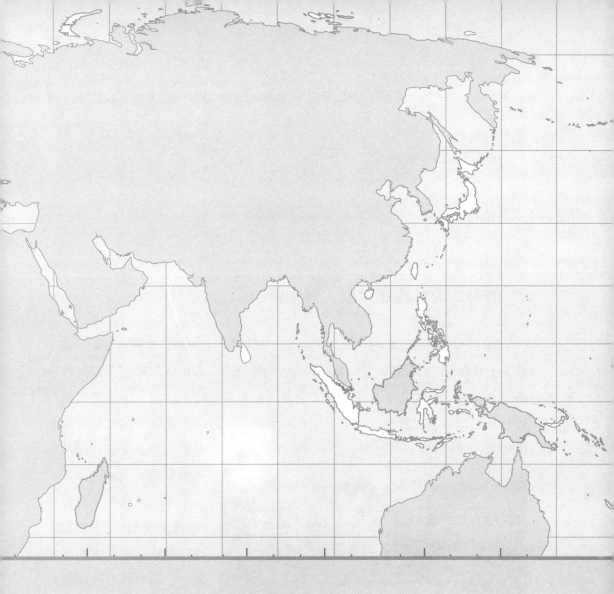

第十二章

柏林大轰炸
——燃烧的柏林

　　▲失去北非战场，盟军在诺曼底成功登陆，加上东线的苏联大举进攻，海陆防线均告失守，法西斯德国已经处在风雨飘摇之中。随着盟国的领导人不断进行会晤，逐渐确定了夹击德国的计划。为了能够有效地削弱进攻德国首都柏林时遭遇到的抵抗，盟军决定对柏林进行空袭，空袭的目的非常简单，就是摧毁德国的后勤补给和防御体系，于是，盟军对柏林展开了一次大规模的空袭，正是在震耳欲聋的飞机马达声里，希特勒和他的帝国走向了衰亡。

前奏：盟军转守为攻，汉堡毁灭

1942年的冬天，柏林迎来了前所未有的寒冷，在亚洲、非洲和欧洲，盟军都处于战略反击的时期，曾经纵横欧洲大陆的德国军队在伏尔加河折戟沉沙，希特勒不可一世的装甲部队遭遇了前所未有的失败。与此同时，他的盟友们的日子过得也不太舒服，墨索里尼在苟延残喘，日本深陷在中国战场的战争泥沼之中，又在印缅战场一溃千里。

★北非战场上惨败的德军

曾经对着整个世界挥斥方遒的希特勒，此时只能躲在柏林这座巨大的碉堡之中，满面愁容地凝望着灰蒙蒙的天空。在这个冬天，让他苦恼的事情一件接着一件。先是装甲部队在东线作战中被苏联军队打得人仰马翻。可是朱可夫看起来并没有放弃对希特勒的穷追猛打，苏军已经染指东欧，希特勒明白，苏军这一次是剑指柏林，一定杀到他的面前，否则不会罢休的。

★盟军在卡萨布兰卡会议上确定了对德国进行大规模轰炸的作战计划

　　与此同时，老谋深算的"沙漠之狐"隆美尔率领的军团在北非遇到了强劲对手蒙哥马利，老狐狸在"沙漠跳鼠"面前败下阵来，不得已退守突尼斯，龟缩在暗堡之中，每天都向柏林发出一封接着一封的增兵电报。纳粹德国那些曾经征战欧洲大陆，攻无不克、战无不胜的名将，古德里安、隆美尔、施图登特……此时全都没有了办法。希特勒感觉到前所未有的无助和孤独，他躲在铜墙铁壁的柏林城内，像是一只在冬天蛰伏的野兽，等待着命运给他带来转机的曙光。

　　可他的对手们，已经不能让他过完这个冬天了。英国首相丘吉尔深知，一旦给这个野兽喘息的机会，他依然会带着那帮亡命之徒一般的纳粹将领卷土重来，不要忘记，丘吉尔就是顶着德国人的炸弹，才熬到了柏林的冬天。于是，丘吉尔邀请美国总统罗斯福在卡萨布兰卡进行会晤，这一次，丘吉尔的态度很明确，他要把战火烧到欧洲大陆上去，要烧到希特勒的眼皮子底下去。

　　这个时候不能再去考虑消灭希特勒之后，他们与苏联的问题了，这种私人恩怨可以在战后的政治博弈中去解决。眼下最紧要的事情，是干掉希特勒，像英国前首相张伯伦那样，只能养虎为患，更何况，希特勒并不只是一只虎那么简单。通过会晤，双方决定尽快在欧洲大陆开辟第二战场，实现在法国的登陆作战计划。

在确定开辟第二战场之后，两国首脑首先对空军下达了命令，要求盟军空军尽快将战火烧到德国本土，即对德国本土发动全面空袭，要"消灭和瓦解德国的军事工业和经济体系，摧毁德国的民心、士气，使其武装部队的抵抗能力下降到最低程度，为地面部队登陆作战创造必要条件"。

欧洲的冬天过去了，但是柏林则开始步入隆冬，在1943年的夏天，柏林人感觉到的不是炎炎盛夏，而是暴风雪般的攻击。盟军空军开始对德国本土的重要目标进行猛烈轰炸，而工业重镇汉堡成为在炮火中首当其冲被重点打击的地方。德国政要戈林当初说轰炸柏林是不可能发生的事情，而如今汉堡的毁灭让德国人清醒地认识到，柏林早已不再是一座无懈可击的钢铁壁垒。

大势已去：戈林的替罪羔羊

面对着盟军的狂轰滥炸，整个德国似乎都要燃烧起来了。随着时间的推进，盟军的轰炸日渐频繁，而德国空军的表现则让希特勒大加失望，戈林曾鼓吹的言论在真实的战争面前是那么脆弱和无力，德国空军在盟军的炮火下几乎毫无还手之力。曾经夸口"英国不会有能力轰炸德国"的空军总司令戈林，不再是希特勒最亲密的战友和伙伴，而成为了希特勒发泄和责难的对象。想到敦刻尔克空战，想到不列颠空战，想到北非和克里特岛，希特勒怒气难平，骄傲的德国空军统帅并没为他锻造一支真正的空中雄鹰部队，只是在用他的孤傲遮盖他的无能。

德军当时的溃败是全方位的，不只是空军遭到了盟军的压制，但是戈林知道，希特勒是不容犯错的，他必须找到一个能担当替罪羊的人代替他站到希特勒的面前。所以戈林识趣地选择了退居二线，而将空军总参谋长耶顺内克推上了前台。而自从不列颠空战以来，耶顺内克一直都郁郁不得志，他是戈林身边的跟屁虫，作为帝国二号领导人的副

★戈林（右）和希特勒在一起，德国遭到盟军轰炸，希特勒对戈林大加责备。

★盟军装备的"空中堡垒"轰炸机

手，他一直都在忍受着戈林的颐指气使。在戈林适时退出之后，他直接指挥的日耳曼空军依然难挽颓势，在英国的"喷火"式战斗机面前，"BF-109"再也难复昔日的雄风。在上任之后，耶顺内克立刻成为了希特勒秘密会议室的常客，但是他对空战的局面束手无策，对于德国空军的未来满怀忧虑，对于战争的结局难掩失落，希特勒对他的态度更加气急败坏。

盟军于1943年8月17日再次派出"空中堡垒"轰炸机对雷根斯堡的梅塞施米特飞机制造厂进行了定点轰炸，在此次空袭中，"空中堡垒"轰炸机在雷根斯堡上空投下了百余颗炸弹，汹涌的气浪几乎席卷了整个雷根斯堡，400多名熟练工人在气浪和冲击波中丧生，梅塞施米特飞机制造厂几乎在这次轰炸中损失殆尽。在空袭之后，梅塞施米特飞机制造厂的大部分机械都遭到损坏无法继续使用，而劫后余生的工人们也不愿意再冒着生命危险继续工作，制造厂处于停滞状态。听到消息的希特勒恼羞成怒，他马上给耶顺内克打了一个电话过去，拿着话筒的希特勒向着耶顺内克大骂不止。

耶顺内克又一次遭到了希特勒的痛斥，在他人生的最后一段时光里，他在与部下军官的谈话中经常会流露出心乱如麻的无助与无奈。现在耶顺内克唯一能够寄予期望的，就是盟军能够尽快结束对柏林的轰炸。但盟军并没有打算让耶顺内克的美梦成真，当天晚上11点，为了排遣心情，耶顺内克到多瑙河旁观看野鸡，正在这时，柏林的上空再次响起防空警报。接着，几架英国产的"蚊"式轰炸机开始在柏林的上空盘旋，但是这次盟军并未投下炸弹，而是在柏林上空施放了照明弹，柏林城一时间亮如白昼，盟军随后就施放了目标指示标志。耶顺内克知道，这一切都是大规模空袭到来之前的表现。耶顺内克再也顾不得欣赏野鸡了，他焦急地回到了指挥所，然后打电话给空军司令部，命令德军所有的夜航战斗机全部出动，一定要将今夜来到柏林上空的所有盟军轰炸机尽数歼灭，他拿着电话像野兽一样地咆哮着。

德国空军148架双发和55架单发夜航战斗机得到命令之后马上起飞，但是等到这些飞机员升上空中才发现，柏林上空此时只有几架英国的"蚊"式飞机，英国人驾驶着飞机做着各种各样的高难度动作，面对蜂拥而来的德国飞机毫无畏惧。空中的飞行员马上把这个消息向地面指挥所通报，在得知这个消息之后，耶顺内克果断下达命令，要求将英国飞机全数歼灭。随后耶顺内克下令地面高炮部队全部参加战斗。于是，就是为了空中这几架"蚊"式飞机，耶顺内克几乎动用了所有的防空力量，在两个小时的战斗中，德军的地面高炮部队一直没有停止射击。

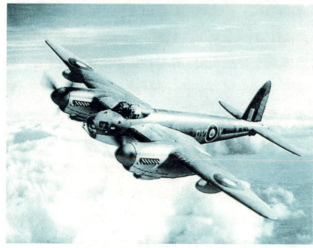

但是，想要击落英国飞机想得快发疯的耶顺内克上当了，盟军为耶顺内克的生命画上了一个悲惨的句号，在柏林上空的大规模空袭前奏不过是一个烟雾弹，盟军空军真正的攻击目标是德国陆军导弹基地佩讷明德。因为德国防空部队的注意力全部被吸引到了柏林，英国皇家空军600余架轰炸机几乎没有碰到什么阻碍就飞抵佩讷明德上空。当耶顺内克被佩讷明德传来的轰炸声惊呆时，德国V型导弹基地已经被彻底摧毁，700余名火箭专家和工程

★英国"蚊"式轰炸机

空战

THE CLASSIC WARS

生死瞬间的云端曼舞

师死于此次空袭。第2天上午8时，灰头土脸的耶顺内克在指挥所办公室接到了希特勒的电话，希特勒这一次并没有对耶顺内克破口大骂，他只是狠狠地说了一句："你知道该怎么做。"

盟军计划：攻心为上

1943年8月18日上午，耶顺内克拖着疲惫的身体回到了自己的家中，戎马一生的他将自己关进了卧室里，家人了解他此时的疲惫和难过，所以谁也没有去打扰他。10时，忽然从卧室里传来了一声枪响，当耶顺内克的家人打开卧室房门的时候，看到的是一只手握着手枪，已经倒在血泊中死去的耶顺内克。

在耶顺内克死去之后，戈林面前没有了其他人选，他只好硬着头皮再次接过了空军的最高指挥权。但不管是耶顺内克的死，还是戈林的再度来到前台，都没有能够挽救德国空军的失败命运。

盟军飞机的轰炸并没有因此而停息，德国的军用设施和工厂接连遭受盟军空军的重点照顾，希特勒清楚再这样轰炸下去，德国的战争机器就会濒临瘫痪，到时候面对盟军的进攻，如果后方的武器和生产无法跟进的话，就毫无办法了。但是德国空军的问题积重难返，面对盟军飞机毫无办法，其实德国上空的制空权已经被盟军所掌握。

就在这个时候，盟军开始了对德国的心理攻击计划。美国第8航空队和英国皇家空军从英格兰空军基地起飞，所有飞行员开足了马力，风驰电掣地扑向柏林的天空，但他们此行的目的不只是要对柏林发动轰炸。为了保护柏林，希特勒火速命令德国战斗机进行了大规模集结。

尽管有里外两层的高射炮保护柏林，但盟军轰炸机仍然在云层上进行了3个小时的飞行，而德军的高射炮虽然使尽了浑身解数，居然仍是连一架盟军飞机也没有能够击落下来。

气急败坏的希特勒命令高射炮必须将所有的炮弹都打出去，于是柏林用以防空的高射炮火力不断，但就是没有一架盟军战机从空中坠落下来。希特勒百思不得其解，他向空军元帅戈林问道："这是为什么？"而戈林的回答则充分体现了这位元帅的圆滑，他说："这估计是美国佬的先进战机！"

这以后，每隔几天盟军空军的飞机就会到柏林上空骚扰几个小时，尽管盟军再没有对柏林发动如前几天一样的猛烈攻击，但是却经常会撒下很多的传单，传单上写着："希特勒发动的这场战争将继续下去，希特勒要打多久就打多久！"这些虽然不是真真实实的炸弹，但是它给柏林人的打击却毫不逊色于重磅炸弹。

　　丘吉尔在两个星期之后命令英国皇家空军派出了更多的飞机袭击柏林，在此次空袭中，有14人被炸死，有50人被炸伤。这次的轰炸让纳粹的政要们大为震怒，但是宣传部长戈培尔却找到了反击盟军的方法，他命令纳粹的宣传机器开足马力抓住英军的轰炸开始做文章，运用各种宣传渠道，大肆宣传英国飞行员对柏林手无寸铁的妇女、儿童进行的野蛮屠杀。为了把德国人对盟军的恐惧转化为仇恨，柏林的大部分报纸都是用了《柏林上空的英国强盗》为标题。纳粹的头面人物们到处宣称："即使德国的每一座城市都被夷为平地，德意志民族也能生存下去。即使我们不得不在洞穴中生活也在所不惜。"

　　但是，盟军的飞机和炸弹并未因为德国的恐吓而有所收敛。大批的盟军轰炸机于1943年11月22日上午再次飞抵柏林上空，在柏林市区和工厂区投下了数千吨炸弹，给这

★柏林遭到盟军轰炸机大规模的轰炸

★盟军轰炸后的柏林废墟

些区域造成了非常严重的破坏。近600架英国轰炸机又在晚上对柏林进行了连续突击。连续不断的巨大爆炸声一直持续了一个小时，德国高炮阵地的水泥墙壁因为剧烈的爆炸一块块被震落下来。

在一片枪林弹雨之后，柏林已经成了一片火海。

秘密武器：新战机装上了炸弹

当时参与轰炸柏林的英国轰炸机主要是"兰开斯特"式轰炸机、"哈里法克斯"式轰炸机、"斯特林"式轰炸机以及"惠灵顿"式轰炸机。这些飞机的共同特点是自我防护能力比较弱，而且受到航程的限制，它们必须大幅度减少载弹量才能顺利飞抵柏林上空去执行任务，因此，参战的英国轰炸机的战斗力不是很强。而参战的美国轰炸机则比较先进，比如号称"空中堡垒"的"B-29"型轰炸机，这种飞机的特点是装甲厚实、自卫能力强，而且装备有11门重机关炮，可以独立与敌战斗机进行必要的缠斗。而且这些飞机的载弹量可以达到数吨，并且配备了陀螺式瞄准装置，即便是在高炮射程之外也可以进行准确投弹。

但是连续8次空战证明，低速的轰炸机在白天并不是德国战斗机的对手，即便是拥有强大防御火力的"空中堡垒"也不能例外。因此，盟军虽然获得了巨大战果，却也付出了惨重的伤亡代价：轰炸机的战损率一度高达9%，这样的战损

★盟军P-38"闪电"战斗机

率对于长时间大编队执行连续轰炸任务的空军来说是难以承受的。加上盟军飞行员担心遭到德国飞机的阻截，投弹的效果也不是特别理想。因为德军的防空炮火非常密集，所以很多飞机甚至只是刚进入德国领空，就草草扔下炸弹返航。

直到1944年，P-38"闪电"、P-51"野马"式等远程战斗机开始负责为盟军轰炸机护航，盟军轰炸机的形势才有了明显改观。德国的"福克符夫"式战斗机和"梅塞施米特"式战斗机根本不是P-38"闪电"、P-51"野马"式等远程战斗机的对手，盟军轰炸机的战损率由此下降到了3.5%。

P-38"闪电"式歼击机由洛克希德公司生产，最高时速为414英里，最大载荷航程2 260英里，爬升率为12分钟2.5万英尺，升限3.9万英尺，装备1门20毫米航炮，4挺0.5英寸机枪；P-51"野马"式歼击机最高时速为443英里，最大载荷航程2 080英里，爬升率7.5分钟两万英尺，升限4.19万英尺，装备6挺0.5英寸机枪，也会配备两枚1 000磅炸弹或是10枚5英寸火箭弹。相比之下，德国的"福克符夫"战斗机时速只有395英里，最大载荷航程380英里，爬升率6分钟1.5万英尺，装备两挺7.9毫米机枪，4门20毫米航炮。与盟军的战斗机相比，德军的战斗机无论是在火力还是在机动性方面都要略逊一筹，此后德国战斗机对于盟军飞机完全没有办法了。

面对盟国空军接连不断的空袭，德国空军越来越显得没有办法，而纳粹统治集团的政要们逐渐对本国空军的能力越来越缺乏信心。在这种时候，戈林自然再次成了希特勒宣泄不满的"出气筒"。即便很多时候，希特勒会当着很多下级军官的面指责戈林，但是戈林此时除了恭听希特勒对他的指责侮辱外别无他法。两年之后，当戈林回忆这段时期的处境时，不无感慨地说："元首与我越来越疏远，每当我向他汇报情况时，都看得出他很不耐烦。他常常粗暴地打断我的话，并且开始越来越多地介入空军事务。"

因为已经再也找不到替罪羊了，戈林只能尝试着自己去摆脱窘境，为自己赢回指定继承人的地位。戈林在这过程中对很多武器进行了改进，给德军战斗机配备了性能优良的SN2"利希腾施泰因"机枪雷达、红外线探测器以及能自动搜寻敌人轰炸机载"HS2"雷达的电子装置。戈林的工程师们在德军占领区的上千个湖泊中安装了雷达反射器，以此迷惑盟军轰炸机雷达操作人员，并在德国本土架起了代号为"罗德里希"的无线电干扰机。为了保障大城市的安全，戈林更是绞尽脑汁，甚至在农村建立了多个伪装地域。当然，众所周知的是，戈林的这些雕虫小技并没有解决太多问题，柏林依旧要面对盟军飞机的狂轰滥炸。

空袭升级：柏林大劫难

虽然之前柏林就遭受了盟军严重的轰炸，但对于以后的轰炸来说，那不过是一段序曲。1944年3月6日，美国第8航空队3个轰炸师29个轰炸大队的812架轰炸机在美英近700架歼击机掩护下又出发了，这些飞机预定对柏林的埃尔克纳轴承厂、戴姆勒-本茨航空发动机厂以及位于南郊的军用电子设备厂发动新一轮的空袭。

全部的美军轰炸机于上午8时30分在英吉利海峡上空组成一字长蛇阵，整个编队长达170多公里。于是，德军的前沿雷达站捕捉到了大批轰炸机集结的信号，从而拉响了前所未有的空袭警报，各防空战斗机管制中心得到讯号之后马

★盟军空袭编队

上开始调集飞机，德军部署在德国本土、荷兰、比利时、法国北部的911架战斗机，准备对盟军机群进行截击。

美国轰炸机群的先导机群于11时30分飞抵汉诺威以北的一个检查点，与目标相距已经不是很远。但是因为机群之间的距离拉得太远，担任护航的战斗机多半配置在先头梯队四周，从而使机群后部的防护力量看起来过于薄弱。这个弱点迅速被德国的军控中心发现，于是负责截击的德军机群马上起飞，600多架的德军战斗机组成了"狼群"环形战斗队形，在地面指挥中心的引导下，德军飞机向美军机群防护薄弱的后部冲了过去。

率先冲进美国机群的是德国飞行员豪普特曼上尉所率领的机群，100多架德机与盟军机群在8 000米高空缠斗到了一起。这时为美国机群护航的是8架"P-47"歼击机，盟军飞行员与德军进行了激烈的交火，试图先行分隔开德军战机的战斗队形，但是多数德国飞机根本不顾美国歼击机猛烈的火力，直接向轰炸机猛扑了过去。德国战斗机随后又分成2到4机编队，从不同的方向猛攻美军轰炸机。整个作战区域延伸近200公里，德军飞机时而从后方进攻，时而迂回到战机的前面。

正在美国轰炸机万分危急的关头，80架P-51"野马"式歼击机火速赶来增援。德国的"梅塞施米特"性能根本无法与"野马"相比，但是德国飞行员根本不顾在飞机上的差距，而是发疯似的继续猛扑向美国轰炸机。P-51"野马"式歼击机面对德军飞机猛烈开火，两架德军飞机就此被击落，不久，曾

★P-51"野马"战斗机

★盟军空袭后的德国

击落盟军92架飞机的德国王牌飞行员罗斯中尉也被击落了，但德军飞机依然没有放弃对轰炸机的进攻。在此次空战中，美军也付出惨重的代价，有6架"P－47"歼击机被击落。

虽然付出了如此高的代价，但是在数量上拥有绝对优势的盟军飞机很快就占据了优势，轰炸机在到达制定目标地点之后，就开始了大规模轰炸，从汉诺威到柏林的大片土地都燃起了熊熊战火。在美国加紧对柏林进行白日轰炸的同时，英国人则选择在夜间对德国进行大规模的轰炸。在这场空袭的前夜，英国轰炸机司令哈里森曾经狠狠地说："要把柏林从里到外炸个稀巴烂！"

这是一个万籁俱寂的夜晚，皎洁的月光倾洒在被战火蹂躏的大地之上。忽然间，空袭警报打破了德国寂静的天空。德军所有的夜航战斗机都接到了代号为"野鸡"的作战指令，柏林附近几乎所有的机场都进入了紧急备战的状态，第1航空队队长施密特将军于23时下令歼击机升空。

从海峡方向飞来的英国飞机在一开始并不是很多，只有几架"蚊"式飞机对荷兰境内的夜航战斗机机场进行了攻击。德国人认为这是英国人又在复制空袭佩讷明德时的花招，他们猜测有大批轰炸机已经在英格兰作好了攻击的准备。这一次德国人果然没有上当，英国第一批轰炸机没有过多久就越过海峡向比利时方向飞来。

这一次，德国人则为英国人设下了陷阱。德国空军第1夜战航空团第3大队大队长德雷维斯上尉率领着自己的机群悄悄潜入了英国轰炸机的编队里，在雷达回波引导下，他们一点一点接近英国轰炸机。在贴近到500米之后，德雷维斯上尉调整了飞机的速度，开始进行爬升，当跟英国轰炸机相距只剩下100米左右的时候，德雷维斯瞄准英国轰炸机的发动机，并且猛按下了射击按钮，英国轰炸机拖着浓烟一头栽了下去。但德雷维斯上尉及机群也就此暴露了目标，于是英国的夜航战斗机迅速向德军飞机集结过来，与德军飞机展开了一场罕见的空中角逐战。

盟军在此次夜袭柏林的行动中共出动了672架轰炸机，轰炸了预定或备份目标，但在空战中也付出了69架"B-17"和"B-24"飞机的损失，另外还有4架飞到瑞典后被扣留。在此战中德军实际出动了463架战斗机，其中332架发射了炮弹，结果有64架被盟军飞机击落，有44名飞行员被击毙。但是因为在行动时天气不好，盟军轰炸机并未给军事目标造成重大损失，但柏林市的建筑物却广遭破坏，人员伤亡达到了707人。虽然并未彻底摧毁预定的目标，但它毕竟体现了盟军战略航空兵的实力。

盟军的空袭行动成功达到了破坏德军后勤补给，打击德军战争士气的目的，为纳粹德国的最终覆灭吹响了冲锋号。

战典回响

柏林之殇

从1943年11月一直到1944年3月的柏林空战，英军在这期间共计出动飞机20 224架次，发动轰炸16次，投弹25 000吨，使柏林市区三分之一的面积被毁。而英军方面也付出了巨大的代价，有1 047架飞机被击落，1 682架飞机受伤。

对平民百姓而言，这种毁灭一切的轰炸效果，令人胆战心惊。希特勒酿成的苦酒本来只应希特勒自己来喝干，不幸的是，千百万无辜的德国平民成了希特勒的殉葬品，他们的财产、他们的生命在盟军惩罚希特勒的过程中也随之毁灭，连满怀愤怒的美国人见到这一切也大发怜悯之心。战后，美国前驻印度大使写道："一个人只要在1945年挨个看一看德国的城市，他就会明白现代空战是多么可怕了。第一次世界大战中的索姆河战役头一天死了两万人，可这远远比不上柏林、汉堡、法兰克福。在这些地方，我们能够看清楚一切。目睹空袭的恐怖，任何人一辈子都会对战争耿耿于怀。"曾于1940年被美国共和党提名为总统候选人的哈特菲尔德在战后回忆说："尽管德国人罪有应得，那里的情况仍令我内疚，有时羞愧得无地自容。我们的所作所为居然和纳粹一样了。"

几年的战争实践，逐渐使人们看到轰炸士气的做法并未起到多大效果，而美国战略航空兵则于1944年中期，在长期积累空战经验的基础上认识到，对德国来说，石油工业和交通运输系统才是置德国于死地的关键目标系统，并开始对这些目标进行集中的反复轰炸，不久，德国的经济便濒于崩溃，为盟军的最终胜利奠定了基础。

★ 沙场点兵 ★

人物：汉斯·耶顺内克

汉斯·耶顺内克（1899—1943）。第一次世界大战期间由陆军转入空军。20世纪30年代初在国防军总参谋部工作。后任空军总参谋部作战处处长，1938年2月升任空军总参谋部指挥部主任。1939年2月任空军总参谋长，同年8月晋升空军少将。第二次世界大战期间参与策划和指挥主要空战战役。在不列颠之战中主张轰炸伦敦住宅区。1941年5月指挥克里特岛战役。1942年3月1日晋升为空军大将。

在这次战役中耶顺内克接替戈林担任德国空军司令，但是由于对盟军的空袭防御不力，1943年8月18日自杀。

武器："兰开斯特"轰炸机

"兰开斯特"轰炸机是第二次世界大战中英国皇家空军轰炸机的主战机种，"兰开斯特"累计出击156 192架次，雄居全英飞机之首。累计投弹608 612吨，更是占到英国皇家空军第二次世界大战中总投弹量的三分之二。

凭借它所使用的性能优异的"梅林"发动机和相当实用的大弹舱以及丰富多样的作战模式，"兰开斯特"博得了军事行家的广泛好评。作为第二次世界大战中英国最大的战略轰炸机，"兰开斯特"轰炸机是以夜间空袭作为主要作战手段，几乎包揽了在夜间进行的全部重要的战役、战斗任务。

采用常规布局的"兰开斯特"飞机具有一副长长的梯形悬臂中单机翼，四台发动机均安置在这相对较厚的机翼上。近矩形断面的机身前部，是一个集中了空勤人员的驾驶舱，机身下部为宽大的炸弹舱，椭圆形双垂尾和可收放后三点起落架则与当时流行的重轰炸机毫无二致。

"兰开斯特"轰炸机的弹舱很宽大，里面可以灵活选挂形形色色的炸弹，除了250磅常规炸弹以外，还可以半裸悬挂从4 000、8 000、12 000直至22 400磅重的各式巨型用于打击特殊目标的炸弹。"兰开斯特"轰炸机的基本装备是机枪，后机身背部和机尾分别设FN5、FN50和FN20型动力炮塔，各炮塔安装2到4挺"勃朗宁"7.7毫米机枪。

战术：饱和轰炸

"饱和轰炸"是盟军在二战后期为了彻底摧毁德国对战争的后勤供给而实施的轰炸战术，这样的轰炸能够最大限度地摧毁德军的战争资源，有助于尽快摧毁德军的抵抗意志。1943年7月，英国皇家空军决定对德国汉堡实施大规模"饱和轰炸"，并把这一行动称为"罪恶城作战"。7月24日深夜，英国皇家空军在汉堡大轰炸中，第一次用锡箔对德国雷达警戒系统进行了成功的干扰。791架轰炸向汉堡投下大量高爆弹、燃烧弹，汉堡市区成为一片火海。7月25日、7月26日白天，美国第8航空队先后派出235架轰炸机，对汉堡造船厂、柴油发动机厂进行了轰炸。7月27日、7月28日、8月2日夜间，英国皇家空军又连续进行了三次"饱和轰炸"。英美空军对汉堡持续10天的轰炸，出动了轰炸机1.7万余架次，投弹9 000多吨，使该城遭到严重破坏，死伤军民达10万之众。盟国空军对汉堡的"罪恶城作战"取得辉煌的战果。此后，英美空军迅速将目标直指希特勒的老巢柏林。

生死瞬间的云端曼舞
THE CLASSIC WARS

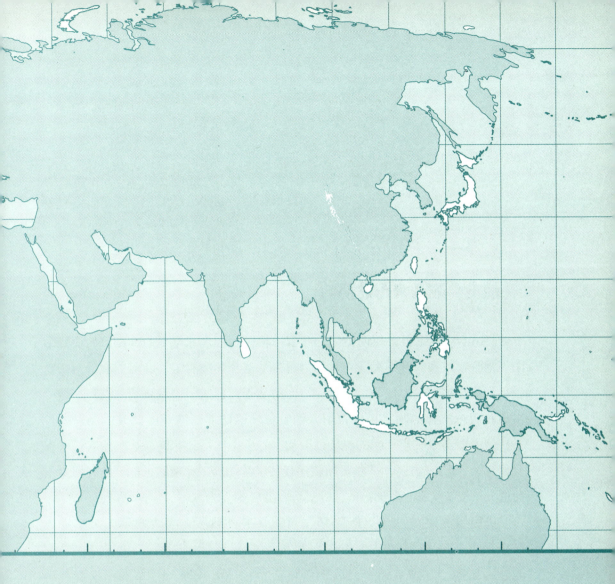

第十三章

越南空战
——铝与火的教训

    ▲ 20 世纪中叶对于西方的超级大国美国来说，是一个大国军事梦想滑坡的岁月，在朝鲜战场的失败让他们经历了在远东最尴尬的一段时期。随后，美国又囤积重兵在越南，意图从南方着手打开远东局势的坚冰，对新中国完成合围之势。但是追求独立与自由的越南人民与中国人民一道，让美国人再一次在远东摔了个大跟头。越战对美国的影响是极为深远的，一直延续到数十年后的今天。

前奏：战云密布北部湾

1964年8月2日，越南沿海的北部湾地区看起来非常平静，和煦的亚热带阳光铺洒在波光粼粼的海面上，如果只是从这个角度看去，此时的北部湾正沉浸在安静祥和之中。但是，在海岸边的树丛里，那些不停旋转的北越海军监视雷达和荷枪实弹的哨兵足以告诉人们看似宁静的北部湾其实暗潮汹涌。这几天，美国攻击型航空母舰"提康德罗加"号曾多次搭载着满载炸弹的攻击机在北纬17度线海域出现，一些美国驱逐舰甚至游弋到了越南的近海，北越海军迅速进入了战备状态，北部湾地区的局势骤然紧张。

美国驱逐舰"马多克斯"号在当天下午，赫然大摇大摆地闯入了清化以东的北越领海，"马多克斯"号的炮口甚至直接对准了北越海岸。在北越海军向"马多克斯"号发出警告后，"马多克斯"号军舰不仅没有后撤，而且在北越领海内摆开了"Z"字形航行，舰上的美国水兵甚至对着北越海岸开始挑衅。看到美国军舰居然敢在自己家门口如此放肆，忍无可忍的北越海军统帅部一声令下，早已等待多时的4艘鱼雷快艇飞速向美国军舰冲了过去。看见越军如此来势汹汹，"马多

★制造北部湾事件的美国"马多克斯"号驱逐舰

克斯"号赶忙掉转头逃往公海。这件事就是曾轰动一时的所谓"北部湾事件"。美国人对北越发动如此公然的挑衅，其目的就是为了扩大在越南的军事行动而寻找借口。

在发生了"北部湾事件"之后，美国人开始在全世界大造舆论，声称美国军舰遭到了北越海军的攻击，遭受损失的美国将不得不对北越展开报复。1964年恰好是美国的大选之年，为了能够迎合国内的强硬派支持，约翰逊总统命令驻南越美空军对北越进行大规模的"报复性"空袭。美国驱逐舰"马多克斯"号和"特纳·乔埃"号于8月3日深夜再度闯入北越领海进行挑衅活动，隐蔽出航的北越鱼雷艇向美国军舰发出了警告。但是，美国海军需要的效果已经达到，他们就这样又一次找到了发动战争的借口，在第二天一早，美国领导人就迫不及待地对外宣布这次异常"严峻"的情况，北部湾地区一时间战云密布。

美国在海外进行军事行动的时候，美国海军航空母舰编队向来都作为先头部队出发，这次当然也不会例外。美国海军航空母舰"星座"号于8月5日上午到达岘港附近海域，与"提康德罗加"号会合。两艘航空母舰与数艘驱逐舰在第7舰队第77特混舰队司令汤姆逊的指挥下，一起飞速驶往预定攻击阵位。与此同时，美国太平洋海军司令部和空军司令部发出命令，指示所属部队马上进入三级戒备状态，准备应付突发事件。

一架架攻击机被从机库里提到了航空母舰的甲板上，异常忙碌的地勤人员在给每一架飞机加油挂弹，指挥工作的哨子声此起彼伏。共有64架飞机将会参加这次的空袭行动，其中就包括"A-3"、"A-4"、"A-6"型攻击机，它们都是第二次世界大战之后美国最新研制的喷气式攻击机，载弹量大，武器性能先进，其中A-6"入侵者"式重型攻击机更是美国海军最新型的舰载机，最大载弹量可以达到6 804公斤。开战在即，但是即将出发的美军飞行员们并没有把弱小的北越空军看在眼里，他们甚至在坐上飞机之前，还聚在一起轻松地谈笑风生，他们似乎是要去散步，而不是作战。

下午13时15分，喷气式发动机特有的巨大轰鸣声同时在两艘航空母舰上响起，随着指挥官一声令下，在蒸汽弹射器的强大助推下，第1架"A-3"型攻击机风驰电掣般地弹出了甲板，只见它的机头一昂，就飞入了云端。64架攻击机紧接着依次起飞，一架一架呼啸着升空，不消片刻就消失在了天际。

美军此次攻击行动的主要目标是北越海军的巡逻艇基地。攻击机机群在升空以后，按照预定计划在空中编成了5个攻击群，分别向北越的鸿基、清化、宜

★ 美军空袭北部湾

安、荣市、广溪猛扑过去。北越当时的防空力量确实非常薄弱，空军当时也并没有多少可以作战的飞机，当美军飞机突然以超低空出现在目标上空时，北越的防空部队几乎毫无办法，只能使用地面上为数不多的小口径高射炮向空中零乱地开火，稀疏的炮弹根本无法对美军飞机造成什么威胁。这些美军攻击机在不慌不忙地投光了机载的炸弹以后，又用20毫米机炮对着地面目标进行了一番疯狂扫射，爆炸声不时从北越军港内传出来，随着美军飞机的炮火击中了一座油库，被烈焰包裹着的浓烟直冲云霄。64架美军飞机在14时45分停止了攻击，随后全部安然无恙地回到了航空母舰上。

但是美军的此次空袭并没有改变越南的形势，而对美军来说，这次空袭反而起到了反面的作用。在空袭之后，越南南方的战火依然不曾间断，民族解放阵线反而开始了更加灵活多样的报复性活动，他们四处出击，和美国人开始了游击战。这让美国人非常恼火，他们认为越南南方之所以战火不断，就是因为越南北方的渗透和支援。美军决定不能对越南北方的行动坐视不管，于是美军参谋长联席会议经过商议，最终通过了一项对北越实施战略空袭的作战计划，通过国防部长将这个作战计划转交给了总统。约翰逊总统于8月6日批准了代号为"滚雷"的轰炸计划。但是当约翰逊总统将自己的名字签在这份计划书上的时候，他并不曾想到，一场历时3年之久的马拉松式空袭就此拉开了序幕。

碧空血战：滚雷行动中的龙爪桥

美国空军于1965年3月2日出动了包括"F－105"、"RF－101"、"F－100"等型号在内的共112架飞机，首次对越南邦村弹药库发动了突击。这天清晨，太阳才刚升起来，7架"RF－101"型超音速战术侦察机就呼啸着掠过邦村上空，它们都装有高速航空摄影机，只用了短短十几秒时间就把目标及附近的高炮阵地拍了下来，"F－105"轰炸机飞行员很快就拿到了这些航空照片。

美军编成11个小队的44架"F－105"轰炸机，没有多长时间就在40架F－100"超级佩刀"战斗机的掩护下飞向邦村。飞在最前面的两个"F－105"小队在临近目标上空时散开成双机跟进队形，从高空俯冲了下来，将一枚枚炸弹投放在了已经发现的北越高射炮阵地上，随后拖着长长尾烟的火箭弹也射向了北越阵地，硝烟很快就将地面几处高射炮阵地吞没了。

毫不示弱的北越防空部队也用一阵密集炮火对美军飞机进行了射击，3架"F－105"轰炸机拖着浓烟坠毁在了稻田里。其余的"F－105"分散成了双机，向着邦村弹药库俯冲，顷刻之间邦村就被浓烟和烈火所笼罩。

"滚雷"战役突击的重点目标是北越的交通运输系统，而杜梅铁路大桥和清化铁路大桥则成为了美军必须要攻破的地方。位于河内市郊的杜梅桥建在红河低洼的淤积平原上，是联结5条铁路的19孔钢架桥。桥长1 677米，宽11.6米，加上引桥总长2 582米，是北越最长的大桥。而清化桥则坐落在清化市以北不到3公里处的马江上。清化桥最早是由入侵越南的法国人所建造的，曾遭受了严重破坏。在中国技术人员的援助下，北越于1957年开始对清化桥进行重

★美军F-100战斗机

★美国KC-135空中加油机

建，重建工程历经7年，最后于1964年顺利竣工，胡志明主席曾亲自主持了大桥的落成仪式。新建成的清化桥，长500米，宽11米，桥身距江面25米，铺设了轨距为1米的单轨铁道，两侧则分别为水泥桥面的行车道。

美军方面认为，只要将清化桥炸毁，就可以使河内至越南南方的铁路交通瘫痪，这样北方就没有办法对南方进行支援。美军因此首先开始对清化桥发动了大规模的攻击，为了能炸毁清化桥，美军几乎不惜任何代价。

负责执行"滚雷"战役"9－A"计划的，是由79架飞机组成的突击部队，这支多机种混合编队包括46架"F－105"、21架"F－100"、两架"RF－101"以及10架"KC－135"加油机，除了对突击效果进行航空拍照检查的"RF－101"以外，其他飞机所配备的武器真是五花八门，负责攻击任务的46架"F－105"中有16架携载两枚"小斗犬"式空对地导弹，还有15架负责突击清化桥的则各带了8枚普通炸弹，其余的15架负责压制高射炮火的飞机所携带的也是普通炸弹。"F－100"中则有7架用来压制高射炮火，每架携挂了两个19管火箭发射器，另有两架负责侦察天气，其余负责空中巡逻，对米格飞机进行拦截，在负责空中巡逻的飞机中，有4架携挂着"响尾蛇"空对空导弹。

这些参战飞机于1965年4月3日中午时分升空，在经过了空中加油之后，于下午2时准时到达目标上空。这些飞机刚刚到达目标上空，北越方面的高射炮就开始了射击，无数深褐色的烟团在空中绽开，承担着掩护任务的美军机群急忙散开，随即向越军的高炮阵地发射了密集的火箭弹。里斯奈尔中校率领着第1个携带"小斗犬"导弹的"F-105"小队，趁着混乱从南面向清化桥猛扑过去。里斯奈尔中校准确瞄准了清化桥的中部，确认之后发射了一枚250磅级"小斗犬"导弹，只听得一声巨响，他看到清化桥的桥身中部果然闪出了一团火光，导弹击中了目标。但是如果要发射这种导弹，一次只能完成一枚导弹的导航，所以中校在完成射击之后只能先退出目标区，经过准备之后才能再次进入。

紧接着美军向清化桥发射了所有导弹，结果全部命中目标，可即便是美军这样的攻击依然没有能够摧毁清化桥。"F-105"飞机再次俯冲下来向目标投炸弹，有些飞行员甚至要到达1 000米的高度上才将炸弹投下，但此时的地面上风力开始加大，所以美军投下的大部分炸弹都偏离了目标，只是把河堤炸得坑坑洼洼。在哈里斯上尉的带领下，他的小队对瞄准点进行了调整，有几枚炸弹直接命中了清化桥上的公路和上层结构。这时候，清化桥已经完全被浓烟覆盖，乌烟瘴气的，美军飞机认为清化桥经此重击必然已经损毁，于是转身飞回了基地。但是让美军飞机始料未及的是，当那片滚滚的浓烟散去，清化桥依然安然无恙地屹立在那里。

里斯奈尔中校于第二天下午率突击机群再次飞抵清化桥上空，48架挂装着8枚750磅级普通炸弹的"F-105"将负责此次的攻击。这一次越军依然对飞

★美军F-105轰炸机

★ "滚雷"行动中的美军轰炸机

抵清化桥上空的美军飞机给予了猛烈攻击，越军的57毫米高射炮全部投入了战斗。在密集的高射炮火的掩护下，北越空军一个"米格－17"歼击机飞行小队，悄无声息地避开了在空中进行战斗巡逻的"F－100"战斗机，猛扑向在目标空盘旋、准备待机突击的美军"F－105"飞机，美军飞机还没有反应过来，已经有两架"F－105"飞机被"米格－17"的航炮所击落。在完成此次偷袭之后，北越军飞机火速撤出了美军的火力射程。

气急败坏的里斯奈尔中校命令机群必须不顾一切地向目标投弹，在中校的命令之下，300余枚炸弹击中了清化桥，只见清化桥的桥面上布满弹痕，满目疮痍，东面一处桥身已经明显有向下弯曲的现象。但是，清化桥仍然在马江之上坚强的挺立着。

到1965年5月中旬的时候，越南北方一共有26座桥梁被美国空军炸毁，但是唯独这座清化桥虽然屡经战火，但是依然屹立不倒，美军自信，以他们的炸弹绝对能摧毁任何一座由法国人制造的桥梁，但是面对眼前这座由中国工程技术人员帮助重建的大桥，他们引以为豪的"小斗犬"导弹和750磅级炸弹根本毫无用处。美军飞机每次对清化桥进行过大规模轰炸之后，也只能使得这座桥在短时间内无法通车，但只要经过越南人简单维修，这座大桥马上就能够恢复使用。美国空军从1965年5月底到1967年初又对清化桥进行了多次轰炸，甚至还用运输机投放了水雷，但无论美国人用什么方法，就是没有办法炸毁它。

就在美国空军对清化桥毫无办法的时候，美国的武器研究人员为越南战场送来了一批"白星眼"滑翔炸弹。"白星眼"滑翔炸弹又被称为灵巧炸弹，是美国的武器研究人员最新研发的新型武器，这种炸弹的威力要远远高于美国的其他炸弹。一艘美国航空母舰于1967年初驶离加利福尼亚的圣迭戈，载着一批"白星眼"滑翔炸弹开往北部湾。

在拥有了这种新型武器之后，美国空军马上就用兵营、电厂和一些桥梁来试验新武器的威力，在"白星眼"滑翔炸弹所到之处，几乎无不是一片废墟，而且在命中率上，"白星眼"滑翔炸弹也远远高于其他炸弹。但饶是如此，这种炸弹到了清化桥面前依然毫无作用，当美国空军将这个消息报告回美国，连美国的武器研究人员都惊呆了，从此以后，美军就将清化桥称之为"炸不倒"的桥梁，甚至还有些美军飞行员认为清化桥有着"上帝保佑"，而不愿意驾机去轰炸清化桥。

美国人在后来不得不承认：清化桥和杜梅桥是最难轰炸的战略目标。所以在"滚雷"战役此后持续的三年多时间里，美军飞机虽然多次从这两座桥的上空掠过，但始终都没有再对这两座桥发动攻击。

电磁干扰：解除"米格-17"的威胁

在清化桥上空，美军曾于1965年4月4日遭到北越"米格-17"战斗机的突击，美国人不曾想到，北越空军在1964年底不过有64架"米格-17"战斗机，他们居然敢就此向美国空军挑战。但随后通过各种侦察手段，美国人获得了一个惊人的消息：到1965年3月底，北越其实已经拥有了31部早期预警雷达，两部测高雷达和9部高炮火控雷达；北越飞行员也已接受过了地面引导截击训练。

这一下，美国人必须得认真考虑米格机带来的威胁了。美军防空司令部的EC-121"大眼睛"预警机于1965年4月飞赴战区，在美国空军实施突击时于北部湾上空进行空中巡逻，通过雷达对北越飞机实施监控。

★美军 F-4C 战斗机

驻泰国乌汶基地的美国空军第2师第45战术战斗机中队的4架"F－4C"战斗机于1965年7月10日起飞，机翼下分别挂载着4枚"麻雀"导弹和4枚"响尾蛇"导弹，直奔北越的安沛军械弹药库而去，途中与米格飞机遭遇。霍尔少校和2号机率先接近米格机，3号机和4号机则拉大与他们的距离在后面负责掩护。

2号机机长安德森上尉在几秒钟后先发现了两架"米格"战斗机，这两架"米格"战斗机当时正在拐弯，霍尔和安德森急忙甩掉副油箱，将加力全部打开，向左转弯后猛扑向米格机，但是米格机非常灵巧，它们随即也转到了3号机和4号机的后下方，这一下米格机占据了最有利的位置。

安德森急忙通过无线电向3号机机长大声呼叫，告诉他米格机已经到了他的后面。三号机机长霍尔库姆听到安德森的呼叫之后，急忙和4号机的罗伯茨打开了加力，意图摆脱米格机，但是因为米格机的转弯半径比"F－4C"要小，所以他们仍然被米格机紧紧地咬着，而且之间的距离越来越近，米格机开始使用航炮对"F－4C"展开射击，在千钧一发的时候，霍尔库姆急中生智，他驾驶着飞机在空中连续做了几个剪刀动作，将米格机放到了前面。

缓过神来的米格机已经冲到了霍尔库姆的前面，霍尔库姆当然不会放过这个绝好的机会。他果断按下了导弹发射的按钮，米格机虽然躲过了第1枚"响尾蛇"导弹，但却被霍尔库姆发射的第2枚"响尾蛇"红外制导导弹命中，只见空中燃起了一团巨大火焰，米格机在空中爆炸了。4号机的罗伯茨上尉在同时也对另一架米格机发起了攻击，罗伯茨一口气对着米格机

★美军"响尾蛇"导弹

发射了4枚"响尾蛇"导弹，最终将这架米格机成功击落。在此次空战中，美军飞机共击落了两架米格机，在越南战场上首开纪录。

但没有过多久，北越的防空系统中又增加了新的武器。美军一个4机"F-4C"小队于1965年7月20日在河内外围空域执行掩护任务时，忽然从地面上飞来了两枚银白色的苏制"萨姆-2"导弹，美国飞行员还没有反应过来发生了什么事，两架"F-4C"已经被炸得粉碎，一架"F-4C"因

★米格-17战斗机

为被锋利的弹片削去了机翼，坠向地面，另外一架也受到了损伤。于是，此时对丛林上空的美军飞机造成威胁的不只有"米格"飞机和高射炮，还有了威力更为惊人的"萨姆"导弹。

为了对付"萨姆"导弹，美国空军专门组织了"铁拳"飞行小队，每个小队由4架"F-105"飞机组成，其中一架"F-105"是"野鼬鼠"型飞机。这种飞机上携挂有"百舌鸟"导弹，这种导弹是美国最新研制的武器，在对方雷达发射的波束指导下，能够飞到雷达所在的地方将雷达摧毁。

美军第355联队的16架"F-105"战斗机于1966年6月29日向河内油库发起袭击，而在行动之前，指挥官凯斯勒上校已经向参战的各位飞行员介绍了航线、突防战术、河内防御、战区气象等情况。美军飞行员对河内的防空体系都有所忌惮，因为那里高炮密布、导弹林立，仅河内附近就有约30个导弹营。

按预定的时间和航线，美机编队在越过红河之后开始向东飞行。为了能够有效地避开雷达，美机采用超低空突防战术，飞行高度降到了100米。沿着北

越东西走向的大山北侧，美军飞机隐蔽着飞行，随后在大山东部作90度拐弯，改向南飞行直扑河内。北越的高炮突然在此时对着美军飞机开火，因为此时的高度过低，美军飞机的形势不容乐观。为了能够扰乱炮手的视线，飞机开始进行不规则的"S"形飞行，机群最终于12时10分飞抵目标地区上空，在爬高到3 600米以后，飞机作好了俯冲轰炸的准备。

"EB-66"电子侦察干扰机冲杀在最前面，它不停地投放能反射电磁波的金属箔片；同时它还在不停搜索地面的雷达电波，一经发现，马上施放压制性杂波干扰或进行偏性干扰。紧随其后的是4机"铁拳"编队，它们携挂着"百舌鸟"导弹准备随时摧毁北越的雷达。虽然北越军的高炮和导弹炮火非常猛烈，但是因为雷达受到干扰，没有办法瞄准，所以命中率并不是很高。

"F-105"对地面的北越军防空设施展开轮番轰炸，一枚枚炸弹向着两个大油罐飞了过去。大油罐随即爆炸起火，火球伴着烟柱直冲向天。在越南战场上，这是美军发动的最成功的一次空袭，河内油库90%的设施遭到破坏，而美军只有1架飞机被击落，有3架飞机虽然受伤，但还是挣扎着飞回了美军在泰国的基地。

4个"铁拳"小队利用"百舌鸟"号弹、2.57英寸火箭和20毫米机炮，于1966年7月3日对北越的3个防御严密的"萨姆-2"导弹阵地发动了突击。但是没有用太长时间，北越方面就找到了对付"百舌鸟"导弹的方法。通过对萨姆导弹的发射程序进行调整，萨姆导弹的制导雷达可以在开始的时候处于加温

★萨姆-2地对空导弹

状态，等到美军飞机临近，导弹操纵员就将制导雷达从加温状态迅速转换到发射状态，而等到发射以后，再将导弹制导雷达转入加温状态，这样，萨姆导弹就会让美军的反雷达武器没有用武之地。

美军在一次空袭作战中使用了一种新式电子干扰机，当北越防空部队在聚精会神地对空射击时，北越阵地上悄悄落下了一件很像电视机的东西。阵地上的导弹营此后接连发射了60枚导弹却无一命中，就连"萨姆－2"也失去了效力。

那就是美军"F－105"所投放的一台投掷式干扰机，也被称为一次使用干扰机。在着地之后，干扰机就会自动弹出两米长的天线，向正在空中飞行的萨姆导弹发出假指令，萨姆导弹就会根据这些假的指令射偏到一边去。萨姆导弹的命中率因为美军采用了电子对抗手段和各种新技术而逐渐降低，1965年需要15枚导弹击落1架美军飞机，到1966年成了33枚，1967年则成了55枚，到1968年1—4月则增加到67枚。此后，哪怕是在北越已经配置了萨姆导弹的地区上空，美军战斗机也能够进行一定程度的自由飞行。

尾声临近：丛林上空的最后一役

为了能够摆脱泥足深陷的越南战争，美国总统约翰逊从1968年10月末下令停止对越南北方的一切空袭。从此以后，美越双方开始了马拉松式的巴黎会谈。尼克松于1968年11月当选为美国总统，从而开始调整美国的全球政策。从这个时候开始，美军已经从越南南方撤出了47万人，虽然还剩下大约7万人，但是北越的运输系统已经基本恢复正常。

但是在《巴黎停战协定》签订后，南越西贡政权不断挑衅北越的解放区，越南南方民族解放阵线就此转入全面反攻，解放了大片土地，并于1969年6月宣布成立越南南方共和临时革命政府。美国人于1972年3月30日以北方地面部队越过非军事区为理由，又将本来已经撤回本土的空军部队再度调往东南亚。大量的"F－4"战斗机、"F－105"战斗轰炸机、"F－66B"电子干扰机、"KC－135"空中加油机以及"B－52"战略轰炸机再度出现在美国驻东南亚的空军基地上，美国海军的航空母舰也再度返回南中国海。

尼克松总统于5月8日命令对北越港口布雷，以此来配合封锁通往北越的通道和恢复海空军的空袭活动。不久，美军就发动了以摧毁北越后勤系统为目标的"后卫"战役。

北越自从1968年11月美国停止轰炸以来，已经补充了大量由雷达控制的高炮、萨姆导弹和米格飞机，加强了自身的防空系统。美国则积极改善电子对抗武器，研制成了高精度激光制导炸弹。

美军于1972年5月10日出动了52架飞机的战斗编队，开始实施"后卫"作战。机群在飞临河内市郊的时候，北越的高炮和导弹进行了拦截，但是因为北越军的命中率很低，并没有能够完全阻止美军的进攻。美机则趁机兵分两路，以16架携带普通炸弹的"F-4"为主的一路直扑安贞铁路调车场；而以16架携带着制导炸弹的"F-4"为主的一路则杀向杜梅大桥。在此次轰炸中，安贞铁路调车场损失惨重，而杜梅大桥则被摧毁。5月13日，号称"炸不倒"的清化桥也遭遇了同样的厄运，在"后卫"作战开始仅仅3天，在3年的"滚雷"战役中都安然屹立的大桥，就此被摧毁。

为了使越南北方尽快在停战协定上签字，以回应美国国内公众要求在圣诞节前遣返战俘回国的呼声，尼克松决定对越南北方再次进行大规模的战略空袭。尼克松将这次空袭命名为"后卫II"空中战役，这次空袭也是越战结束前的最后一次决战。

美军在东南亚集中了空前的空中力量，以期尽快达到轰炸目的。美军在泰国部署了432架战斗轰炸机和战斗机，连驻泰国的海军陆战队航空联队的48架"F-4"也将参战。除此以外，"KC-135"空中加油机约200架，空中预警指挥机数架则分别部署于泰国和关岛。

美军将"后卫II"战役轰炸的目标选定为河内、海防以及其他对北越经济和国家声誉有重大影响的重要目标。为了显示尽快结束战争的决心，过去基于政治因素而不能进行突击的目标这次也解除了禁令，尼克松还首次动用了载弹近30吨的"B-52"战略轰炸机，这种战略轰炸机的火力比过去袭击北越的战斗轰炸机的火力要强出很多。

美军从12月1日开始派出"SR-71"和"U-2"型战略侦察机加强了对河内、海防地区的空中侦察，情报专家在经过对侦察所得材料的分析后发现，北越在河内地区已经大约部署了27个"萨姆-2"地空导弹团，大概有500部发射架、2 100门各型高炮、180架各型歼击机。地空导弹和高炮更是交错配置，在河内周围50公里半径范围内已经形成了高、中、低空配套，内外圈结合并具有纵深梯次配置的对空火力体系。北越的歼击机则分散配置在河内的外围，用以配合高炮和导弹部队的联合作战。

北越的防空力量如此强大，在"后卫II"战役实施之前，美军的首要任务就成了必须要组建一支结构合理、能攻善守的多机种突击队。美军根据以往跟北越防空部队作战的经验，对每一批次"B—52"轰炸机群都派出数量几乎相同的战术飞机，用以对地面的防空兵器实施火力压制，同时对越方机场实施突击和封锁，施放电子干扰，并给予"B—52"足够的护航兵力。在"滚雷"战役中表现不俗的F—105"野鼬鼠"飞机成为此次"B—52"护航编队中的主力，"F—4"战斗机则用以对付"米格"战斗机，"F—66B"负责在远处实施电子干扰。

★美军"B-52"轰炸机

　　美军参谋人员出于最大限度地减少美机损失的考虑，计划让新型的"F—111"战斗轰炸机在"B—52"机群到达目标之前，从低空先行偷袭北越的机场和导弹阵地。除此以外，为了保证突击部队能够顺利抵达目标和完成返航，美军配备了多架"KC—135"加油机，还专门准备了救护飞机以营救落入越南北方领土的己方飞行人员。

　　1972年12月18日夜，"B—52"从万米高空一批接一批编队飞抵河内上空。根据统一命令，美军"B—52"打开了弹舱，各机几乎是在同一时间按下

★美军F-111战斗机

了投弹的按钮，一枚枚高爆弹、燃烧弹、菠萝弹、凝固汽油弹骤雨一般落下，转眼之间，河内就成为了一片火海。

但是北越的防空火力马上给予了还击，就在"B-52"进入河内上空以及随后返航的路上，北越的防空高射炮火形成了一道道弹幕，大口径高炮的炮弹密密麻麻地飞上半空。虽然这些高炮对能够在高空飞行的B-52构不成什么威胁，但是12米长的萨姆导弹可就不能同日而语了。这种银白色的导弹迅速从美军机群中穿过，"B-52"轰炸机急忙从目标区域撤出。同时，F-105"野鼬鼠"小队则开始拼命向着北越的导弹阵地进行攻击，顿时，爆炸声、飞机俯冲的呼啸声、高射武器的发射声响成了一片。

北越防空部队在这一天晚上共发射了200余枚地对空导弹，击落"B-52"飞机3架，击伤两架。北越的"米格-21"歼击机同时也对美军飞机给予了坚决的回击。美军"F-111"战斗机于12月19日在"B-52"轰炸机飞抵目标之前，对越南北方机场再次进行了轰炸。河内防空部队在这一天发射了180余枚地对空导弹，但是只击伤了数架"B-52"轰炸机。

但是在第3天，北越的防空炮火击落了3架"B-52"，这使得美军不得不尝试改变战术了。"B-52"轰炸机从第4天起，在进入和退出目标的航向上都开始变得多样化，变换了起点和目标之间的飞行高度，各批飞机之间的起飞间隔也是不等的，整个飞机突击的时间都因此压缩，从而加强了对北越制导雷达的干扰，"B-52"轰炸机的损失因此锐减。

在发动"后卫Ⅱ"作战的十几天时间里，美军共出动了740架次"B-52"轰炸机，1 800余架次战斗机，对河内、海防、太原等城市及附近的铁路调车场、码头、发电厂、军火库和油库等发动了突击。东英车站是3条铁路的会合点，美军的"B-52"编队在对这里进行突击时，竟然反复轰炸达6次，总投弹量高达2 250到4 500吨，这个数量相当于第二次世界大战时1 000架轰炸机的投弹量，由此可以看出当时美军对北越方面的轰炸程度。

北越的防空力量同时也对美军飞机进行了猛烈还击，共击落了27架"B-52"轰炸机。但是在长达9年的越南战争里，这也不过是美军损失飞机极小的一部分。在越南战争结束以后，根据美国五角大楼的统计数字显示，美军官兵在越南战争中的伤亡总数已经达到了36万人，损失飞机达到了4 125架。数千名美军飞行员因为这场侵略战争，将自己的生命留在了丛林上空。

尽管美军在"后卫"作战中取得了一些胜利，但是美国国会还是在1973年初作出了最后的决定："禁止再次卷入越南战争，停止给越战拨款。"

《巴黎停战协定》于1973年1月27日正式签字生效，美军不得不从越南撤出，越南战争至此才得以结束。

能量空战理论的诞生

传统的密集编队经过越南空战之后不再成为主要的编队方式，战斗机进入了超音速时代，往往一个很小的机动动作就会发生很大的位移，这就要求飞行员必须花更多的精力在编队的保持上，飞行员在面对敌机的攻击时不能再随意做规避机动动作，因为这样很容易导致飞机相撞。当然，对战斗机来说是这样，对轰炸机、攻击机也是一样的。

格斗性能的重要性通过越南空战显得越来越重要，要知道，在格斗中拥有过快的速度并不能起到多大作用，加速能力、盘旋能力和爬升能力才是格斗中更需要的东西。一些飞行员和空战理论家在战斗中提出了一套全新的空战理论：能量空战。能量高的飞机总是比能量低的飞机拥有更好的活动性能，典型的空战机动动作都是消耗能量的，所以，能量越高的飞机机动性就越好，在机动性的保持上也更长久。一旦你的飞机速度降低，那么你的飞机就必须占据更具有优势的高度，才能把势能转化为动能，再进行机动；如果敌机的高度在你的飞机之上，那么你就必须保证你的速度比敌机快，这样才能把动能转化为战术动作。越南战争以后，能量机动理论曾经风靡一时，在这个理论之下甚至诞生了美国著名的"战机黑手党"，正是这些人根据战争中的实战经验，提出了全新的飞机设计理念，从而诞生了灵活、强劲的第三代喷气式战斗机。

通过越南战争的事实还证明了导弹唯一论是靠不住的，当时的空空导弹根本无法承担决定空战成败的重任，飞机上开始重新配置机炮。机炮的可靠性、稳定性远要比导弹好得多，在最危险的时刻，机炮带给飞行员的感觉总是要比导弹踏实。

在美军的"滚雷行动"结束以后，美国空军武器系统与评估小组针对这一阶段的空战拿出了著名的"红公爵I"评估报告，在这份报告里美军研究人员得出了一个惊人的结论：84%的米格机被击落，是在美国战斗机处于优势位置或者对等位置下进攻造成的，而87%的空战损失，是在米格机处于优势位置发动进攻造成的。对于这样的研究结论，美国战斗机飞行员的反映是：如果能始终把握敌机的位置，那么损失将大大降低。美国人在经过分析之后发现，之所以会出现信息不灵的情况，一方面是因为编队、攻击思想的落后，另一方面则是因为战斗机本身设计的缺陷。由于单人驾机，后方视野不畅是造成敌机偷袭成功的罪魁祸首，而拥有两名飞行员的飞机，在这方面要好些。于是从美国的第三代、第四代战斗机开始，无一例外都使用了视野良好的座舱，而海军的主力战斗机"F-14"则使用了双座结构。

总之，越南战争是一场在技术革命背景下进行的战争，这场战争意味着旧式战争的结束和新式战争的开始。美国在此役之后逐步确立了以海、空军为主要打击力量的军事力量体系，打击方式则从数量打击升级为精确打击。上世纪70年代，根据越南战争的经验，美、苏都开始研制新一代喷气式战斗机，这些战机往往都具有飞行灵活、火力强劲的特点。通过越南战争，空战的游戏规则也经过了多次变迁，随着技术的发展和训练方式的改变，空战的游戏规则逐渐变得更为完善。

★沙场点兵★

人物：威廉·威斯特摩兰

1914年3月26日，威廉·威斯特摩兰出生在南卡罗来纳州一个从事银行和纺织生意的中产家庭。很小的时候，威斯特摩兰就显示出对从军的强烈兴趣。后来，威斯特摩兰如愿进入西点军校，毕业前，他在学生军训队中担任最高指挥。

从西点军校毕业后，威斯特摩兰参加了二战非洲战场的战斗，30岁时取得上校军衔。作为一名指挥官，威斯特摩兰本来无须出现在战斗的最前线，但他总是身先士卒，赢得了手下士兵的尊重。

二战后，威斯特摩兰又参加了朝鲜战争，并在战争中被提拔为准将。回国后，威斯特摩兰进入美国国防部，成为当时美国陆军参谋长麦克斯韦·泰勒的助手。1960年，威斯特摩兰执掌西点军校，成为这所著名军校历史上最年轻的校长。

越战期间威斯特摩兰担任美军驻越南总司令，指挥了这场美国历史上时间最长、最具争议的战争，他热衷于空袭战术，声称"越战揭开了运动空战的新篇章"。他在其任期内出动了大量战斗机和轰炸机对越南进行不分青红皂白的狂轰滥炸，造成无辜平民大量伤亡。

越南战争结束后的几十年来，美国人对这场战争成败得失的争论从来没有停止过，多数人认为，威斯特摩兰指挥的这场战争是美国历史上的一次惨败，对这一指责，威斯特摩兰至死都不承认。

武器："米格-17"

作为单座高亚音速歼击机的"米格-17"，是在"米格-15"比斯基础上发展而来的，"北约"为这种飞机起了一个外号叫"壁画"。"米格-17"于1948年设计，1949年12月开始试飞，于1952年率先在苏联空军服役。

"米格-17"有五六个型号，主要包括"米格-17C"型和"米格-17D"型，C型是昼间战斗型，D型则具备一定的全天候作战能力。除了苏联生产这种飞机以外，波兰和捷克和斯洛伐克等国也进行过仿制。"米格-17"的生产量很大，据估计到苏联、波兰和捷克在1958年正式停产之前，各型总共生产约9 000架。

20世纪60年代末，"米格-17"先是在苏联退出第一线。从20世纪50年代末到20世纪60年代中期，"米格-17"开始大量出口，包括欧、亚、非在内的20多个国家开始使用，如捷克斯洛伐克、波兰、罗马尼亚、越南、朝鲜、埃及和乌干达等。到目前，"米格-17"对一些小国空军来说，仍然是一支重要力量。"米格-17"除负责截击任务外，主要用来执行对地攻击任务。

越战时期越南空军大量装备这种战机，在与美军的较量中起到了很好的效果，有效遏制了美军的狂轰滥炸，阻止了美军进一步的侵略行动，为越南最终取得越战的胜利作出了贡献。

战术：流动四机

对于空战史而言，越南空战有着非常重要的意义。从越南空战开始，导弹取代了传统的机炮、机枪成为主要武器；飞机的最大速度可以达到2倍声速，巡航速度通常也提高到了0.8—0.9Ma；飞行员已经不再仅仅依赖自己的双眼搜索目标，预警机、机载雷达、地面雷达逐渐成为更有效的搜索工具。随着时代的发展，传统的编队战术已经不再适用，战争需要新的战术、思想。

在越南战争期间，美军空军开始用"鬼怪"战斗机采取"流动四机"的编队模式，这种编队是从"四指"队形发展而来的。"流动四机"由两组双机编队构成，前方为第一组双机，1号机作为长机在前面，2号机在1号机左后方作为僚机；第二组双机在第一组的右后方，3号机为长机在前，4号机在3号机右后方作为僚机；每组双机的夹角约为60度，横向间距为800到1 000米，高度差为100米左右；3号机与1号机的夹角也是60度，横向间距为2 000到3 000米，高度差在1 500米左右。

这种编队在战争中的表现并不能够让人满意。首要的问题是，编队过于紧密，除了1号机能够专心飞行并且进行搜索目标外，其余的飞机都必须注意保持队形，这样做就将飞行员的注意力完全分散，北越的米格机经常会选择偷袭2号机或者4号机，并且常常能够得手，因为2号机或者4号机根本就没有办法注意后面。除此以外，整个编队的机动也成为了问题，在机动时必须要非常小心，否则就可能与编队中的其他飞机相撞，因此，整个编队的战斗力在无形之中就被降低了。

另外，美军飞机在作战时还比较强调长僚机之间的分工，这一点就造成了"流动四机"编队很容易形成"单独射手"的形势。也就是在一场战斗中，往往只有1号机有攻击的机会，而其他飞机则只能担任掩护的角色。"流动四机"最致命的缺点是将僚机置于危险之中。过于严格的职能分配使得长机无法去掩护僚机，经常出现的情况就是，当一架长机在攻击一架米格飞机时，就会有另一架米格机对掩护长机的僚机发动全力进攻。

而此时美国海军使用的则是较为先进的"松散平行"编队，于是就有很多人建议空军也采用海军的战术，但是美国空军的高层最早对这些意见并不接受。随着战争不断深入，"流动四机"的缺陷也越来越明显，空军的高层最终还是被"TOP GUN"的成绩说服了，于是，空军放弃了"流动四机"编队，而开始采用海军所使用的"松散平行"编队。

但是"流动四机"的编队，还是为美国空军在战争中带来了不小的损失，当然这也与美国空军因为长期忽视近距离格斗的训练，在空战水平上本来就落后有关系。在越南战争结束之后，美国空军开始按照"TOP GUN"，进行自己的"红旗"沿袭，美军战斗机飞行员的实力才真正得到了提升。

生死瞬间的云端曼舞
THE CLASSIC WARS

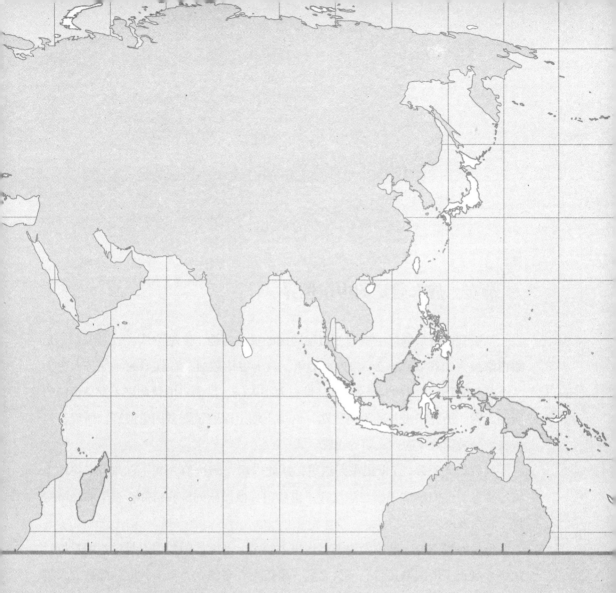

第十四章

贝卡谷地空战
——新时代的揭幕之战

▲因为宗教问题和历史遗留问题以及政治问题的原因，二战结束后中东地区多年来都处于动荡的局势中。战火在这里时有发生，而发生在这里的战争也开启了空战历史的新纪元，因为发生在这里的空战已经突破了以往空战的旧有模式，一种新的空中较量开始了。

前奏：战火蔓延的中东世界

位于黎巴嫩东部靠近叙利亚边境地区的贝卡谷地，土地肥沃，气候温和，是黎巴嫩最大的农业区。公元前1400年，贝卡谷地被居住在这里的腓尼基人称为"上帝之所"。 罗马人于公元前1世纪大举入侵，贝卡谷地就此进入罗马帝国的版图之内。历经了漫长的沧海更迭，这块土地上保留了许多历史遗迹。所以，贝卡谷地又被称为"通向文明的走廊"。

阿拉伯人于公元7世纪来到这里，从此以后，阿拉伯人就一直在贝卡谷地上繁衍生息，他们在这里修建清真寺，也尊重其他民族的宗教信仰，这里的经济得到了较快发展。

但是好景不长，法国殖民者将这里占领了，当地的阿拉伯人经过不断反抗，最终才赶走了法国殖民者。不久之后，黎巴嫩宣布独立，贝卡谷地就此被划入黎巴嫩境内。

★位于贝卡谷地的黎巴嫩古建筑

在1982年的4、5月间，两伊战争已经进入了最紧张的阶段，就在这个时候，英国和阿根廷在南大西洋爆发了马岛战争。以色列马上抓住了这一有利时机，以驻英国大使遇刺为借口，突然对黎巴嫩发动侵略。黎巴嫩境内因此燃起战火，这一事件让整个世界为之震惊，更使黎巴嫩的邻国叙利亚感到非常不安。以色列和叙利亚积怨已久，叙利亚担心老对手最终会将战火烧到自己的境内。

一切果然不出叙利亚方面的预料，就在战争刚刚开始3天以后，以色列突然出动了近百架飞机，对叙利亚部署在贝卡谷地的"萨姆-6"导弹阵地发动了一次闪电般的空袭，阵地内的叙利亚军方几乎还没有来得及作出任何反应，铺天盖地的炸弹已经落了下来，因为此次空袭之前并无任何预兆，叙利亚军方几乎没有作出任何的准备。

这是一次地狱般的进攻，在阵地内的叙利亚军队经历了灭顶之灾，虽然以色列的炮火只持续了6分钟，却足以将这片导弹阵地变为一片废墟。几乎是眨眼之间，这里已经化为焦土，当以色列飞机离开上空的时候，只剩下了升起的滚滚浓烟和满目疮痍。

此次以色列悍然对叙利亚的导弹阵地发动空袭，在名义上打着消灭在黎巴嫩境内的巴勒斯坦游击队的旗号，但是明眼人都清楚，以色列此次的打击目标就是让他们恨之入骨的贝卡谷地的"萨姆-6"导弹阵地。

说到部署在该导弹阵地内的"萨姆-6"防空导弹，就不得不说起20世纪70年代爆发的第4次中东战争。"萨姆-6"防空导弹在那次战争中真是出尽了风头，大多数参与那场战争的以色列飞机都是被"萨姆-6"防空导弹击落的，也正是那次战争，使得"萨姆-6"

★苏制萨姆-6型防空导弹

防空导弹名扬世界。叙利亚是对"萨姆-6"防空导弹最为推崇的国家之一，他们在叙利亚及周边部署了很多"萨姆-6"防空导弹阵地，以此对付来自别国的空中威胁。

但是，叙利亚忽略了一件非常重要的事情，那就是，在世界上从来没有过一样武器是可以在战场上保持永远的"绝对优势"的，千百年来，从冷兵器时代到信息武器时代，多少被称之为神兵利器的高尖端武器都曾出现在历史上，但无不是过眼云烟，很快就会被新的武器替代，没有什么武器是可以一直立于不败之地的。而叙利亚对于萨姆导弹的这种过分的迷信和依赖，也为日后的贝卡谷地悲剧埋下了伏笔。

你来我往："赎罪日战争"之后的叙以空战

其实早在贝卡谷地空袭之前，叙利亚空军已经发现己方的"米格-21MF"与以色列的"F-4"根本无法相提并论，于是开始更新设备，并从苏联进口了"米格-23S"的简化版"米格-23MS"以及"米格-23BN"、"苏-22"和"米格-25P/PD"。而以色列方面也在积极进行军备升级，以方从美国购买了"F-15A"和"F-16A"。从战斗机的质量来说，以色列从美国购置的"F-15A"和"F-16A"战斗机都是当时世界上最先进的战斗机型号，其性能的各方面都远远要好于叙利亚从苏联进口的"米格-23MS"战斗机，但是在飞机所配备的武器

★一架刚刚升空的F-16A战斗机

方面，叙利亚战斗机上所配备的空空导弹包括"R-23R/T"、"R-40R/T"和"R-60M"，而以色列战斗机装备的则是AIM-7F"麻雀"和AIM-9L"响尾蛇"，以军飞机在导弹方面的优势却并不明显。

★叙利亚军队装备的米格-23战斗机

但是叙利亚飞行员却在改装训练中遇上了麻烦，原来，他们此前所驾驶的"米格-21"是一种轻型的前线战斗机，擅长的是近距离缠斗，而"米格-23"和"米格-25"更多强调的是其高速性能，况且"米格-23"是一种变后掠翼截击机，在操纵上比较复杂。虽然为了能够全力支援训练工作，叙利亚专门成立了专家组，但是直到贝卡谷底空袭发生之后，叙利亚飞行员的水平总体而言还是偏低的，很多飞行员还根本没有办法灵活操纵"米格-23"和"米格-25"，他们更多还是像从前驾驶"米格-21"一样地对待"米格-23"和"米格-25"。

关于以色列的"F-15A"和"F-16A"战斗机与叙利亚的"米格-23"和"米格-25"的初次交手，还要追溯到第四次中东战争的时候，第四次中东战争又被称为"赎罪日战争"，叙利亚和以色列爆发的第一场空战就是在"赎罪日战争"期间。那天是1974年4月19日，叙利亚空军的马斯利少校当天正在试飞"米格-23MS"，正在这时，他突然发现正上方出现了一个由十余架"F-4"、"A-4"组成的以色列空军编队。马斯利少校马上与基地指挥部联络，但是他的无线电通信受到了强力电磁波的干扰。无奈之下，马斯利少校只好用一个公用频率发出警报，随后驾驶着"米格-23MS"独自杀入以色列机群，并且向一架"F-4E"发射了一枚R-13S"环礁"导弹。这架"F-4E"被马斯利少校的导弹击中，立刻就变成了一团火球，幸运的领航员基利阿提中尉跳伞生还，而飞行员斯塔维上尉则当场阵亡。

紧接着，马斯利少校掉转机头，对着以色列战斗机又发出了两枚"R-13S"，以色列战斗机马上放出曳光弹干扰马斯利的攻击，并随即做出规避动作，躲过了第2枚导弹，但是第3枚"R-13S"正好命中了一架"A-4"，这架"A-4"当场就被击

★正在执行任务的以色列战斗机

落了。但是，马斯利少校的攻击也就到此为止了，他随后就被以色列飞机发射的导弹命中，在弹射跳伞时已经身负重伤。着陆后的马斯利少校很快得到了叙利亚军方医护人员的抢救，一个月后终于生还，并获得了叙利亚军队的最高荣誉——"叙利亚共和国英雄"。就在同一地区，叙利亚空军宣称用"萨姆-6"防空导弹击落了几架以色列飞机。

而以色列军方则声称：以军两架"幻影"ⅢCJ的飞行员于4月19日击落了一架叙利亚方面的"米格-21"，但是拒绝承认己方的任何飞机被叙利亚空军所击落，只承认叙利亚的防空导弹确实击落了一架"A-4"，该战斗机的飞行员在此次交火中阵亡。而"赎罪日战争"之后，叙利亚空军与以色列空军的首次交火，则是在1981年2月13日，当时两架以色列的"RF-4E"侦察机飞抵叙利亚上空，一架叙利亚"米格-25P"奉命起飞追击。但是就在这架"米格-25P"起飞后不久，一架"F-15A"就出现在了它的后面，结果，这架"米格-25P"被"F-15A"发射的"麻雀"导弹击落了。就在当天晚些时候，叙利亚空军借用此役中以色列空军的战术，对以色列空军进行了还击。这一次是叙利亚飞机飞抵以色列上空，以色列两架"F-15A"奉命起飞追击，结果就在这两架"F-15A"起飞后不久，两架"米格-25P"从夜幕里飞出，跟在了两架"F-15A"的后面。先是一架"米格-25P"发射了两枚"R—40"，将一架"F-15A"击毁，而另外一架"米格-25P"则将与之交火的另一架"F-15A"击落。

以色列在7月29日故技重施，单独派出一架"F-15A"充做诱饵飞往叙利亚上空，而另外派出两架"F-15A"埋伏在山后等待伏击。没有多久，两架"米格-21"就尾随着"F-15A"来到了预想的空域。但是这一次叙利亚空军并没有中计，而是"将计就计"，其实叙利亚空军早就成功干扰了3架"F-15A"与以色列空军基地之间的通信。就在以色列飞行员以为大功告成的时候，两架"米格-25PD"忽然出现，对两架"F-15A"进行了拦截。虽然"F-15A"的性能确实优越，一架"米格-25PD"

★以空军装备的F-15A战斗机

难逃厄运。但是另一架"米格-25PD"用一枚"R-40R"和1枚"R-40T"击落了一架"F-15A"。"F-15A"的残骸落入了地中海里，飞行员则跳伞逃生。

在发生此次事件之后，以色列军方声称击落了一架"米格-25PD"，但拒绝承认己方有任何损失。

以军突袭：黎巴嫩战火熊熊

叙利亚人早就感觉到，以色列对贝卡谷地虎视眈眈由来已久。叙利亚方面的军官明白，在贝卡谷地迟早都会爆发一场恶战。因此，自从以色列入侵黎巴嫩以来，部署在贝卡谷地的叙利亚军队就已经进入了高度戒备状态，所有的军人都坚守自己的岗位上，随时防备以色列军队来袭。

1982年6月9日，贝卡谷地万里晴空，下午2时14分，以色列的飞机从埃其翁空军基地起飞了。率先起飞的是"F-15"和"F-16"战机，它们承担着此次空袭的空中掩护任务，接着就是载着沉重的激光制导炸弹的"F-4"和"A-4"飞机，它们主要负责的任务是实施低空轰炸。随着一架又一架的飞机冲上云端，以色列对叙利亚的空袭作战开始了。

★以色列空军装备的F-16A战斗机

不一会儿工夫，贝卡谷地叙利亚军队的空袭警报就拉响了，宁静的贝卡谷地顿时人声鼎沸，到处是急促的脚步声和呼喊声，指挥官和士兵们都飞速找到自己的战斗岗位，此时，以色列空军飞机的引擎声已经从遥远的天际传来。

叙利亚指挥官下达了雷达开机的作战命令，布置在贝卡谷地的叙利亚空军雷达系统随即开始运转。对于"萨姆-6"导弹来说，雷达就是它的眼睛，闯入领空的任何目标，一旦被雷达盯上，就算是有天大的本事也在劫难逃。

然而，以色列人这一次是有备而来的。精神过于紧张的叙利亚人根本没有发觉，此时闯入领空的根本不是以色列军方的战斗机，而是以色列放出来当诱饵的无人驾驶飞机，以色列放出这些飞机的目的就是要引诱叙利亚军方发射导弹。

叙利亚人果然中计，一枚枚"萨姆-6"导弹从阵地中射出，巨大的光亮将四周完全掩盖。"萨姆-6"导弹接连击中了空中以色列的无人飞机，它们纷纷拖着浓烟坠向地面，叙利亚官兵因为自己取得的"胜利"感到欢欣鼓舞。就在指挥者们为胜利欢呼之际，负责收缴"战利品"的叙利亚士兵发现，他们所击落的飞机竟然是塑胶制作的。他们在飞机的残骸里四处寻找，可是并没有发现哪怕是一具以色列飞行员的尸体。叙利亚指挥官恍然大悟，知道自己是中了以色列空军的诡计。

叙利亚军方的指挥官下达了雷达关机的作战命令，他认为以色列人之所以出动这些侦察机，肯定是为了侦察情报，但显然，以色列人大概已经得到了他们需要的东西。

但一切并不像叙利亚军方所想的那么简单，此次以色列空军使用的无人驾驶飞机，是以色列自行研制的"侦察员"和"猛犬"无人驾驶飞机。它们先行飞抵叙利亚军方的导弹阵地上空，诱使叙利亚军方将"萨姆-6"导弹的制导雷达打开。而制导雷达一旦打开，它所发出的无线电信号立刻就会被"侦察员"和"猛犬"截获，"侦察员"和"猛犬"截获到信号之后，马上就会将它发给埋伏在贝卡谷地山脚下的大量"狼"式地对地导弹，以及早已等候在空中的"E-2C鹰眼"预警机，预警机再将这些信息准确地传递给"F-4鬼怪"式战斗机。

于是，当载着沉重的激光制导炸弹的"F-4"和"A-4"飞机飞抵贝卡谷地上空实施低空轰炸时，它们就能准确地摧毁"萨姆-6"导弹的制导雷达，除了"F-4"和"A-4"，埋伏在贝卡谷地山脚下的"狼"式地对地导弹也跟以色列空军的飞机一起对制导雷达发动轰炸。在空中和地面的双重打击下，叙利亚军方的雷达系统很快就瘫痪了，这样一来，就等于是打瞎了"萨姆-6"导弹的眼睛。

在打瞎了"萨姆-6"导弹的"眼睛'之后，几十架"F-16"战斗机凶猛

★以色列空军装备的A-4战斗机

地扑向了导弹阵地。已经毫无还手之力的"萨姆-6"导弹就此成为以色列空军的靶子，只见导弹阵地上到处都是爆炸声和惨烈的哭号，以色列空军的飞机肆无忌惮地在贝卡谷地上空游弋和投弹。不过是眨眼之间，贝卡谷地就已经被团团烟雾笼罩。

以色列空军的第1攻击波刚刚过去，第2攻击波随后就来了，根本不给叙利亚军方稍稍喘息的机会，紧随其后的就是第3攻击波。叙利亚人苦心孤诣经营10年、耗资20亿美元才建立起来的19个"萨姆-6"导弹连、228枚导弹，几乎就是在短短6分钟时间里化做了一股青烟。

经典对决："米格-23"遇上"F-15"

此次的贝卡谷地空袭进行得非常顺利，甚至大大出乎了以色列人的预料，只用了6分钟时间，叙利亚人经营了10年的导弹阵地就成为了一片废墟。消息从贝卡谷地传来，整个叙利亚为之震惊，叙利亚空军在得知情况之后，马上派遣62架"米格-23"和"米格-21"战机飞赴贝卡谷地，向贝卡谷地上空的以色列空军飞机实施突击。然而，以色列空军对叙利亚空军的反扑早有防范，由"F-15"、"F-16"、"E-2C"和"波音—707"改装的电子战飞机组成了一个混合作战机群，早已经在叙利亚飞机可能来袭的方向建立了一道空中屏障。叙利亚空军的战斗机刚刚划出跑道，就已经被以色列军方的"鹰眼"牢牢地"抓"住了。电子计算机在几秒钟内就把叙利亚飞机的航迹诸元计算了出来，并且将飞机的距离、高度、方位、速度和其他资料迅速传给了所有参战的以色列飞机。

★米格-21战斗机

飞抵贝卡谷地上空的叙利亚飞机，首先遭到了以色列军方电子战飞机的强电磁干扰。于是在叙利亚飞机的机载雷达荧光屏上并不能看到以色列的飞机，飞机上的半自动引导装置也完全失去了效用，耳机里也无法听清楚地面指挥的口令，就是说，叙利亚空军从空战开始的一刻，就处于被动的局面。

一名叙利亚的飞行员看见一架"F-15"正迎面飞过来，于是赶快猛拉机头，准备绕到以色列飞机的后面去用"尖顶"寻热空空导弹对敌机尾喷管发射，可是他刚刚爬了一半，以色列飞机就向着这架叙利亚飞机发射了一枚以色列自制的红外寻的导弹，叙利亚飞行员只觉得自己的飞机猛然一抖，然后就燃烧了起来。

★米格-23战斗机群

这是一场让人窒息的空战，只见150多架飞机以超音速的速度在空中来回穿梭，看得人眼花缭乱。这是空战的新纪元，人类对速度的不断提升让战争的变化更加细密，从前要几个小时几分钟才能决定的战争，现在哪怕是一秒钟都有可能发生迥然不同的结果。而这场在高精尖武之间器进行的战争中，谁能够掌握更先进的武器和战术，谁无疑就会获得战争最终的胜利。巨大的爆炸声不时响起在半空中，引擎的轰鸣震慑着山川和田地，以色列人从战争一开始就掌握了完全的主导权。最终，他们以己方未损失一架飞机，而击落30架叙利亚飞机的战绩结束了此次空战。

在经过了一天激烈的战斗之后，叙利亚宣布进入"高度戒备状态"，在夜晚迅速向贝卡谷地派去增援部队，4个"萨姆-6"导弹连和3个"萨姆-8"导弹连绕过弹坑和飞机残骸进入了贝卡谷地，叙利亚军方表示将尽一切努力粉碎以色列军方发动的进攻。然而一切并未向叙利亚军方所说的方向发展，故事根本没有呈现出那么多的悬念，6月10日天一亮，以色列空军的92架飞机就将叙利亚新部署的7个导弹连又轰炸得荡然无存。

奉命出击的52架叙利亚飞机则同样遭遇了悲惨的命运，不仅没有取得任何的战果，而且也没有一架最终能够突破以色列的空中屏障飞回基地。以色列飞机所布下的空中屏障就如同一个硕大的迷宫，所有飞进去的叙利亚飞机几乎都如同泥牛入海，飞进去以后就再也没有出来过。就这样，以色列再次未折损一架飞机，却取得了击落叙利亚空军52架飞机的骄人战绩。

在贝卡谷地的空战中，以色列空军大量运用了高新电子战技术，尤其是在对贝卡谷地的导弹阵地进行空袭时，通过对高新电子战技术的运用，以色列仅付出了损失数架无人机的微小代价，却取得了击毁80多架叙利亚飞机的战绩。

由于空军的损失过于惨重，叙利亚再也无法承受，所以此后停止了空军的出击。叙利亚于1982年6月11日宣布停战。

但是以色列空军并没有准备就此罢休，他们在6月13日再次出动了200多架次飞机，摧毁了"萨姆-8"导弹连6个和"萨姆-9"导弹连3个，直到叙利亚方面的防空导弹体系几近崩溃才算停手。

曾经不可一世的"萨姆-6"导弹，就此在以色列空军的连连打击之下，变得不堪一击，而苏制"米格"飞机在美制"F-15"、"F-16"战斗机面前也显得难有作为，这在全世界立刻掀起了一次巨大震动。因此，贝卡谷地空战被认为是现代空战史上最为重要的空战战役之一，也是世界军事史上的一次经典战役。

战典回响

以色列空军与导弹的世仇

以色列与地空导弹的战史，源于1968—1970年的消耗战和1973年的第4次中东战争。在1968—1970年消耗战期间，至少有22架以色列飞机被阿拉伯国家的地空导弹击落。在第4次中东战争中，首次投入实战的"萨姆-6"导弹让以色列空军无计可施，在18天中该导弹击落了以军飞机多达146架，约占以军飞机编制总数的三分之一。直到贝卡谷地之战，以色列空军终于一雪前耻，以绝对优势挫败了克星"萨姆-6"地空导弹。而以军的成功，与其长期对空战的科学探索和艰苦奋斗的精神紧密相连。

20世纪70年代初，很多空战强国仍然不屑于使用空空导弹，觉得在空中缠斗和搏杀才是真正空战的取胜之道。但是实践表明，飞行员逞个人之勇的时代早已经成为久远的过去。没有精确制导武器、电子战手段、实时情报和战术创新，战斗机就永远无法击败导弹。

以色列空军为了能够对付地空导弹，开始了与美国空军的通力合作。在第4次中东战争中，以色列空军缴获了大批苏制"萨姆-2"、"萨姆-3"、"萨姆-7"地空导弹、"ZSU-23/4"自行高射炮和各种雷达，美国从中选择了一些样品在战争结束之后运回国内进行分析研究。作为以色列军方提供苏制武器装备的交换条件，美国军方向以色列军方公开了相关的评估报告。

地空导弹在实战中的使用方法是，在有飞机进入或接近地空导弹的射程范围时，地空导弹的制导雷达才会开机。只要制导雷达不开机，反辐射导弹就无法进行攻击。以色列军方极富创意和想象力，先发射无人飞机诱骗地空导弹雷达开机，从而对雷达位置作出准确判断和认定，这样，一旦摧毁了制导雷达，地空导弹就无法攻击，再强大的导弹此时也跟一堆破铜烂铁毫无区别。

★沙场点兵★

🐾 人物：梅纳赫姆·贝京

　　梅纳赫姆·贝京，波兰籍的犹太人，于1913年8月16日出生于布列斯特-利托夫斯克的一个立陶宛籍的中欧犹太人家庭。1938年成为贝塔青年运动波兰支部领导人。1939年德军入侵华沙时，他逃往维尔纽斯，双亲和兄弟死在集中营里。1940年被苏联当局放逐到西伯利亚，1941年获释，参加流亡的波兰军队。1942年随部队开入巴勒斯坦。1943年参加武装组织"伊尔贡·兹瓦伊·卢米"，并任司令（1943~1948）。1948年以色列国成立后，"伊尔贡"改组为自由党，他任党魁。1973年任利库德集团（全国自由联盟）主席。1977年5月利库德集团在全国选举中获胜，6月贝京组阁，任总理。在1967年六五战争中以色列所占领土的问题上，他以毫不妥协的强硬态度闻名。后来与埃及总统萨达特举行关于中东和平的谈判，1979年3月26日签署《埃以和平条约》。他和萨达特共同获得1978年诺贝尔和平奖。

　　1982年，贝京发动了对黎巴嫩的战争，贝卡谷地空战就发生在这次战争中。贝卡谷地空战过后该次战争逐渐升级为全面战争。1983年，因其无法掌控以色列国防军的行动，以色列国内极不稳定的经济也持续出现了恶性通货膨胀，导致其9月辞去总理职务，随后全身退出了公众生活即政治的舞台。

　　贝京1992年3月8日病逝，死后葬于耶路撒冷城东的橄榄山。

✴ 武器："米格-23"

　　"米格-23"是由苏联研制的变后掠翼超音速战斗机，自1964年开始设计，原型机于1967年5月26日首次试飞，"米格-23"于1970年开始装备苏联空军，1973年开始大批投入生产，于1985年左右停产，共生产约3 000架，西方绰号为"鞭挞者"。该机曾出口到保加利亚、捷克和斯洛伐克、阿尔及利亚、埃及、伊拉克、叙利亚、埃塞俄比亚、越南、古巴、民主德国、利比亚、印度等国。

　　在这次空战中，面对装备更加优良的以色列战机，"米格-23"完全处于下风，以军战机发出的强烈电磁波严重干扰了"米格-23"的判断，如同瞎子一般的"米格-23"完全处于挨打的地位，曾经不可一世的"米格-23"完败，这一惨败震惊了世界，威风扫地的"米格-23"也开始逐步淡出各国空军的装备。

🧭 战术：电子战

　　发生在1982年的马岛战争和黎巴嫩战争被认为是现代战争史上的分水岭，战争从此开始进入高科技时代。在黎巴嫩战争中，尤其以贝卡谷地空战历来最为受人关注，堪称是空战史上具有划时代意义的著名战例，充分显示了电子战在空战中的巨大作用。

电子战的地位和系统优势的作用在贝卡谷地空战得以突出，本来"米格-23"的整体性能和机载电子设备就差了很多，但更为主要的是，叙利亚败在了制电磁权的争夺中。叙利亚空军在失去了制电磁权之后，飞行员取得的战果只是具有个别意义，对于整个战局来说并没有太大作用。

　　贝卡谷地空战中叙以双方最大的差距，其实还是在电子战领域。为了能给战斗机提供引导，叙利亚本来动用了本土的大型雷达，但以色列的电子战飞机干扰了雷达与叙军战斗机之间的通信波。加上叙利亚空军战斗机的机载电子设备本来就比较落后，飞行员所受的又是苏联空军的战术训练，如果失去了地面引导，就毫无办法了。

生死瞬间的云端曼舞
THE CLASSIC WARS

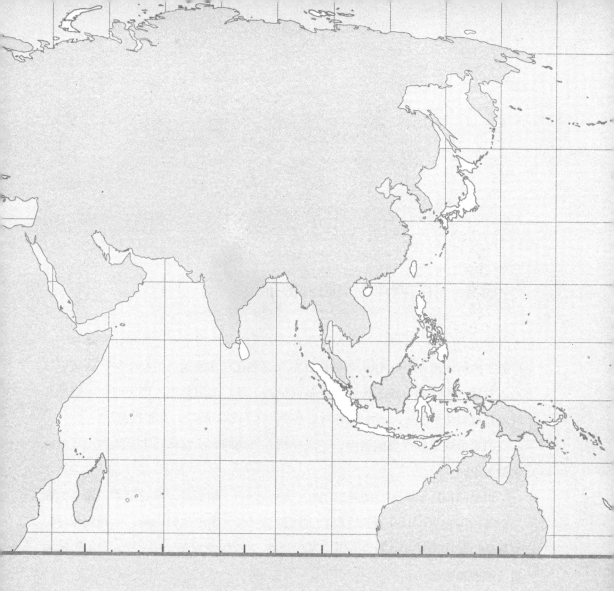

第十五章

马岛空战
——飞鱼和海鹞的舞台

▲在近现代的战争中，美洲因为远离欧亚大陆，所以大部分美洲国家避开了两次世界大战。在参战的国家中，也只有北美洲的美国和作为英联邦国家的加拿大。关于南美洲国家的战争，尤其是空战真是少之又少。但是，作为南美洲国家，却从未放弃过争取自由和独立的脚步。1982年，为了夺回马尔维纳斯群岛，阿根廷对英国发动了进攻，于是，拉丁美洲国家开着他们的飞机进入了历史舞台，这注定是一场用血与泪铸就的战争悲歌。

前奏：南大西洋上空阴云密布

1982年4月2日黎明，南大西洋的太阳还没有从海平面上升起，伴随着一声打破了黑暗的枪声，4 000名阿根廷军人突然在马尔维纳斯群岛登陆，决定以武力占领这片和英国争议了长达一个多世纪的土地。阿根廷军人迅速向马尔维纳斯群岛首府发动了进攻，岛上的英国总督亨特因为寡不敌众，宣布投降。

消息很快就传回英国国内，举国哗然，英国的大小媒体马上开始为出兵远征大造舆论。

但是阿根廷军队的行动非常迅疾，到4月3日，阿根廷军队已经进占南乔治亚岛。英国国会急忙召开紧急会议，首相撒切尔夫人组成战时内阁，并授权组建特混舰队。英国空军率先作出回应，就在当天，英国空军第一架"C—130"运输机飞抵阿森松岛。

★C-130运输机

撒切尔夫人于4月5日在国会宣布：政府决定立即派遣舰队"远征南大西洋去收复失地"。对撒切尔夫人的建议，英国国会下议院一致通过，英国特混舰队在当天由朴茨茅斯和直布罗陀起航。

英国军队浩浩荡荡扑向马尔维纳斯群岛，而阿根廷军队则继续在岛上巩固自己的实力，尽快肃清岛上的英军力量。此时的南大西洋上空，气氛变得非常压抑和紧张，一场大战在所难免。

★时任英国首相的撒切尔夫人

但是在战争开始的初期，当时英国的状况并不是很乐观。在20世纪60年代到20世纪70年代，英国国内出现了严重的经济衰退，军力受经济因素影响开始大幅萎缩，过长的防务战线与有限的经济和军事实力间的矛盾越来越突出，因此，这段时间的英军开始陆续退出全球各地的领地和殖民地。这在阿根廷政府看来，实在是个千载难逢的机会，时任阿根廷总统的加尔铁里认为，现在的英国早已经无力去打一场远在万里之外的长期战争，只要阿根廷军队能够拖住英军，英国最终将不得不接受现实，从而放弃马尔维纳斯群岛。于是，加尔铁里总统决定：以武力夺取马尔维纳斯群岛。可撒切尔夫人和英国人都没有忍气吞声，还是一句话，瘦死的骆驼毕竟比马大。

不过，当时英国军队的状况确实不容乐观，因为国防开支锐减，空军更是处在了被削减的前列，本来与美苏比肩的航空工业连与法国都无法相比了，多个先进武器的研制项目更是遭到了搁浅或者被取消，英国空军几乎已经退化成了一支战术打击力量。

因为要远渡大西洋，到南美洲作战，所以此次组建的远征军是以英国海军为主，战场处于7 000海里之外，而且缺少前进机场，英国空军在前期只能承担一些辅助性的任务。但第一个作出反应的正是英国皇家空军，他们勇敢地承担起了战略侦察、战略运输的重任，很快，英国空军投送的特种空勤团（SAS）就成为了第一支与阿根廷军队交火的部队，英国空军的"火神"轰炸机成为了第一支对马岛发动突袭的空中编队。

绅士的呐喊：马岛不再属于英国

那条"马岛不再属于英国"的消息，就如同是地震一样，让英伦三岛为之震动。唐宁街10号英国首相官邸中的人们，面对着纷至沓来的各种消息，更是陷入了长久的沉默，全世界的目光此时已经汇集到了英国。英国首相撒切尔夫人在当天就召开了紧急内阁会议，在这次紧急召开的会议上，内阁成员们没有别的工作，他们唯一关注的就是位于南大西洋上的马尔维纳斯群岛。半个小时以后，议会两院以第二次世界大战以后没有先例的全票，通过了撒切尔夫人的动议：向阿根廷宣战，夺回马尔维纳斯群岛。

在紧急会议结束之后，战时内阁马上就成立了，国家的战争机器此时紧张而又有序地开始运转。

英国海军受命之后马上出动，一支由数艘舰只组成的海军编队随即开赴南美洲，在"无敌"号航空母舰的带领下，"竞技神"号航空母舰、"热心"号护卫舰、"考文垂"号驱逐舰等悉数出动。

★英国"无敌"号航空母舰

英国于4月7日宣布，马尔维纳斯群岛周围200海里为海上禁区。

从阿森松岛起飞的英国空军"猎迷"巡逻机于4月15日起开始对马尔维纳斯群岛周边海域进行空中巡逻。从这天开始，一直到此后阿根廷和英国在马尔维纳斯群岛作战期间，每日对马尔维纳斯群岛上空及周边海域进行巡逻侦察，几乎成为"猎迷"巡逻机例行的固定工作。据后来统计，在整个马尔维纳斯群岛战役期间，"猎迷"巡逻机共出动了约150架次，平均每天就会出动2架次。

★英国"竞技神"号航空母舰

毫无疑问，战略侦察是战争前期最重要的任务。如果在战争前期没有英国空军"猎迷"巡逻机的不间断侦察，难以想象英国海军的特混舰队是否能够及时到达马尔维纳斯群岛战区，更不要说取得战争的胜利了。

但是这种不间断侦察耗费也相当巨大，阿森松岛与马尔维纳斯群岛战区相距3 180海里，"猎迷"巡逻机每次侦察巡逻都必须进行3到4次的空中加油，"猎迷"巡逻机在整个马尔维纳斯群岛战

★英国"猎迷"巡逻机

役期间就共计耗油8 100吨。加上马尔维纳斯群岛开战之后，频繁爆发空战以及海战，战争期间消耗了大量的油料、弹药以及淡水等物资，因此，马尔维纳斯群岛战役给后勤运输提出了很高的要求，而强大的战略运输能力是战争胜利的有力保证之一。英国空军空运能力严重不足的问题在此战中完全暴露了出来，英国空军的运输机甚至无法承担基本战略运输的任务，经过马尔维纳斯群岛战役后，英国甚至不得不采购了美军的"C—17"运输机来实施弥补。

为了能节省油料，英国空军在"胜利"加油机内部加装侦察装备，增加加油机的灵活性。而作为攻击机的"鹞"，也在这一周之内被改装为了配备AIM-9L"响尾蛇"导弹的战斗机，从而开始承担防空任务。而"猎迷" 巡逻机的水面搜索雷达也被技术人员装在"海王"直升机上，仅仅用11天就完成调试，英国的空中预警力量因此得以加强。而"火神"轰炸机在安装了"海盗"攻击机上的有源干扰装置之后，在轰炸斯坦利机场时，这些装置对机场上的防空导弹雷达进行了有效的压制和干扰。

英军特种空勤团（SAS）和特别舟艇团（SBS）的特种部队成员，组成了联

合侦察分队，于4月21日在南乔治亚岛准备实施空降作战，但是因为当夜碰上暴风雨，英国空军在损失了两架直升机之后，侦察队并没有取得预计的进展。

但是英国军方并未就此放弃，皇家空军的一架"C—130"运输机于4月22日从阿森松岛起飞，把12名SAS突击队员空降到了南乔治亚岛以北的海面上，他们随后成功潜上岛去，白天隐蔽起来，晚上则出来执行侦察任务，将岛上阿根廷军队的兵力、火力配置和阵地位置等情况都及时发回舰队。

随后，特种空勤团于4月25日配合特别舟艇团，成功夺取了南乔治亚岛。

虽然特种空勤团（SAS）和特别舟艇团（SBS）分别隶属于英国的陆军和海军，但他们大部分时间都要依赖于空军战机进行远程机动或者配合作战，从根本上说，他们的任务能够顺利完成，空军在整个过程中起着举足轻重的作用。

夺取南乔治亚岛从表面上看似乎只有政治意义，而实际上英国军方则是夺取了一处非常重要的战略支点，从此以后，英军就具备了跟阿根廷军队进行长期作战的可能性。在南乔治亚岛上虽然没有办法起降大型飞机，但是英国空军的"鹞"式战机却可以将这里作为基地，从这里起飞对阿根廷军队实施打击。而从政治角度来看，那夺取南乔治亚岛的意义就更为重要，正是通过对南乔治亚岛的攻陷，表明了英国夺回马尔维纳斯群岛的决心。

鹰击长空："火神"和"海鹞"联手出击

南大西洋的海浪翻滚，作为军人当权者的加尔铁里此时踌躇满志，虽然英国舰队开赴大西洋的消息早已经传到了他的耳朵里，但是他并不认为英国人这一次稳操胜券。首先，英国与马尔维纳斯群岛相距13 000公里，舰队日夜兼程，也需要在波涛汹涌的海上颠簸两周时间，而阿根廷和马尔维纳斯群岛相距不过500多公里，况且为了对付英国军方的反击，阿根廷军队早就已经严阵以待多时，英国人就算是来到马尔维纳斯群岛，也只能无功而返，承认既定的事实。阿根廷现在需要做的事情，只是要说服负责充当调停人的秘鲁总统与美国的黑格将军而已。

但加尔铁里自认是一个谨慎的人，所以他又向马尔维纳斯群岛增派了几千人的部队，使岛上的守军达到了1万人。然而，这种看似人数不少的军队，却根本没有作好在高寒岛屿作战的训练和准备，进驻马尔维纳斯群岛的阿根廷士兵也没有配备必需的御寒装备，以至于在后来的战斗中，很多士兵因为严重冻伤而截肢。

一位将军在这时曾向加尔铁里提议："应该马上在马尔维纳斯群岛修建大型的空军基地，要不然的话很多作战飞机就不得不从大陆起飞，而只能在战区上空停留两分钟。"但自信满满的加尔铁里对此不以为然。

就在加尔铁里筹划着如何享受战争胜利的欢呼时，庞大的英国特遣舰队已经昼夜兼程，逼近了马尔维纳斯群岛。英国皇家空军一个大队于4月9日向距离马尔维纳斯群岛5 600公里的阿森松岛转场，并将此处作为中转站，向途经这里的舰只进行装备补给。英军核潜艇于4月12日进入战区，开始对阿根廷实施海上封锁，从而威胁阿根廷本土与马尔维纳斯群岛之间的阿根廷海军。英国空军飞机于4月15日开始在马尔维纳斯群岛周围的空中进行巡逻。4月19日，英军在阿森松岛部署好了远程战略轰炸机，英军的"火神"式轰炸机航程可以达到6 000公里，从阿森松出发正好能够袭击马尔维纳斯群岛。尤其重要的是，"火神"式轰炸机不仅能够实施大面积空袭，还可以携带原子弹，此时，英国的核威慑意图已经表露无遗。

英国特遣舰队先遣队于4月24日驶抵与马尔维纳斯群岛相距716海里的南乔治亚岛水域，10余艘军舰一起向着目标全速前进。此时，英国军方早就已经通过特别空勤团探知南乔治亚岛上只有191名阿根廷士兵。

但是英军为了保证万无一失，于当天晚上再次派出了一架C-130飞机飞抵南乔治亚岛上空，将在第二次世界大战期间屡立奇功的"特别舟艇中队"的14名队员空降到了岛上，随后，一批海军陆战队特遣人员也顺利登上该岛，这样，南乔治亚岛的战斗就基本上一切就绪。

第二天一早，阿根廷的"圣菲"号潜艇率先开始向南靠近南乔治亚岛的

★英军装备的"火神"式轰炸机

★英国舰队的"安特里姆"号驱逐舰

首府格利特维肯，英国空军的"山猫"反潜直升机马上就发现了它，随后就发射了深水炸弹和反潜导弹，一阵狂轰滥炸之后，"圣菲"号潜艇就此搁浅在了海岸边。前来增援的40名阿根廷士兵和潜艇人员在滚滚浓烟中仓皇逃到岸上。

英军"安特里姆"号驱逐舰上的先遣队指挥官布赖恩一声令下，英国军舰和战斗机上的炮火一齐向着阿根廷军队发动攻击，"海王"直升机将30名突击队员送到了岸上，英军的炮火非常猛烈，让防守一方的阿根廷军队毫无还手之力。接着原先登陆的陆战队配合突击队从侧面发动了进攻，阿根廷守军一时间手忙脚乱，在英军的攻击下，阿根廷军队坚守的要地接连丢失。阿根廷的抵抗此时已经没有什么意义，守岛的阿根廷军队在中午时分终于亮出了白旗。

英国空军的"火神"远程轰炸机于4月30日从阿森松岛起飞，携挂高爆炸弹飞行5 000多公里对马尔维纳斯群岛阿根廷军队的阵地发动了轰炸，使得阿根廷守军损失惨重。

英国核动力潜艇"征服者"号于5月2日向马尔维纳斯群岛以西230海里的地方发射了一枚"虎鱼"式鱼雷，将阿根廷海军唯一的一艘万吨级巡洋舰"贝尔格拉诺将军"号击沉，从此，阿根廷海军再也没有办法从自己的领海驶出。

英国舰队的主力部队于4月28日以后全部进入马尔维纳斯群岛海域，从而完成了对马尔维纳斯群岛海域的封锁部署。

面对如此危急的境况，加尔铁里才如梦方醒，但是此时局势的发展已经由不得他了，此时英国人对马尔维纳斯群岛的环形立体封锁已经非常严密，以至于阿根廷军舰从布兰卡港开出几小时后，又不得不无奈地返航。加尔铁里此时知道自己正面对一个他最不愿意面对的局势：马岛实际上已成孤岛，岛上守军实际已成孤军。加尔铁里在与自己的助手进行了紧急磋商之后，急忙召见了阿根廷空军司令多索。

"我们眼下只有一条路可走，"加尔铁里目光如炬地看着他的将军，"全体空军紧急待命，从空中开始打击敌人。"

联合攻击：飞鱼击沉"谢菲尔德"号

1982年5月4日，英国皇家海军的"谢菲尔德"号导弹驱逐舰正缓缓驶向马尔维纳斯群岛北部水域，它在今天负责的是警戒任务。

"谢菲尔德"号导弹驱逐舰1975年才建成服役，舰上装备着"海标枪"导弹系统以及"山猫"式直升机、114毫米舰炮。舰载电子设备除了通信声呐、导航仪以外，还装备着远程警戒雷达和敌我识别器。除此以外，舰上还有一套"乌鸦座"火箭干扰装置。可以看出，"谢菲尔德"号导弹驱逐舰是一艘集侦察、通信、攻击、干扰、防空于一体的现代化军舰。

特遣舰队司令伍德沃德于上午10时拨通了"谢菲尔德"号导弹驱逐舰舰长索尔特的电话，询问情况并不忘叮嘱索尔特："情报显示，阿根廷空军活动频繁，他们有可能近期会在空中采取行动。"最后，伍德沃德还不忘再三叮咛："自'贝尔格拉诺将军'号被我军击沉以后，阿根廷人肯定不会轻易罢休，所以我们必须高度戒备！"

"明白了，但是……"索尔特抬头望了一眼舰首那"零秒待发"的对空导弹，不以为然地说，"请将军务必放心，以'谢菲尔德'的战斗力，阿根廷的飞行员势必没有胆量来找我们的麻烦！"

索尔特万万不曾料到，就在他与伍德沃德通话的时候，"谢菲尔德"的灾难就在眼前。

★英国特混舰队司令伍德沃德海军少将

★英军"谢菲尔德"号导弹驱逐舰

当天上午11点，索尔特再次收到了旗舰发出的防空警报，但这并没有引起他的太多注意。他知道，任何敌机一旦进入"谢菲尔德"400公里范围以内，就会被"谢菲尔德"舰上的"眼睛"锁定。索尔特坚信，只要阿根廷的飞机出现在"谢菲尔德"的上空，他就可以让它葬身大海。

但是索尔特不曾料到的是：阿根廷的军中也有两艘"谢菲尔德"型的驱逐舰，所以他们早已经对这种类型军舰的优缺点了如指掌。

现在，他们已经作好了充分的准备，要利用所掌握的该舰缺点，对"谢菲尔德"实施毁灭性的打击。

在与"谢菲尔德"号相距300公里以外的阿根廷"5月25日"号航空母舰上，一架阿根廷的"超级军旗"式飞机起飞了，这架"超级军旗"的机腹下面挂着一枚红色弹身、白色弹头的"飞鱼"导弹。为了能够取得胜利，阿根廷人投入了最强的空中力量。

"超级军旗"式攻击机是由法国制造的舰载机，配备有高性能的电子设备和多用途雷达，在低空飞行时的时速可以达到1.3马赫，拥有良好的突防和对舰攻击能力。而"超级军旗"所携挂时"飞鱼"式空舰导弹也是由法国制造的，这种导弹的体积比较小，弹头威力大，雷达反射面仅为0.1平方米，射程为5到45公里，发射后可在与海面相距2到3米的高度以接近音速飞行。另外，这种"飞鱼"导弹虽然在发射之后为惯性制导，但是在接近目标以后则转化为电子自动定向仪操纵制导，命中率高达95%。

　　而在这架"超级军旗"式飞机起飞之前，就已经有一架"海王星"海军侦察机先行升空，"超级军旗"刚刚起飞，"海王星"侦察机就将已经掌握的目标指数传送了过去，所以"超级军旗"并非是在孤军作战，而这些攻击方式都是按照阿根廷飞行员在法国受训时所掌握的战术进行的。为了能够充分利用地球曲线的掩护效果，躲开英军远程警戒雷达，"超级军旗"在升空后突然从几千米的高空下降到与海面相距20到30米的高度上。

　　机载测高设备在距海面20到30米的高度上几乎没有什么作用，因此如果飞行员稍有不慎，就有可能会葬身海底。而再先进的雷达在这个高度上也会处于盲区，飞行员关闭了自己的机载雷达之后，就凭借着多年飞行的经验向着目标飞速驶去。

　　飞行员在11时10分时估计已经进入了"飞鱼"的攻击范围之内，所以忽然将飞机急速拉升，"超级军旗"就此一跃而起，爬升到了150米的高度，飞行员同时短暂打开了机载雷达，指示器荧光屏上马上就显示出了"谢菲尔德"的信号。"飞鱼"的计算机在瞬间就获得了所需数据，飞行员没有作过多思考，按下了发射电钮。飞行员只觉得"超级军旗"发出一阵轻微的战栗，"飞鱼"已经飞了出去，在高出海浪2到3米的地方，如同一道闪电般直向"谢菲尔德"扑了过去。

★阿军"超级军旗"式攻击机

★被导弹击中的"谢菲尔德"号导弹驱逐舰

  飞行员并没有理会导弹是否能够击中目标，"飞鱼"刚一飞出，飞机就马上返航，至于目标是否能被击中，那要等回到基地以后才能知道。

  而此时的"谢菲尔德"还在海面上悠然自得地航行着，迎着海风站在高处的索尔特舰长仍然在注视着天海之间的景色。突然，一片红光向着"谢菲尔德"及他自己冲了过来，他的头脑中只是在这电光火石之间闪过了一个想法，他认出了那种一直冲至面前的导弹，那是"飞鱼"式空舰导弹，皇家海军的仓库里也有这种型号的导弹。在这闪念之间，他只是喊出了一声"隐蔽"，但是他的话音未了，导弹已经准确击中了水线以上1.8米的舰舷，并且随后穿透钢甲在舱体内爆炸。舰上的电缆和油漆一下子都被导弹燃料引燃，"谢菲尔德"上一时间浓烟滚滚，毒气四溢。

  面对突如其来的灾难，此时在"谢菲尔德"号上的英国水兵们体现出了勇敢和沉着，他们开始想尽各种方法试图自救。但是这次打击对"谢菲尔德"来说非常致命，"飞鱼"导弹直接摧毁了"谢菲尔德"号的控制舱，将舰上的动力、电力和消防系统全部破坏，也就是说"谢菲尔德"的控制系统其实已经全部瘫痪。经过了5个小时的自救尝试，索尔特最终沉痛地下令所有人员弃舰逃生。

  于是，这艘价值两亿美元的庞然大物，就这样徐徐沉入了海底。

黑色的一天：阿根廷的抉择

"我们刚刚接近马岛，便遭到阿根廷飞机的袭击，它们编队而来，且飞得很低，我们发现它们时距离已经很近，无法有效迎战。阿根廷飞机一边发射火箭，一边丢下炸弹，只见甲板上火星四溅，周围滔天的水柱把军舰颠簸得东摇西晃。忽然'轰'的一声，几个同伴满身是血地被抛到海中。'完了！'我心里叫了一声……"这篇文字，引自一位参与了马尔维纳斯群岛战役的英军士兵的日记，他在日记里所描写的，是在阿根廷国庆日当天发生于马尔维纳斯群岛的一场激烈空战。

5月4日将"谢菲尔德"击沉之后所带来的胜利，像是给布宜诺斯艾利斯打了一针强心剂，阿根廷偏激的好战分子们一度有些情绪消沉，如今他们的狂热随着"谢菲尔德"的沉没再度被唤醒，他们聚集到了总统府外，冲着总统府邸的里面一遍遍地高呼着："加尔铁里，决战！"

5月25日是阿根廷国庆节，加尔铁里在24日晚将所有文武官员召集到了阿根廷总统府邸，并且向他们宣布了他的决定：他希望在第二天能够将英军置于死地，以这样的方式来庆祝阿根廷最不寻常的节日。

★马岛空战中的英国"鹞"式战斗机

在阿根廷国庆日当天，一场最激烈的空战在南大西洋上空开始了。

在即将出发之前，阿根廷的飞行员们都作好了死战到底的准备。他们写好了交给家人的遗书，并将妻子和儿女的照片揣进了贴身口袋，有的人还对着录音机，将自己为祖国而死的最后誓言倾诉出来。在一切就绪之后，他们拿起飞行皮囊，头也不回地走向各自的战机。

各式各样的阿根廷飞机竞相从本土的几个机场起飞，在转瞬之间扑到英国军舰的上空，呼啸的炸弹疾风骤雨一般落向英国军舰。英国军队的上空开始被空袭警报的声音笼罩，英军士兵们纷纷跑向自己的岗位，用各种防空武器在天空中交织出一道道火力网。但是，阿根廷飞行员们运用熟练的规避动作一次一次穿过这些火力网，有的甚至是紧贴着军舰的桅杆俯冲下来，英军的军舰上顿时被浓烟覆盖。

在马尔维纳斯群岛东侧的海域，阿根廷空军的两个4机编队的"天鹰"攻击机，以超低空方式对英国两艘"大刀"型护卫舰发动了超低空攻击。英国军舰随即作出反应，以自己强大的防空火力对阿根廷飞机发动反击。舰空导弹呼啸着冲上半空，击落了两架"天鹰"攻击机。但其余的飞机并未因此就显示出怯弱，它们对英国军舰发动了更大规模的攻击，一艘军舰的舰尾很快就被450公斤的炸弹击穿了，随后，"天鹰"攻击机从一艘军舰的直升机甲板上空掠过，一架"山猫"式直升机当场就被击毁。

★准备起飞的"天鹰"攻击机

一架阿根廷军方的"其卡拉"式攻击机本来已经被炮火击伤，眼看着就要坠入大海，但是飞机的机头突然再度抬起，径直向一艘英国军舰撞了过去，顿时撞得碎片四裂，而这艘英国军舰就此变做一团火球。

但是英国人的灾难还远远没有结束，阿根廷人很快就把目标对准了特遣舰队的旗舰——"无敌"号航空母舰。

一架"超级军旗"在8架"天鹰"的掩护下以密集队形直奔"无敌"号航空母舰而来，在与"无敌"号相距50公里的时候，"天鹰"飞机突然散开，分为两组，引开了前来拦截的英军"鹞"式飞机和"海标枪"防空导弹，而与此同时，"超级军旗"则向着"无敌"号航空母舰发射了两枚"飞鱼"导弹。

负责护卫任务的英军"考文垂"号驱逐舰舰长在危急时刻及时发现了这个情况，急忙下令"考文垂"号驱逐舰开足马力迎了上去，他要用自己的军舰挡住"飞鱼"的攻击，同时他命令向空中发射金属箔，从而扰乱"飞鱼"的飞行方向。结果，一枚"飞鱼"还是准确击中了"考文垂"号驱逐舰的侧舷，另一枚则因为金属箔的作用而偏离了方向，击中了停泊在不远处的"大西洋运送者"号大型运输舰，只听得一片轰鸣，"考文垂"号驱逐舰和"大西洋运送者"号大型运输舰很快就被熊熊大火所吞噬，这两艘军舰大概在几分钟以后一起沉入了几千米深的洋底。

报告很快被发回了伦敦，英国国防大臣诺特在接到报告后久久没有说出话来，他过了很久才叹了口气说："皇家海军经受了前所未有的沉重打击。"

但此战所产生的更为深远的影响是让战争的愁云笼罩在了每一个英国民众的头上。英国的一家报纸就不无悲伤地写道："英国也许将迎来一个阴森森的葬礼的季节。"阿根廷这种搏命的打法让很多英国人忧心忡忡，一位阵亡水兵的父亲就泪如雨下，他沉痛地质问当局："大英帝国难道非得让孩子们死在那个遥远的岛屿上不可吗？"

撒切尔夫人在她当天的日记上写道："5月25日，黑色的一天。"

最后决战：马岛飘扬的米字旗

大英帝国战时内阁的成员们原本以为只要大英帝国的庞大舰队一到，马尔维纳斯群岛上的阿根廷人必定就会望风而逃，但此时他们发现，眼前的这个对手远远没有那么孱弱。于是，在经过商议之后，内阁的大臣们一致决定，命令前线的英国军队在马尔维纳斯群岛实施登陆作战。

★英军准备在马岛登陆

其实，登陆作战的计划在几天之前就已经在前线舰队司令伍德沃德将军的心里酝酿成熟，他已经准备好了用自己手上这为数不多的部队在马尔维纳斯创造一个奇迹。当时马尔维纳斯群岛上的阿根廷守军有10 000人，而伍德沃德手上只有6 000士兵，要想出奇制胜，就必须选择一个阿根廷人意想不到的登陆地点。

伍德沃德将军选中的登陆地点是地形复杂、航道狭窄，而且舰艇难以接近的圣·卡洛斯港。而这个海港看起来非常不适合英军登陆，因为这里面向阿根廷本土，在这里很容易受到从阿根廷本土起飞的飞机进攻。

但是，在圣·卡洛斯登陆也有好处，这里的守军只有40余人，加上近日来的战斗，已经将阿根廷军队驻岛上的兵力大部分吸引到了马尔维纳斯首府斯坦利港附近。如果在圣·卡洛斯登陆，阿根廷驻岛的主力部队必然难以驰援，可以说圣·卡洛斯其实是阿根廷军队防守最为薄弱的地方。

伍德沃德最终选择了圣·卡洛斯。

5月26日凌晨3点30分，两艘英军登陆舰悄悄驶临圣·卡洛斯，之后由3个突击营组成的登陆分队，划着橡皮艇飞快地靠近海滩。与此同时，两个伞兵营也由"海王"式、"小羚羊"式和"支奴干"式直升机空降到了敌后。

接着，英军的登陆兵发动了前后夹击，40名阿根廷士兵随后就逃跑了。到天亮的时候，英军在滩头已经建立了一条宽4英里并有足够纵深的阵地，随后，英军的坦克、装甲车不断地开到岸上来，"吹管"式防空导弹和"轻剑"式防空导弹没过多久就竖立起来，建立了防空阵地。

加尔铁里在得知英军登陆的消息之后，马上召见了空军司令多索，要求空军不惜任何代价，也必须将登陆的英国军队赶回到海里去。多索离开总统办公室的时候已经深深清楚，如今整个马尔维纳斯群岛战争的最终命运已经落在了他的肩上。

第二天天刚蒙蒙亮，一架架阿根廷飞机飞向了圣·卡洛斯的英军登陆阵地。阿根廷方面的"天鹰"攻击机、"其卡拉"攻击机以及"幻影"战斗机对英军的阵地发动了一轮又一轮的猛烈攻击，英军在登陆之后的部署几乎都被阿根廷的飞机破坏掉了，阵地工事更是被炸得七零八落，在向西面推进的英军突击队也受到了阿根廷空军的猛烈攻击，指挥官琼斯中校在此次空袭中阵亡，突击队在阿根廷飞机的轰炸下几乎完全失去了作战能力。

但是，因为加尔铁里没有在马尔维纳斯群岛修建机场，阿根廷空军的战斗力很快就难以为继，需要加油的阿根廷飞机不得不进行简单轰炸之后就马上返航。而在阿根廷空军掌握了战争主动权之后，驻扎在马尔维纳斯群岛上的阿根廷地面部队也没有及时跟进，这些，都给了英国军队喘息的机会。

当英国军队发现了阿根廷人的软肋之后，就开始拼命反击，因为急于回到本土加油，很多阿根廷飞机不得不狼狈返航，这时候就成了英国防空火力攻击的最好契机，几十架飞机就这样被英国战斗机和防空导弹击毁。在拥有了空间之后，英国飞机展开了全面反击，从本土起飞的阿根廷轰炸机还没有飞抵圣·卡洛斯上空，就遭遇了英国飞机的拦截。而飞抵圣·卡洛斯上空的阿根廷飞机，一旦面临英国战斗机的缠斗，就会因为油量不足而后继乏力，从而轻易被击落。

阿根廷飞机的密集轰炸经常出现断流，因此阿根廷空军的攻击渐渐被英国空军的火力所压制，英国空军也渐渐能够从容不迫地发动反击。战斗一直持续到黄昏时分，英军方面虽然付出了惨重的代价，但是他们最终守住了看似已经非常脆弱的滩头阵地。而阿根廷空军在此役中虽然勇敢作战，但是因为损失逾半，仅有的9枚"飞鱼"导弹也已经发射完毕，加上欧共体国家及北约已经联合对阿根廷实施武器禁运，阿根廷人至此已经再也无力发动强大的攻势了。

5月27日，英军从圣·卡洛斯分兵两路迅速南下。

★胜利后的英军在马岛上挥舞英国国旗

5月28日，英军攻克达尔文港。

5月31日，英军逼近马岛首府斯坦利港。

到这个时候，马尔维纳斯群岛的天空中再也没有出现过阿根廷空军的飞机，英军的"支奴干"式和"海王"式直升机负责向前方运送部队和装备，"鹞"式战斗机则在空中巡航待战，从阿森松远程奔袭来的"火神"战略轰炸机对斯坦利守军发动着一遍又一遍的地毯式轰炸。

6月13日，阿根廷的马尔维纳斯群岛守军鉴于己方的损失过于惨重，已经无力再抵抗英军的进攻，守岛司令梅内斯将军于是在下午2时，被迫同英军地面部队司令穆尔少将举行了谈判。晚上9时，梅内斯长叹一声，在投降书上签下了自己的名字。

空军发挥关键作用

从朱可夫在诺门坎战场上以地面的装甲部队配合空中力量合作打击日军开始，空军渐渐成为独立军种，在配合陆军和海军进行作战的同时，也会参与空战，独立去完成某些战争或者战役。在马尔维纳斯群岛战役中，则是空军与海军配合完成战斗，这种空、海军协作参战的案例在世界战争史上其实还有很多，但是随着航空母舰的出现，舰载机的不断升级，很多人似乎认为空军已经不再像从前那么重要了。

而在马尔维纳斯群岛的海战中，残酷的战争再次告诉人们，当航空母舰面对敌方飞机的轰炸时，一旦舰载机无法升空，则海上与空中将受到双重的火力封锁。空军在此次战争中再次起到了关键作用，而空降部队的功能和价值也再次得到了战争专家的认可，英国方面对空降部队灵活的运用，使其在登陆作战时事半功倍，第二次世界大战的宝贵经验让英国人在此后面对现代化战争时仍然受益无穷。

★ 沙场点兵 ★

人物：加尔铁里

列奥波尔多·福图纳托·加尔铁里·卡斯特利，生于1926年7月15日，是阿根廷政治家，军人政府的独裁者。

1981年2月担任阿根廷总统，同年，他在出访美国时，被美国总统里根视为反对共产主义的盟友而得到盛情接待。加尔铁里在军政府统治期间担任阿根廷共和国总统，从而开始推行残酷的独裁政策，禁止罢工和抗议，并大肆屠杀左翼人士，在经济上支持大地主和资本家。

1982年4月，得意忘形的加尔铁里支持阿根廷军方出兵攻占马尔维纳斯群岛，时任英国首相的撒切尔夫人下令军队实施反击。同年6月13日，阿根廷军队在马尔维纳斯群岛战役中兵败，双方达成停战协议，随后加尔铁里卸任总统。

1983年，加尔铁里因为在战争中"指挥失误"，被判刑12年，为自己的狂妄付出了代价。

武器："鹞"式战斗机

英国的"鹞"式是多用途喷气式飞机，它的战斗机、侦察机和攻击机都是从"鹞"GR.MK3型飞机改变而来的，专供海军舰载使用。这种飞机从20世纪70年代初开始研制，到1978年8月首次试飞，从1979年6月开始装备英国海军。

"鹞"式飞机的性能特点是可以在航空母舰上作垂直、短距起降，而且不必依赖如弹射器和拦阻装置等舰上设备，在甲板上所占的面积也比较小，只需要30米见方的甲板就能完成起落，受风速、风向和甲板运动的影响非常小，而且可以在中、小型舰只上使用。另外，该种飞机的机头安装了"蓝狐"雷达，增大了探测攻击跟踪范围，能够执行空对空、空对地的双重任务。

在1982年爆发的马尔维纳斯群岛战役中，英军总共出动了28架"鹞"式飞机，先后从"无敌"号航空母舰和"竞技神"号航空母舰上出动2 336架次。而在马尔维纳斯群岛上空的空战中，"鹞"式共摧毁对方飞机22架，而自己则无一损失。只有4架"鹞"式飞机因为事故坠毁，另外有两架被地面火力击中。截止到1993年6月，尚有37架"鹞"式飞机在英国海军中服役。

战术：制空权

在马尔维纳斯群岛的战役中，参战的英国和阿根廷两国在战斗中使用的先进武器有各类战术导弹、制导鱼雷和激光制导炸弹，现在都统称为精确制导武器据战后不完全统计，双方在战场上共使用的精确制导武器多达17种。

但双方在空战中的投入也让人惊叹。在战争中，英阿双方都试图通过积极运用空中力量，完成控制战区、对海对陆攻击、侦察、兵力投送和后勤补给等任务。

客观地说，在马尔维纳斯群岛上空的激战中阿根廷空军表现得相当优秀，他们作战骁勇，战术运用娴熟，战绩彪炳，但是在阿根廷空军这里能看到的不过是优秀的飞行员和精良的武器而已，他们之所以在家门口丢掉了制空权，原因就在于双方指挥员对于空战的不同观点。

在空战的战术中，有立足于当下的战术，可以说是战役中的战术，这种战术只能决定局部战斗的胜利，还有一种是战略上的战术，这种战术虽然可能在局部战斗中吃亏，但却往往能够左右整个战争的胜负。虽然高精尖武器在战争中所产生的作用越来越显著，但如果指挥战争的人不善于利用，那么再高精尖的武器也不能决定战争的结果。作为参加过第一次世界大战和第二次世界大战的军队，英军的作战能力虽然不能和战时相提并论，但是经过多年的实战，却形成了深厚的战术积累。

所以在到达马尔维纳斯群岛之后，双方作出的反应截然不同。阿根廷军队急于布防和增兵，从当下看，这种方式无疑是稳妥的，尽快构建铜墙铁壁的防御体系，一旦敌方发动反击自己不至于猝不及防。而英国军队在到达马尔维纳斯群岛之后，并没有急于重兵压境，直扑马岛首府。毕竟是在万里之外的战场作战，如果不速战速决，长期僵持未必能占到太多便宜，但是英国军队并没有这么想，而是先慢条斯理地攻占了南乔治亚岛，在立足稳健之后才对马尔维纳斯群岛发动进攻。

这就是战役战术和战略战术上的优劣之别，"久守必失"。是兵家的大忌，而"积极的进攻其实就是最好的防守"，阿根廷军队着眼于长久的防守，而英军则着眼于长久的进攻，两相对比，高下立判。众所周知，发动空战最重要的就是尽快夺取制空权，但是因为不同的原因，在马岛战役中，阿根廷和英军始终都没有完全掌握制空权，但最终胜出的却是英国人。因为英军本身就立足进攻，"久守"的阿根廷军队一旦出现失误，就会被英军抓住，长此以往，最终能够长期坚持的就是最终的获胜者。因此，并不是在一两场空战中赢得胜利就算是取得了制空权，而是要看你是否能取得战略上的制空权：战斗中的制空权只会暂时落到你的手里，而战略上的制空权则是更为稳定和长久的。

生死瞬间的云端曼舞
THE CLASSIC WARS

第十六章

海湾战争
——超视距时代的空中对抗

    ▲ 1991 年初，伊拉克前总统萨达姆·侯赛因挑起了海湾战事，美军以"世界维和警察"的身份登场，于是，真正的现代化战争在海湾打响。

    这场战争彻底颠覆了人们心中对于战争的印象，科技在这场战争中的作用大大加强，空战在这场战争中占据了举足轻重的地位。联军在对伊拉克发动地面进攻之前对伊拉克军事设施进行了大面积的空袭，基本上使伊拉克的防御力量处于瘫痪状态，当联军地面部队进入的时候，伊拉克已经没有了抵抗能力。

    海湾战争第一次让人们见识了现代战争的威力，同时也让人们对空战有了新的认识。

前奏：伊拉克武力吞并科威特

1988年8月，弥漫在波斯湾地区的硝烟逐渐散去，长达8年之久的两伊战争终于宣告结束。经历了多年战火灼烧的两河流域重新回归平静，印度洋的海风徐徐吹来，将吹去所有的血腥和杀戮。

但是，战争远远没有结束，阿拉伯半岛和伊朗高原的人们并不知道，好战分子的血不会冷却，他们总是在等待着任何可以挑起战端的契机，刚刚驱散了阴云的波斯湾，再次暗潮涌动。

伊拉克前总统萨达姆·侯赛因从1990年初开始，就授意伊拉克的官员经常对其邻邦科威特进行刁难。开始，伊拉克方面提出"以阿拉伯团结的名义"将两伊战争期间欠下的140亿美元债务一笔勾销，科威特方面自然没有答应。随后，伊拉克方面居然又进一步提出了领土要求，科威特当局断然予以回绝。萨达姆·侯赛因就以此作为理由，下令向科伊边境调集军队，随即向科威特发出了最后通牒。此时的波斯湾再度波涛涌动，科伊边境的战事也是一触即发。

西亚的8月正是烈日炎炎，那段时间白天的温度可以达到摄氏40度，只有晚上能稍微好些。8月2日凌晨2时，当科威特人正在熟睡之际，伊拉克前总统萨达姆·侯赛因却在他的官邸里下达了对科威特发动大规模进攻的命令。于是，30万伊拉克军队以共和国卫队作为主

★伊拉克前总统萨达姆

力，在350辆"T-72"坦克的引导下，迅速越过125公里长的科伊边境，向科威特首都科威特城进发。

于是，漆黑的夜空被提前点亮了，科威特人惊慌地从梦境中惊醒，他们蓦然发现四周已经不再是万籁俱寂的天地，而是一片焦土。天空中，大批的伊拉克轰炸机、歼击机、强击机和武装直升机将天空遮蔽，无数的炸弹和火箭命中目标，浓烟滚滚，战火蔓延。随后，伊拉克1个坦克师和8个机械化师在地面上一字排开，在猛烈炮火的掩护下长驱直入，一直攻入科威特城。

★伊拉克入侵科威特

对于号称阿拉伯世界头号军事强国的伊拉克来说，国土面积只有1.78万平方公里的科威特实在是太小了。而且，伊拉克在之前刚刚经过8年两伊战争的战火洗礼，拥有着丰富的实战经验和精良的武器，而只有两万军队的科威特在伊拉克面前，就如同是一只柔弱的兔子在面对凶狠的虎豹，伊拉克军队几乎没有花费太多的力气，仅仅用了10个小时就占领了科威特全境。

当萨达姆享受着巴格达的午后阳光时，攻克科威特的战报已经由国防部的高官送到他的桌子上，他此时的心情非常高兴，不忘邀请送来报告的官员尝一尝他女儿亲自制作的库巴。然而，萨达姆并不知道，胜利不过是短暂的，真正的战争才刚刚拉开序幕。

计划出台："沙漠盾牌"亮相

伊拉克入侵科威特，美国人首先坐不住了。美国人在海湾地区有着巨大的经济利益，历来极为关注这一地区的形势，美国的侦察卫星几乎是时时刻刻地盯着这里。萨达姆向科伊边境调集重兵，侦察卫星当然把这些情况都看在了眼里，但是美国人并不觉得伊拉克会对科威特动武，毕竟，当时的伊拉克刚刚经过"两伊战争"，不大可能有在近期再度挑起战事，萨达姆大概只是想威胁一下科威特。但是，事实证明，美国人的判断错了。

8月2日凌晨，美国总统布什在得到伊拉克军队突然进攻的消息以后，非常震惊，国防部五角大楼指挥中心也显得有些手忙脚乱。参谋长联席会议主席鲍威尔更是忙个不停：命令停泊在巴林麦纳麦港的6艘美国军舰立即起锚驶离港口，以防伊拉克空军突然袭击，造成"第二次珍珠港事件"；命令正在印度洋游弋的"独立号"航空母舰向阿曼湾靠拢待命；命令印度洋迪戈加西亚岛美军基地处于一级战备状态，基地上的"B-52"轰炸机随时准备出击；命令美军驻希腊苏扎湾海军基地处于高度战备状态。

★"沙漠盾牌"行动计划集结的美军

★美军"独立号"航空母舰

美国军政要人于8月4日清晨齐聚戴维营，召开了紧急会议。在经过一整天的讨论之后，在这次会上最终敲定了一项代号为"沙漠盾牌"的行动计划。该计划的主旨是向海湾地区紧急增兵，阻止伊拉克进一步入侵沙特，并通过军事打击迫使伊拉克从科威特撤军。同时，在会上作出了决定，将"沙漠盾牌"行动的指挥权交由美军中央司令部司令施瓦茨科普夫上将全权组织实施。

布什总统于8月7日凌晨2时，正式批准了"沙漠盾牌"行动计划。下达命令之后，五角大楼迅速开始行动。早晨6点，国防部长切尼主持会议，对"沙漠盾牌"的实施方案作出了详细部署。

在"沙漠盾牌"实施方案中，空中力量以其特有的机动速度快、机动距离远的特点而受到了重点关注。

美军第82空降师的2 300人作为"沙漠盾牌"行动的先头部队于7时30分完成登机，运载这批伞兵的飞机在5分钟后起飞，奉命从北卡罗来纳州的布拉格堡基地飞往沙特。

与此同时，两个中队共计48架"F－15"战斗机从弗吉尼亚州的兰利空军基地起飞，它们作为首批派往沙特的空军部队，将飞赴沙特指定机场。

经过3个月紧张的海空运输之后，到11月初，到达海湾地区的美军总兵力已经达到了24.5万人。其中，地面部队有17万人，坦克800辆；空军部队有3万人，各型飞机444架；海军部队有4万人，各型舰船85艘，舰载机553架。

在这紧张的3个月里，按照美国总统布什的意见，美国一直在对伊拉克进行禁运、封锁和经济制裁，美国方面认为，对伊拉克的封锁，加上20多万大军压境，完全能够让萨达姆从科威特撤兵了。但是，布什的判断再一次出错，萨达姆非但没有从科威特撤走军队，反而开始加紧备战，并且向科沙边境又增调了20个师的兵力。在完成兵力部署的同时，萨达姆还展开了宣传攻势，宣布扣留西方人质，同时号召阿拉伯人开展"圣战"，打击美国并且"推翻阿拉伯的统治者"。

布什完全被萨达姆的这些言行激怒了，于是在11月8日宣布，在两个月内再向海湾增兵20万，他宣布美国已经决定主动出击，要让美军"拥有在必要情况下采取适当的进攻性军事行动的选择"。

★下达海湾战争作战命令的美国总统布什

★美国"F-117"隐形战斗轰炸机

美军因为在兵力总数上无法超过伊军，所以，美国不仅派去了所有的精锐之师，而且还将武器库中几乎所有的新式武器都拿了出来，以获得在技战术上的优势。在美国所亮出的高精尖武器中，其佼佼者当首推"F-117"隐形战斗轰炸机。

"F-117"由美国著名的洛克希德公司制造，是美国空军最新式的主战飞机之一，也是美国空军第一种高亚音速隐形战斗轰炸机。1981年6月，该机的原型机首次试飞成功，随后于1983年10月正式投入生产，并且开始装备驻内华达州内利斯空军基地的第4450战术战斗机大队。美国空军共采购了59架"F-117"，到1990年7月21日全部交付完毕，总费用为62亿美元，单架价格达到了1亿多美元。

战机起飞："F-117"闪亮登场

尽管早在1981年"F-117"就已经试飞成功，并在1983年正式投入使用，但是美国空军对它的所有情况一直讳莫如深，直到1989年4月21日，才在内利斯空军基地正式向外界展示了"F-117"。

"F-117"外观呈黑色，头部像个楔子，后缘呈锯齿状，机尾很像燕尾。但是更为令人惊奇的是，在它的全身找不到一丝曲线和曲面的痕迹，整架飞机几乎全部由直线及平面组成。至于设计成这个样子的原因，主要是为了让它具备前所未有的"隐身"本领。因为这种外形能够大大减少它被雷达捕捉到的概率。除此以外，在它的发动机进气口、尾喷口、座舱盖接缝、起落架、舱门等部位，也都添加了有益于"隐身"的特别设计，就连机身上的涂料，也有吸收雷达波束的功能，从而增强它的"隐身"本领。据说，在"F-117"身上添加了这些设计之后，它在雷达屏幕上显示的信号比一只小鸟在雷达屏幕上显示的信号还小，使用人的肉眼根本识别不出来，就如同是披上了一件"隐身衣"。

除了拥有隐身本领，"F-117"还具备强大的突击能力。在它的腹部，有一个长4.7米、宽1.75米的大弹舱，里面可以装载两枚2 000磅激光制导炸弹或数枚空地导弹。但是，"F-117"也并非尽善尽美，设计师们为了增强它的隐身性能，不得不在其他一些性能上作出了牺牲。比如，它的最大速度并没有超过音速，众所周知的是，当时世界上的一流战斗机都已经达到了超音速；另外，它的空战能力非常薄弱。

当然，除了"F-117"以外，美军还有其他先进的装备，比如"F-15"、"F-16"战斗机，"A-10"攻击机，"F-111"战斗轰炸机，海军的舰载机"F/A-18"、"A-6"、"A-7"，陆军航空兵的AH-64"阿帕奇"攻击直升机和AH-1"眼镜蛇"攻击直升机等等，这些都是当时世界上最为先进的兵器。

美国人开始积极对中东增兵，更是拉出多国部队的旗号。但是萨达姆也并非等闲之辈，他并没有被美国的阵势吓倒。当布什总统在电视上发表讲话，让萨达姆滚出科威特的时候，萨达姆的回答是："一旦美国人卷入战争，我们将使他们血流成河。"萨达姆的话并非言过其实。萨达姆下令在全国实行战时体制，以对付多国部队的进攻，他将全国划分为5个战区。同时，萨达姆也加紧进行扩军备

★AH-64"阿帕奇"攻击直升机

战，将正规军在原有的53个师的基础上，恢复了13个师，并新组建了11个师，从而达到了77个师，更是将总兵力增至120万人，装备坦克5 600辆、装甲车6 000辆、火炮4 000余门、飞机770余架、"飞毛腿"导弹800余枚。

与多国部队相比，伊拉克在兵力总数上处于绝对优势，虽然在兵器的质量上稍显逊色，但其中也不乏当时世界上的一流兵器。比如，在空战兵器当中，"米格－29支点"式歼击机，就完全能够与美国空军的"F－15"、"F－16"相提并论。

★伊拉克空军装备的米格－29战机

"米格－29"是在20世纪80年代初，由苏联著名的米高扬设计局推出的一种全天候歼击机。"米格－29"从外观上看，更像是美国几种飞机的混合体。比如，它的机翼和头部跟"F－16"和"F－18"很相像，它的双垂尾则类似美国的"F－15"，而它的后半身则与"F－14"相近。"米格－29"配置有两台"R－33"型涡喷发动机，机内装有具备下视、下射能力的脉冲多普勒雷达，探测距离达100公里，另外还装有红外搜索装置、红外跟踪装置、敌我识别器和全向雷达报警系统。在"米格－29"的两个机翼上，各有3个武器挂架，可以挂载空空导弹、航空炸弹、火箭弹等，在它的机身左侧边条根部还装有一门30毫米机炮。"米格－29"的最大速度能达到2.3倍音速，作战半径为900公里。

除去以上讲到的性能外，"米格－29"还能完成"皮加切夫眼镜蛇机动"。这个动作的要领是在飞机处于低空平飞时，机头突然拉起，使飞机腹部向前平飞出数秒钟。在当时世界的一流战机中，除"米格－29"和"苏－27"以外，还没有其他任何一种飞机能做出这个动作，哪怕是美国的"F－15"和"F－16"战斗机。

战略改变：神秘的"霹雳"空袭计划

多国部队虽然来势汹汹，但是与多国部队相比，伊拉克地面部队所占有的巨大优势让萨达姆对最后的胜利信心大增。所以，萨达姆决定与多国部队展开陆上决战，他甚至为此特别在南部战区设置了3道防线。

而美国对自己的短板更是心知肚明，知道自己的地面兵力有限，如果与伊拉克直接展开陆上决战，必然占不到太多便宜，于是，美国就把进攻主力集中在了空中力量上。从"沙漠盾牌"行动一开始，美国就先着手制订以空中力量摧垮萨达姆战争机器的作战计划。

在伊拉克入侵科威特的第3天，也就是1990年8月5日，正在外地休假的美国空军主管计划与作战的副参谋长特别助理沃登上校被紧急召回了华盛顿，白宫要求他立刻召集一个由计划和作战参谋军官组成的特别小组，制订出一个保卫沙特阿拉伯的战略空中战役计划。

沃登上校将小组成员集中到了空军参谋部的决胜处办公室，经过两天的商议之后，计划初具轮廓。应空军副参谋长约翰·洛将军的要求，沃登上校于8月7日下午提交了一份长达12页的对伊战略空中战役计划梗概。为了能够有别于越南战争中的"滚雷"计划，该计划被命名为"霹雳"。

这个计划得到了当时美国空军高层的欣赏和认可，于是在8月9日，沃登上校及其小组随着空军计划主任亚力山大少将一起，到麦克迪尔空军基地向施瓦茨科普夫将军进行汇报。

沃登上校想通过空中攻势打击伊拉克，从而迫使伊拉克从科威特撤军。因为施瓦茨科普夫将军没有办法在短期内集结起足够打一场进攻战役的地面部队，因此无法完成总统要求的在短时间内将伊拉克军队赶出科威特的任务，而只有空中力量能够通过迅速集结而发动猛烈攻势，所以沃登上校的这个计划和施瓦茨科普夫将军的想法不谋而合。

施瓦茨科普夫让沃登上校先将"霹雳"计划呈交参谋长联席会议主席鲍威尔将军，这个计划随即也得到了鲍威尔的支持，并得到了进一步的要求："我的目的不是让他们撤退，而是要消灭他们，摧毁他们所有的坦克。"鲍威尔希望沃登上校能在计划小组中增加陆军、海军和海军陆战队的代表。这样，计划小组的成员就增加到了100多人，在一个星期之后，"霹雳"计划正式出笼。

随后，又经过了精心策划，计划小组制订出了更为详尽的空中进攻计划。并且，他们还为这个计划确定了5个基本目的：首先是孤立萨达姆政权，并且最终使之垮掉；其次是要夺取并保持制空权；然后是将伊拉克大规模杀伤性武器系统完全摧毁；还要摧毁伊拉克军队的军事进攻能力；并且将部署在科威特战区的伊拉克陆军的进攻能力完全摧毁。

为了能够达到上述目的，计划小组提出了12个要突击的目标群，其中包括伊拉克的作战指挥系统、战略防空网、机场、化学武器、"飞毛腿"导弹、共和国卫队、能源设施、交通枢纽等。

在整个计划制订的过程中，计划小组的负责人之一格洛森将军还反复征求了参战的各联队长的意见，从而使得计划更加完善。

在还没有正式开战之前，美军就已经制订出了完善的作战方案，作好了充足的作战准备，无论是在软件设施还是硬件设施上，美国制订出的计划都是严密而又周详的。与美国形成对照的是伊拉克，萨达姆虽然布置好了地面部队的防线，但是在进攻中并没有一套全面缜密的方案出台。在进攻与防守之间，美国人首先想到的是如何更为高效有力地进攻，而萨达姆想到的是怎样顽强而又持续地抵抗，而在战争中，其实只有进攻才是最好的防守。

更为关键的是，美军作战依靠的是多名指挥官之间的协调和配合，而伊拉克则是总统下令，其他官兵负责将工作执行到位即可，这样的作战是团队与个人之间的对抗。

★指挥海湾战争的诺曼·施瓦茨科普夫陆军上将

伊拉克即便是拥有再多的高精尖武器，在战略战术上的认知仍然处于落后的"一言堂"状态，必然会招致失败的命运。

"风暴"骤起："F-15"制伏"米格-29"

1991年1月15日，这是在联合国安理会第678号决议中所规定的伊拉克从科威特撤军的最后期限。

战斗还没有开始，作为多国部队总司令的施瓦茨科普夫将军仍然在仔细研究着作战计划，为了保证第一阶段的"沙漠风暴"行动能够顺利，他吸取了以往战争的教训，把海军、陆军所属的作战飞机统一集中起来，将指挥权交给了驻海湾地区美空军司令霍纳中将。

1月15日，萨达姆并没有从科威特撤军。

1月16日上午10时30分，布什总统签署了给驻海湾多国部队总司令施瓦茨科普夫的作战命令。此后，先是携带着"AGM-86C"巡航导弹的"B-52"轰炸机从美国本土路易斯安那州巴克斯戴尔空军基地起飞。接着，驻扎在印度洋迪戈加西亚岛的"B-52"也奉命升空。驻扎在沙特各基地的"F-117"、"F-15"、"F-16"等飞机随后也相继起飞，列队飞向伊拉克。

1月17日凌晨1时，在红海上游弋的美海军巡洋舰上发射了一批"战斧"式巡航导弹。随后，美军4架AH-64"阿帕奇"攻击直升机和两架MH-53J"低空气路"特种作战直升机，率先从紧靠伊科边境的阿尔朱夫基地起飞向北而去。6分钟以后，同样编队的另一个"红色小组"也跟着起飞。两支直升机小分队随后以每小时222公里的速度在15米的高度上一直向北飞去，对伊拉克军方的雷达阵地发起了猛烈进攻。

几乎在伊拉克军方雷达阵地被攻击的同时，一架绰号为"黑色幽灵"的"F-117"隐形战斗轰炸机已悄悄突入伊拉克首都巴格达上空，然后把一枚2 000磅的精确制导炸弹准确地投到位于巴格达闹市区的电话电报公司大楼屋顶的正中，此时恰好是凌晨3时整。

随着萨达姆一声令下，整个巴格达的所有防空武器一起向着空中开火，高射机枪、高射炮射出的弹道轨道与空中投下的炸弹火力交织在一起，防空警报声和炸弹爆炸声很快就将整个巴格达吞没。但是，多国部队的空袭太过猛烈，加上强烈的电子干扰，伊拉克的防空雷达和地空导弹没有多久就被压制住了，余下的高射炮和高射机枪，因为指挥通信设施和目标指示雷达受到强烈干扰而失去了指挥，只能盲目地对空中进行射击。

从17日开始，多国部队加大了空袭的密度。到当天午夜，多国部队对伊拉克和科威特境内的目标从空中共进行3轮高强度轰炸，其间出动飞机2 000多架次，投弹1万多吨。除此以外，停泊在海上的美国军舰也向伊拉克腹地的指挥通信中心、雷达和防空导弹阵地以及部分机场发射了"战斧"式巡航导弹100多枚。

经过这一天的轰炸之后，萨达姆的总统府、巴格达电信电报大楼、空军和防空指挥部被摧毁，巴格达附近的两个机场陷于瘫痪，一些工业设施、巴格达电厂、电视台大楼也被炸坏。其实在伊拉克空军部队里，还装备着数量相当可观的"米格－29"、"米格－25"等先进飞机，但是因为伊拉克飞行员的素质和训练水平一般，并未给多国部队带来太大麻烦，多国部队随后不久就成功夺取了制空权。

★伊拉克军队装备的"飞毛腿"导弹

在萨达姆所拥有的武器中，真正给多国部队带来麻烦的是伊拉克装备的800余枚"飞毛腿"导弹。萨达姆于1月18日决定用"飞毛腿"攻击沙特和以色列境内的目标，施瓦茨科普夫急令多国部队空军专门派飞机去搜寻并消灭"飞毛腿"导弹。但是因为"飞毛腿"导弹的机动性太强，多国部队空军攻击的效果并没有预想那么明显。但是美军的"爱国者"导弹却在拦截"飞毛腿"导弹时发挥了巨大功效，因为战绩突出，甚至赢得了"'飞毛腿'克星"的美誉。

18日早晨，太阳还没有升起来，一架架挂满穿甲集束炸弹的"B-52"轰炸机从土耳其和印度洋迪戈加西亚基地起飞，在空中完成编队之后，向科威特西北部地区萨达姆的共和国卫队的阵地猛扑过去。美军开始了对萨达姆共和国卫队的轰炸，其实早在战争开始之初，施瓦茨科普夫将军就深知，如果不能尽快消灭掉萨达姆的这支精锐之师，这将会给以后的地面进攻带来非常大的麻烦。在以后的十几天时间里，"B-52"几乎每天都会去轰炸萨达姆的共和国卫队，使得这支"军中之军"伤亡惨重。

在进行了14个昼夜的战略空袭之后，施瓦茨科普夫将军于1月31日下达命令，指示多国部队空军转入战术空袭阶段，开始转向轰炸科威特和伊拉克南部的伊军地面部队和防御阵地、坦克和装甲车集群、交通枢纽、桥梁、铁路和公路运输线、燃料和弹药库以及后勤补给基地等目标。

在这一次的轰炸中，萨达姆的共和国卫队仍然是被重点"照顾"的对象。而且，此次飞抵共和国卫队阵地上空轰炸的，除了"B-52"之外，还增加了美国空军的A-10"雷电"攻击机和陆军航空兵的AH-64"阿帕奇"攻击直升机，这两种飞机都有着很强的反坦克火力，因此也被人称为"坦克的克星"。

经过第1轮38天的作战，伊拉克南线战区的54万大军，在多国部队空军的空袭下损失达25%以上，重装备损失更是高达30%到45%。伊拉克的4 000多辆坦克有1 600多辆因遭到了多国部队空军的猛烈轰炸而受损甚至报废，2 800

★美军B-52战略轰炸机

辆装甲车中有840多辆报废。而萨达姆的王牌部队共和国卫队更是得到了多国部队的重点照顾，到2月23日第2阶段空袭结束时，共和国卫队已经死伤过半。

一招定局："沙漠军刀"出鞘

2月24日凌晨时分，设在沙特首都利雅得的美军司令部此时却灯火通明，作为多国部队总司令的施瓦茨科普夫将军此时在决战之前稍显不安。此时，从前方传来了无数的消息：各路部队都已经按照预定时间抵达出击地点；装满炸弹的飞机正一批批地轮番轰炸指定目标；载有1.8万名海军陆战队队员的两栖登陆舰队已逼近科威特海岸；空降师也已经完成登机，随时准备起飞。

但是，就在攻击时刻即将到来时，这位被人称为"敢冒险的军人"的施瓦茨科普夫将军却显得有些不安，基于他对中东地区进行的多年研究，他深知这场战争存在着多么大的风险。尽管经过一个多月的大规模空袭之后，萨达姆的地面部队已经遭受了很大削弱，而且施瓦茨科普夫和他的将军们也对"沙漠军刀"计划进行了反复的推敲，并对所设想到的每个细节和应变措施都进行了讨论，但是对于萨达姆精心部署的地面防御，仍然没有迅速取胜的把握。如果真像外界所说的那样，萨达姆将此次战争变成又一次的"越南战争"，那对于美国来说和失败并无差别。

于是，施瓦茨科普夫下了一个充满风险的决定，他将30万美国地面部队和数万盟国部队一字排开，后面只留下一个美军师和部分沙特的部队，准备尽量利用前一阶段的空袭成果，一举将伊拉克的防线冲垮。这个部署后来被人们称为"胆大包天"，因为这样的行动一旦成功，多国部队就能够实现速战速决的目的，但是如果受挫，不但会失去前一阶段通过空袭所获得的主动权，甚至还会发生更加严重的事情。但是，施瓦茨科普夫认为既然事情已经到了这种局面，已经无从选择，只能选择"毕其功于一役"了。

根据"沙漠军刀"计划，此时的空中火力并没

★"沙漠军刀"作战中的联军坦克

有丝毫减弱，而且除了要继续对伊拉克腹地的战略目标保持强大压力之外，还要通过强大的空中火力支援多国地面部队对伊拉克军队展开进攻。

2月24日凌晨4时，施瓦茨科普夫下达了进攻的命令，多国部队的先头部队相继跨过科沙边界和沙伊边界。几十分钟之后，华盛顿五角大楼向全世界宣布：现在，海湾战争的"最后决战"已经开始了！

在远离科威特主战场的西部拉夫哈地区，美国第101空中突击师的300多架直升机悉数出动，阿帕奇、眼镜蛇、黑鹰式、休伊式和奇努克式直升机排成了6路纵队，开始了大规模的空中运输。到24日傍晚，2 000名士兵、50辆运输车、大批榴弹炮、弹药以及大批贫铀弹被这些直升机运抵伊拉克纵深80公里的地带。

多国部队的先头部队并没有遇到太强有力的抵抗，这足以说明前一阶段的空袭取得了非常好的效果。施瓦茨科普夫将军在仔细审视了战局之后决定，提前14个小时将担任主攻任务的美国第7军5个师和英军第1装甲师投入战斗，正式发动总攻。

于是，在500公里的战线上，这一次多国部队全线出击了。到24日下午，11路大军相继突破伊军防线，开进伊拉克和科威特境内。

联合攻击：多机种、大机群的大合唱

与美军指挥所形成鲜明对比的是巴格达萨达姆的地下指挥所作战室里的情形，因为前线不断传来伊拉克军队阵地被攻陷的战报，终于使萨达姆预感到形势已经颇为不妙，但是他天生就性格偏犟，仍然下令伊拉克军队对多国部队发动反击。但是制空权早已掌握在了多国部队手中，此时伊拉克和科威特境内都已经处在了多国部队空军的监视下，伊拉克军队根本没有办法组织起有效的攻势。

伊拉克军队的零星炮火根本无力阻止多国部队的前进，美国第101空中突击师在建立了前进基地之后，多次使用了"蛙跳"战术，在伊拉克纵深200多公里的纳西里耶和巴士拉以北地区成功实施机降，在两天之内前进了160公里，配合地面部队突入到了幼发拉底河畔，将10万伊拉克共和国卫队北撤的退路完全切断。

26日，为了能够消灭伊拉克共和国卫队，攻占军事重地巴士拉，美军第7军开始向伊科北部边界发动进攻。

但共和国卫队毕竟是萨达姆麾下最精锐的部队，尽管在前一阶段的38天空袭中付出了惨重的伤亡代价，但面对多国部队的上千辆坦克，他们仍然顽强地固守阵地。多国部队在这里，遇到了自开展地面进攻以来最强硬的抵抗。

在几次冲击都受阻以后，第7军紧急召唤空军前来支援。一群"阿帕奇"攻击直升机和"A－10"攻击机没一会儿就从远处天际迅速赶来，"阿帕奇"从5公里远的地方向伊拉克军队坦克发射出一枚枚"海尔法"反坦克导弹，"A－10"则从更远的距离上向伊拉克军队的阵地发射"小牛"导弹。在空中火力的掩护下，多国部队的地面部队再次发起猛烈攻势，共和国卫队的抵抗虽然依旧顽强，但面对多国部队的立体打击明显不支，防线很快就被撕开。为了避免被围歼，共和国卫队及时作出丢弃阵地的决定，退往巴士拉。

面对多国部队一浪高过一浪的猛烈攻势，萨达姆终于意识到，此时对他而言败局已定，如果再继续强撑下去，只怕会把自己所有的兵力都消耗掉。于是，萨达姆在2月26日急忙下达了在科威特境内的所有伊拉克军队全线撤退的命令，这已经等于是向多国部队摇起了白旗。

然而，布什总统并不想就此放过伊拉克军队，他命令多国部队继续进攻，

直到将所有伊拉克士兵驱逐回伊拉克境内。而这也正合施瓦茨科普夫的意，他指挥着11路大军展开了一场追逐战。

因为路面和桥梁均遭到严重破坏，交通系统瘫痪，成千上万的伊拉克车辆拥挤在了一起，完全暴露在多国部队空军的火力之下。在通往伊拉克腹地的各条公路上，霎时间爆炸声连连，无数的伊拉克车辆被多国部队的炮火摧毁。

★美军对伊拉克军事目标空袭

面对多国部队的围

攻，越来越多的伊拉克士兵选择缴械投降，在多国部队空军一个多月的狂轰滥炸里，伊拉克军队的后勤补给线早已经被切断，伊拉克士兵一个个蓬头垢面，衣衫褴褛。他们在战争的大部分时间里每天只能吃到一顿饭，每顿饭也只有1个4两重的面包。很多人在生病之后，因为缺医少药而没有办法得到及时医治。

美国海军陆战队于27日凌晨兵不血刃地占领了科威特城。

布什总统于当天在白宫召集他的战时委员会举行最后一次会议，此时前线传回战报，表明伊拉克军队已经全部撤出科威特，布什总统决定于当晚宣布停火。当布什在午夜宣布停火的时候，地面进攻战整整打了100个小时，就在此时，海湾的枪炮声逐渐停了下来。

战典回响

超视距空战时代来了

历时42天的"海湾战争"终于结束了，在这场后来被称为"高技术战争"的战争中，伊拉克的战争机器遭到了严重破坏。在战争中，伊拉克军队共伤亡近10万人，被俘17.5万人，损失坦克3 700辆、装甲车2 000余辆、火炮2 000余门、飞机150余架，经济损失超过2 000亿美元。相比之下，多国部队的损失就显得有些微不足道，仅伤亡600余人，被俘11人，损失飞机49架。

战争的结果之所以差距如此之大，有着多方面的原因，但最重要的一个原因是多国部队占有高技术装备上的优势。战争实践证明，战前人们对这场自越南战争以来，规模最大的战争所进行的种种推测大多都已经应验，但只有一个例外，当时很多人猜测这场战争将可能引发一场类似第二次世界大战时的世纪性的坦克对攻战，却并没有能够出现。

多国部队的坦克和装甲车数量，本来要少于伊拉克军队，但是经过"海湾战争"的100个小时，萨达姆的装甲大军就此被打垮了，几乎形成了一边倒的局面。在这里面寻找原因，多国部队的坦克质量普遍优于伊拉克的坦克固然是一方面，但更主要的原因是多国部队始终掌握着战场的制空权，使伊拉克的坦克部队受到了空中火力的猛烈攻击。

实战结果表明，伊拉克军队的坦克和装甲车中，大多数是被多国部队的"A-10"攻击机、"AH-64"攻击直升机、"B-52"轰炸机等飞机击毁的。于是，这场爆发在幼发拉底河畔的战争再一次向人们说明，在现代战争中，一旦拥有了制空权，对方地面部队的作用将受到很大的限制，空中力量显然已经对装甲部队提出了挑战。

可以预见，在未来的空战中，攻击范围将被无限放大，更先进的超视距空战势必成为各国空军的重点发展方向。尤其是伴随着导弹技术、机载雷达探测技术的进步，空空导弹的速度、射程、机动过载等主要战术、技术指标到20世纪70年代末，都得到了进一步提高。与此同时，机载雷达发现目标的距离也达到了100公里以上，这也为超视距空战提供了有利条件。而随着电脑技术的广泛运用，科技的快速发展，相信人们的视线延伸会越来越远，超视距空战的提升和发展将会更加迅猛。

★沙场点兵★

人物：施瓦茨科普夫

　　诺曼·施瓦茨科普夫1934年8月22日生于美国新泽西州特伦顿市，父亲为陆军准将。1946年，随父亲在伊朗生活。1951年，进入西点军校学习。1956年，从西点军校毕业，先是出任第101空降师少尉排长，后调柏林旅并晋升中尉。1961年，被选派到本宁堡步兵学校进行步兵军官高级课程学习。1964年，获洛杉矶南加利福尼亚大学机械工程学硕士学位，后任西点军校机械工程系教员。1965年，以少校军衔任南越空降部队顾问，曾先后担任驻越美军指挥部参谋，第23步兵旅第1营营长。

　　1970年，归国后进入五角大楼工作。1976年，出任美军第9步兵师第1旅旅长。1978年，调任美军太平洋司令部计划部副部长，参与了陆海空三军联合指挥部的工作。1983年，晋升为将军，任美军入侵格林纳达军事行动联合特遣部队副总司令，奇袭格林纳达成功后，晋升为陆军作战副总参谋长帮办。1986年，任驻华盛顿美军第1军军长，晋升为中将。1987年，任美军陆军作战副总参谋长。1988年11月，晋升为四星上将，任美国中央司令部总司令。

　　1990年8月2日，伊拉克入侵科威特，制订出了遏制伊拉克进入沙特阿拉伯的"90-1002"作战计划。同年，出任美军海湾部队总司令、多国部队总司令。1991年1月17日，发动了代号为"沙漠风暴"的作战行动，对伊拉克发动大规模空袭。指挥多国部队重创伊拉克军队，赢得了"海湾战争"的最终胜利。同年，选择从美军退役，定居佛罗里达，与家人过起了宁静的生活。

武器："F-117"

　　"F-117"隐形战斗轰炸机是由洛克希德著名的"臭鼬工厂"研制的，是一种高亚音速飞机。其外形奇特，整架飞机几乎全由直线构成。但正是这种奇特的多平面多角体外形，保证了飞机的隐身性能，设计师还将"F-117"的机身表面和转折处设计得使反射波集中于水平面内的几个窄波束，使两波束之间的微弱信号与背景噪音难以区别。

　　"F-117"的机翼和尾翼也采用了没有曲线的菱形，这在之前的战斗机设计中是从未有过的。"F-117"的进气口为网状格栅隐蔽式，栅条的安装方向从上到下，间隔为1.5厘米，能屏蔽10厘米或更长的雷达波。因为格栅在起飞或者其他时候会使进入进气口的气流产生压降，所以还另外设计了辅助进气口。为了能够保证飞机在红外频谱上的隐形特性，相关部件都采用了锯齿形设计，且锯齿边缘与窄波束方向垂直，这样它的反射波不会形成另外的波束。

　　"F-117"在理论上能在设防区域的任何高度飞行，而不必进行地形跟随低空飞行来躲避敌方雷达，所以比之普通飞机，它显然要更适合于对地面目标发动攻击。

　　"F-117"首次参加实战是在巴拿马，但"海湾战争"真正使它名声大噪。据报道中称，

"F-117"在"沙漠风暴"期间曾执行了共1 271次危险任务，但是从未受损。在整个"海湾战争"期间，"F-117"承担了攻击目标总数的40%，投弹命中率为80%到85%。

✦ 战术：超视距

在1991年的"海湾战争"以前，空战的模式主要还是视距内的近距空战，战斗机的主要武器是火炮、火箭弹及部分空空导弹。火炮、火箭弹的有效射程本来就很有限，瞄准器具性能不佳又导致其射程进一步受到限制。空空导弹的装备使用虽然提高了飞机的射程，但是受到导弹技术及制导方式、机载火控系统性能的限制，仍然是以视距内攻击为主。

随着航空技术的发展，近年来，战斗机不断更新换代，飞机在自身的战术、技术性能上都有了很大的变化，同时随着机载火控雷达技术、机载光电探测技术，尤其是中远程空空导弹的进一步发展，出现了另一种空战模式，也就是超视距空战模式。在海湾战争中，超视距空战改变了以往以视距内空战为主的状况，在历时42天的战争中，多国部队共击毁38架伊拉克飞机，取得了令人瞩目的战绩。

所谓的"超视距空战"，就是指敌我双方战斗机在目视的范围之外，只能通过机载探测设备搜索发现和截获敌人的空中目标，从而采用中远程导弹进行攻击的一种空战模式。人体的目视距离极限一般在10到12公里，而超视距空战的距离则一般可以达到12到100公里，甚至在100公里以上。在超视距空战中，12到100公里范围内的空战，被称之为中距空战，100公里以上的空战则被称之为远距空战。

其实，超视距空战早在20世纪60年代的"越南战争"中就曾得到过使用，美国战斗机在当时都装挂了"AIM-7C"麻雀3雷达制导中程空空导弹，它们在目视范围外大概20公里的距离击落了为数不多的越南战斗机。但这种空空导弹在当时的命中率只有9%，可以说非常平庸。当时造成"麻雀"空空导弹命中率不高的原因除了导弹自身的性能不好之外，机载雷达的探测距离近也是一个非常重要的因素。

后记 Afterword

　　人类从不曾停止过对更高、更远更强的追求和探索，从将风筝放到云端，到莱特兄弟将人类自己送上天去，人类一直在试图打开头顶上一层又一层的苍穹，即便是面对无穷无尽的宇宙，也在渴望着找到它的尽头和源头。有的时候就是这样，是战争加速了科技的演进，让人类可以去了解更为广阔的空间；也是科技造就了战争，让人类在探索的同时也必须付出惨重的代价。没有什么事情是比战争更糟糕的了，可没有什么时候比战争年代更要加充满惊喜和裂变，因为好战分子永远是人类中最为狂热的人，有的时候，狂热确实可以激发人的潜力。

　　空战毫无疑问是现代战争的产物，在冷兵器时代，人们在马上交战，在陆地上拼杀，甚至在海里追逐，但是从来没有人能够做到从天上攻击。如果非要从历史典籍里去寻找类似的蛛丝马迹，也只有《封神演义》里的雷震子、哪吒，《西游记》里的孙悟空堪称是中国民众最早构思出的虚拟航空兵。而现代战争将这种虚构化为了现实，战争不再停留于地平线上，飞机已经逐渐替代马匹成为了重要的战争工具，于是，在骑兵战退出历史舞台以后，空战代替它闪亮登场。

　　在这里你可以看到各种飞机共同表演的华丽曼舞，成百上千架战鹰在天空中上下翻飞，互相厮杀，就像"海狮计划"进行时的英伦天空；也能看到勇士在天空中划出的豪迈与激情，就像杜立特轰炸东京时天空中出现的那十六只战鹰。从空战 产生开始，蓝天白云就注定成为了他们表演的舞台，不管在何时何地，从第一次空战发生时，人类就开始了在云端生死瞬间的曼舞。

主要参考书目

1. 葛立德、黄文政等著，《霹雳神箭：导弹》，北京出版社、北京少年儿童出版社

2. 焦国力编著，《长空雄鹰：军用飞机》，北京出版社、北京少年儿童出版社

3. 刘峰、许诺编著，《战争：冲突的战略与军事的哲学》，哈尔滨出版社

4. 邓蜀生、张秀平、杨慧玫主编，《影响世界的100次战争》，广西人民出版社

5. （美）莫里森·艾泽曼著，陈昱澍译，《美国人眼中的第二次世界大战》，当代中国出版社

6. （美）莫里森·艾泽曼著，孙宝寅译，《美国人眼中的越南战争》，当代中国出版社

攻坚战
尖矛与利盾的较量
TOUGH FIGHTS

海战
烟波浩渺间的蓝色争夺
NAVAL BATTLES

会战
周密筹划的巅峰对决
THE BATTLE WARS

间谍战
智慧与勇气的激烈碰撞
SPY WARS

决战
毕其功于一役
DECISIVE BATTLES

空战
生死瞬间的云端曼舞
AIR WARS

坦克战
陆战之王的直接对话
TANK BATTLES

特种战
灵活机动下的尖刀对决
SPECIAL WARS

导弹
MISSILES
千里之外的雷霆之击
THE CLASSIC WEAPONS

火炮
ARTILLERIES
地动山摇的攻击利器
THE CLASSIC WEAPONS

潜艇
SUBMARINES
深海沉浮的夺命幽灵
THE CLASSIC WEAPONS

枪械
FIREARMS
经典名枪的战事传奇
THE CLASSIC WEAPONS

坦克
TANKS
陆地驰骋的铁甲雄狮
THE CLASSIC WEAPONS

战车
CHARIOTS
机动作战的有效工具
THE CLASSIC WEAPONS

战机
WARPLANES
云霄千里的急速猎鹰
THE CLASSIC WEAPONS

战舰
WARSHIPS
怒海争锋的铁甲威龙
THE CLASSIC WEAPONS